Liebe und Eigenständigkeit

eine Gefühls-Landkarte, ein Beziehungs-Mandala, ein großer Unterschied und mehr ...

Bücher von Harry Eilenstein

Astrologie

- Astrologie (496 S.)
- Photo-Astrologie (428 S.)
- Horoskop und Seele (120 S.)

Magie

- Handbuch für Zauberlehrlinge (408 S.)
- Tarot (104 S.)
- Physik und Magie (184 S.)
- Die Magie-Formel (156 S.)
- Krafttiere – Tiergöttinnen – Tiertänze (112 S.)
- Schwitzhütten (524 S.)

Meditation

- Der Lebenskraftkörper (230 S.)
- Die Chakren (100 S.)
- Das Chakren-System mit den Nebenchakren (296 S.)
- Meditation (140 S.)
- Drachenfeuer (124 S.)
- Reinkarnation (156 S.)

Kabbala

- Kursus der praktischen Kabbala (150 S.)
- Eltern der Erde (450 S.)
- Blüten des Lebensbaumes:
    - Die Struktur des kabbalistischen Lebensbaumes (370 S.)
    - Der kabbalistische Lebensbaum als Forschungshilfsmittel (580 S.)
    - Der kabbalistische Lebensbaum als spirituelle Landkarte (520 S.)

Religion allgemein

- Muttergöttin und Schamanen (168 S.)
- Göbekli Tepe (472 S.)
- Totempfähle (440 S.)
- Christus (60 S.)
- Dakini (80 S.)

- Vajra (76 S.)

Ägypten

- Hathor und Re 1: Götter und Mythen im Alten Ägypten (432 S.)
- Hathor und Re 2: Die altägyptische Religion – Ursprünge, Kult und Magie (396 S.)
- Isis (508 S.)

Indogermanen

- Die Entwicklung der indogermanischen Religionen (700 S.)
- Wurzeln und Zweige der indogermanischen Religion (224 S.)

Germanen

- Die Götter der Germanen (Band 1 – 80)
- Odin (300 S.)

Kelten

- Cernunnos (690 S.)
- Der Kessel von Gundestrup (220 S.)
- Der Chiemsee-Kessel (76)

Psychologie

- Über die Freude (100 S.)
- Das Geheimnis des inneren Friedens (252 S.)
- Das Beziehungsmandala (52 S.)
- Liebe und Eigenständigkeit (S.)
- Gefühle und ihre Verwandlungen (440 S.)
- einsgerichtet (140 S.)
- Liebe und Eigenständigkeit (216 S.)
- Von innerer Fülle zu äußerem Gedeihen (52 S.)
- Die Symbolik der Krankheiten (76 S.)

Kunst

- Herz des Tanzes – Tanz des Herzens (160 S.)

Drama

- König Athelstan (104 S.)

Kontakt: www.HarryEilenstein.de / Harry.Eilenstein@web.de

Herstellung und Verlag: BoD-Books on Demand, Norderstedt **ISBN:** 9783752872927

Inhaltsverzeichnis

1. Die Ausgangssituation   **7**
- a) Erlebnisse und Fragen   7
- b) Die erste Skizzierung des heilen Zustandes   8
- c) Heilungsansätze   8

2. Die Landkarte der Gefühle   **9**
- a) Der Aufbau   9
- b) Die Liebe auf der „Landkarte der Gefühle"   13
- c) Die zweite Skizzierung des heilen Zustandes   14
- d) Heilungsansätze   15

3. Das Beziehungs-Mandala   **17**
- a) Das Beziehungs-Mandala   17
- b) Die Liebe in dem Beziehungs-Mandala   23
- c) Die dritte Skizzierung des heilen Zustandes   25
- d) Heilungsansätze   26

4. Die Chakren   **35**
- a) Der Aufbau des Chakrensystems   35
- b) Die Liebe in den Chakren   40
- c) Die vierte Skizzierung des heilen Zustandes   42
- d) Heilungsansätze   43

5. Liebe, Sex und Freundschaft   **48**
- a) Die drei Chakrengruppen   48
- b) Die Wirkung der Liebe   49
- c) Die fünfte Skizzierung des heilen Zustandes   51
- d) Heilungsansätze   51

6. Die vier Bewußtseinsebenen   **52**
- a) Die vier Bewußtseinsebenen   52
- b) Probleme durch unklare Unterscheidung   55
- c) Meditation   56
- d) Die sechste Skizzierung des heilen Zustandes   58
- e) Heilungsansätze   58

7. Die Zwischenchakren   **62**
- a) Übergänge   62
- b) Die Zwischenchakren   62
- c) Die siebte Skizzierung des heilen Zustandes   68
- d) Heilungsansätze   68

8. Das Horoskop   **71**
    a) Die Planeten   *71*
    b) Die Tierkreiszeichen   *74*
    c) Die Häuser   *77*
    d) Die Aspekte   *80*
    e) Die achte Skizzierung des heilen Zustandes   *82*
    f) Heilungsansätze   *83*

9. Traumreisen zu den zehn Planeten   **84**
    a) Mond   *85*
    b) Merkur   *87*
    c) Venus   *89*
    d) Sonne   *91*
    e) Mars   *94*
    f) Jupiter   *95*
    g) Saturn   *97*
    h) Uranus   *98*
    i) Neptun   *100*
    j) Pluto   *101*
    k) Die neunte Skizzierung des heilen Zustandes   *103*
    l) Heilungsansätze   *104*

10. Prägungen und ihre Auflösung   **106**
    a) Prägungen   *106*
    b) Auflösungen   *107*
    c) Die zehnte Skizzierung des heilen Zustandes   *108*
    d) Heilungsansätze   *108*

11. Traumreisen zu den Göttern   **109**
    a) Aphrodite   *109*
    b) Hera   *111*
    c) Zeus   *112*
    d) Ares   *113*
    e) Freya   *114*
    f) Freyr   *115*
    g) Vishnu   *116*
    h) Lakshmi   *117*
    i) Dakini   *118*
    j) Hathor   *119*
    k) Inanna   *120*
    l) Oshun   *120*

m)	Djanggao und Djunkgao	122
n)	Pte-san-win	122
o)	Pacha Mama	124
p)	Wakan tanka	124
q)	Maruti	125
r)	Die elfte Skizzierung des heilen Zustandes	128
s)	Heilungsansätze	129

12. Möglichkeiten der Begegnung — **130**

a)	drei Formen der Begegnung	130
b)	„erweiterte Möglichkeiten" der Begegnung	131
c)	die Beständigkeit der Begegnungen	133
d)	Liebe, Eigenständigkeit, Sex und Gemeinschaft	134
e)	Die zwölfte Skizzierung des heilen Zustandes	135
f)	Heilungsansätze	137

13. Traumreisen zu dem vollkommenen Mensch — **139**

a)	Adam und Eva	139
b)	Ask und Embla	142
c)	Yama und Yima	143
d)	Yin und Yang	144
e)	Adam Kadmon	145
f)	Die dreizehnte Skizzierung des heilen Zustandes	147
g)	Heilungsansätze	159

14. Liebe, Wandel und Eigenständigkeit — **160**

a)	Liebe, Wandel und Eigenständigkeit	160
b)	Die vierzehnte Skizzierung des heilen Zustandes	163
c)	Heilungsansätze	164

15. „Totempfahl"-Traumreisen — **165**

a)	Körper	166
b)	Lebenskraftkörper („Astralkörper")	168
c)	Krafttier	169
d)	der „Schamanen-Helfer"	170
e)	Kraftpflanze	171
f)	Kraftstein	172
g)	Seele	174
h)	Schutzgottheit	174
i)	Gott	175
j)	Die sechzehnte Skizzierung des heilen Zustandes	176
k)	Heilungsansätze	177

16. Die spirituellen Aspekte der Liebe   **178**
- a) *Partner-Horoskope*   *178*
- b) *umfassende Selbstliebe*   *179*
- c) *die Verbündeten*   *180*
- d) *die Clane*   *180*
- e) *die Zwillingsseele*   *181*
- f) *Reinkarnation*   *181*
- g) *Die fünfzehnte Skizzierung des heilen Zustandes*   *183*
- h) *Heilungsansätze*   *183*

17. Die Entsprechung zur Liebe und zur Eigenständigkeit in der Physik   **184**
- a) *Quarks und Photonen*   *184*
- b) *Die siebzehnte Skizzierung des heilen Zustandes*   *193*
- c) *Heilungsansätze*   *197*

18. Formen der Beziehung   **199**
- a) *Altsteinzeit*   *199*
- b) *Jungsteinzeit*   *203*
- c) *Königtum*   *205*
- d) *Materialismus*   *206*
- e) *Globalisierung*   *207*
- f) *Grundmuster der Kombination*   *207*
- g) *Grundmuster der Bindung*   *209*
- h) *Grundmuster der Stellung der Kinder*   *210*
- i) *Grundmuster der sozialen Stellung*   *211*
- j) *Grundmuster mit spirituellem Hintergrund*   *212*
- k) *Die achtzehnte Skizzierung des heilen Zustandes*   *213*
- l) *Heilungsansätze*   *213*

19. Liebeszauber   **214**

20. Der individuelle Weg   **216**

1. Die Ausgangssituation

1. a) Erlebnisse und Fragen

Vermutlich gibt es kaum einen Menschen, der sich nicht schon einmal gefragt hat, was Liebe ist und was er tun kann, um in seiner Liebe zur Erfüllung zu gelangen.

Wenn man sich umschaut, wie Menschen mit diesem Gefühl umgehen, wird man recht schnell feststellen, daß es dabei sehr große Unterschiede gibt – manche Menschen nehmen sich gierig, was sie haben sie wollen, andere sind zaghaft oder verzichten, wieder andere sind geradezu aggressiv-dominant, um ihr Ziel zu erreichen oder lassen sich im Gegensatz dazu von anderen überreden oder gar zwingen, und noch andere müssen in der Liebe vor allem im Mittelpunkt stehen oder nehmen eine dienende Rolle ein. Die Vielfalt des Verhaltens ist sehr groß – und ab und zu findet man auch zwei Menschen, die eigenständig sind und aus ihrer Eigenständigkeit heraus in Liebe zusammen sind.

Falls man dann dieses Thema gründlicher zu untersuchen beginnt und deshalb zur besseren eigenen Orientierung zehn Menschen nach dem Charakter einer idealen Beziehung fragt, wird man wahrscheinlich mindestens dreizehn Antworten erhalten.

Das Thema „Liebe" ist also sehr komplex …

Die Liebe ist eng mit zwei anderen zentralen Wünschen der Menschen verknüpft: zum einen mit der Erinnerung an die Liebe der eigenen Mutter, der Geborgenheit bei ihr und der Ernährung durch sie (zumindestens als Bedürfnis) sowie zum anderen mit der Fortpflanzung.

Daher ist die Liebe das Thema, das die am tiefsten sitzenden Gefühle wachruft – die Selbsterhaltung (Geborgenheit bei der Mutter) und die Erhaltung der eigenen Art (Fortpflanzung).

Das Thema „Liebe" ist folglich auch noch im größtmöglichen Maße mit Emotionen und Instinkten aufgeladen.

Wenn man nur diese beiden Aspekte, also die Vielfalt der Formen der Liebe und die Verknüpfung der Liebe mit den grundlegenden Instinkten, betrachtet, zeigt sich schon, daß die sich aus der Liebe zwischen zwei Menschen ergebenden Beziehungen recht sicher eines der vielschichtigsten Themen ist, denen man in seinem Leben begegnen kann.

Da jeder Mensch seine eigene Vorstellung über Beziehungen hat, wird die Begegnung zweier Menschen in einer Beziehung zumindestens recht „farbenreich".

1. b)   Die erste Skizzierung des heilen Zustandes

Schon diese sehr kurze Betrachtung der Liebe zeigt, daß es notwendig sein wird, einen bewußten und kreativen Umgang mit den eigenen Gefühlen, Ängsten, Wünschen und Instinkten zu erlernen, um die eigene Liebe leben, ausdrücken und genießen zu können.

Man wird auch davon ausgehen können, daß es auch in der Liebe grundlegende Strukturen und Dynamiken gibt, die für alle Menschen gelten, aber daß diese Grundprinzipien auch in einer sehr großen Vielfalt abgewandelt werden können und bei jedem Menschen wieder einen anderen Klang, eine andere Färbung und andere Schwerpunkte erhalten. Aus diesem individuell geprägten Bild der Liebe entsteht dann wiederum das persönliche Wunschbild einer Beziehung.

Bei der Suche nach dem eigenen „heilen Bild der Liebe" und nach der „richtigen Beziehung" kann man sich an dem Prinzip „eine wirkliche Lösung läßt Freude und Zuversicht entstehen" orientieren.

1. c)   Heilungsansätze

Wenn man sich einen etwas kreativeren und glückbringenderen Umgang mit der Liebe wünscht, könnte es hilfreich sein, wenn man sich immer dann, wenn sich ein wenig „Not" in die Liebe mischt, etwas Zeit nimmt und behutsam betrachtet, welche Gefühle sich möglicherweise an die Liebe angelagert haben – und wenn man gleichzeitig auch noch bedenkt, daß die meisten anderen Menschen die Liebe anders erleben und andere Bilder und Gefühle an ihre Liebe angelagert haben.

Der Liebe Raum geben – und auch allem, was mit der Liebe verbunden ist, damit sich alle Ängste, Vorstellungen, Süchte, Konzepte und ähnliches zeigen und dadurch etwas friedlicher werden können.

Wenn Sie auch etwas praktisch ausprobieren möchten, könnten Sie einmal betrachten, wann Sie das letzte mal im Zusammenhang mit Liebe Leid erlebt haben.

Welches Gefühl hat sich dabei zu Ihrer Liebe gesellt? Wie haben Sie auf dieses Gefühl reagiert? Haben Sie solche oder recht ähnliche Situationen schon öfter erlebt?

Falls ja, kann man davon ausgehen, daß diese Art von Situationen durch Sie selber mitverursacht worden sind, daß zumindestens eine der Wurzeln dieser ähnlichen Situationen auch in der Art Ihres eigenen Verhaltens liegt.

Haben Sie schon einmal in Bezug auf die Liebe hemmungslos gewünscht? Was würden Sie am liebsten in Ihrem Leben haben?

Schreiben Sie doch mal einen Liebes-Wunschzettel – wie gesagt, möglichst hemmungslos. Wenn Sie ihn dann geschrieben haben, können Sie noch einmal in sich hineinhorchen und schauen, ob Sie vielleicht den einen oder anderen Wunsch noch zurückgehalten haben – vielleicht weil seine Erfüllung unmöglich aussieht oder weil er unmoralisch ist oder weil er „nicht zu Ihnen paßt" ... schreiben Sie auch diese verborgenen Wünsche auf Ihren Wunschzettel.

Nur das, was gesehen und bejaht worden ist, hat eine Chance, auch in heiler, unverzerrter Form im eigenen Leben Wirklichkeit zu werden. Man muß nicht wissen, wie man dorthin kommen kann, aber es ist schon einmal gut, wenn man sieht, was man sich wünscht – und wenn man dann freundlich zu diesen Wünschen ist.

Wenn Sie wollen, können Ihren Wunschzettel nun „denen da oben" übergeben, also Gott, Buddha, Isis, Mutter Erde oder zu wem auch immer Sie Vertrauen haben. Lassen Sie sich überraschen, was geschieht, wenn Sie um die Erfüllung Ihrer Wünsche bitten!

Möchten Sie noch einen Schritt weitergehen? Dann lesen Sie sich Ihren Wunschzettel nun noch einmal mit der Vorstellung durch, daß alle diese Wünsche bereits jetzt in diesem Augenblick in Erfüllung gegangen sind.

Wie fühlt sich das an? Von wo in Ihnen kommt dieses Gefühl?

Dieses Gefühl und dieser Ort in Ihnen sind vermutlich das, was Sie eigentlich suchen ... Und es ist schon da in Ihnen.

Dieses Gefühl ist nicht die Folge der Erfüllung Ihrer Wünsche, sondern die Quelle Ihrer Wünsche. In Ihnen ist nichts, was etwas braucht, sondern etwas, das sich ausdrücken will ...

P.S.: Diese Vorschläge haben nur dann eine Wirkung, wenn man sie auch tatsächlich selber durchführt ...

2. Die Landkarte der Gefühle

Die Liebe ist eines der wichtigsten Gefühle. Daher könnte es zum Verständnis der Liebe hilfreich sein, ihre Stellung innerhalb der Vielfalt der Gefühle zu kennen.

2. a) Der Aufbau

Es gibt eine große Anzahl von Gefühlen und von feinen Nuancen dieser Gefühle – in der deutschen Sprache gibt es über 700 Begriffe für sie.

All diese Gefühle lassen sich auf einer einfachen „Landkarte der Gefühle" einordnen, die aus sieben Wegen besteht – einem „Weg des Herzens" und sechs Irrwegen.

Der „Weg des Herzens" beschreibt die heile Entwicklung, die aus sieben Schritten besteht:

1. Der **Säugling** ruht in der oralen Phase in der Geborgenheit und sagt zu allem „Ja" und steckt alles in den Mund, erlebt es, lernt es kennen und nimmt an allem teil.

2. Das **Kleinkind** in der analen Phase lernt zu zu laufen und zu sprechen und beginnt zu sagen, was ihm gefällt und was nicht: „Nein!"

3. Das **Kind** in der phallischen Phase kann durch die Geborgenheit des „Ja" und durch die Kraft und Klarheit des „Nein!" sich selber als eigenständiges Wesen erkennen und erleben, wodurch es ein neues Wort in seinen Sprachschatz aufnimmt: „Ich!!!"

4. Der **Jugendliche** in der genitalen Phase, also in der Pubertät, kann aufgrund des von ihm gefundenen und gefestigten „Ich!!!" nun die Welt mit einer gewissen neutralen Distanz betrachten und nun eine neue Frage stellen: „Du?"

5. Aus dem „Ich!!!" des Kindes und dem „Du?" des Jugendlichen entsteht dann in der adulten Phase des **Erwachsenen** das „Wir." der Familie.

6. Wenn die Kinder dann groß geworden und aus dem Elternhaus ausgezogen sind, können die **älteren Erwachsenen** in der tutoralen Phase zum einen Neues erkunden und zum anderen das, was sie an sicheren Erfahrungen

haben, anderen lehren, wodurch wieder eine neue Perspektive im Leben entsteht: „Anderes …“

7. Schließlich zieht sich der **alte Mensch** in der geronte Phase ein wenig aus dem Alltagstrubel zurück und sucht nach dem Wesentlichen im Leben und wird zu dem weisen Rückhalt der Gemeinschaft, zu der er gehört: „Alles“

Von diesem siebenstufigen „Weg des Herzens“ zweigen sechs Irrwege ab, die die jeweils zwei entgegengesetzten Extrem-Pole der Themen der drei ersten Schritte auf dem „Weg des Herzens“ sind:

1. a) Wenn sich die Geborgenheit in der ersten Phase nicht ausreichend entfalten kann und stabil genug wird, kann es dazu kommen, daß der betreffende Mensch sein Leben lang laut schreiend und panisch agierend seinen emotionalen und physischen Hunger zu stillen versucht und zu einem **Süchtigen** wird.

1. b) Wenn sich die Geborgenheit in der ersten Phase nicht ausreichend entfalten kann und stabil genug wird, kann es dazu kommen, daß der betreffende Mensch sein Leben lang schweigend auf das Stillen seines emotionalen und physischen Hungers verzichtet und zu einem **Asketen** wird.

2. a) Wenn sich die Kraft und Klarheit in der zweiten Phase nicht ausreichend entfalten kann und stabil genug wird, kann es dazu kommen, daß der betreffende Mensch sein Leben lang laut schreiend und aggressiv agierend kämpft und zu einem dominanten **Täter** wird.

2. b) Wenn sich die Kraft und Klarheit in der zweiten Phase nicht ausreichend entfalten kann und stabil genug wird, kann es dazu kommen, daß der betreffende Mensch sein Leben lang schweigend jeden Konflikt vermeidet und sich unterordnet und gehorcht und zu einem ohnmächtigen **Opfer** wird.

3. a) Wenn sich die Selbstliebe in der dritten Phase nicht ausreichend entfalten kann und stabil genug wird, kann es dazu kommen, daß der betreffende Mensch sein Leben lang laut schreiend und sich in den Vordergrund drängend um Anerkennung ringt und zu einem größenwahnsinnigen **Star** wird.

3. b) Wenn sich die Selbstliebe in der dritten Phase nicht ausreichend entfalten kann und stabil genug wird, kann es dazu kommen, daß der betreffende

Mensch sein Leben lang schweigend auf jegliche Anerkennung verzichtet und sich in den Hintergrund stellt und zu einem **Fan** mit Minderwertigkeitskomplex wird.

Jeder Süchtige kennt auch den Asketen in sich und umgekehrt; jeder Täter kennt auch das Opfer in sich und umgekehrt; und jeder Star kennt auch den Fan in sich und umgekehrt – und manche Menschen wechseln auch ständig zwischen den beiden Polen ihres Themas hin- und her.

Die Landkarte der Gefühle		
progressiver Irrweg	*Weg des Herzens*	*regressiver Irrweg*
	geronte Phase (Greis): „Alles"	
	↑	
	tutorale Phase (Lehrer): „Anderes …"	
	↑	
	adulte Phase (Eltern): „Wir."	
	↑	
	genitale Phase (Jugendlicher): „Du?"	
	↑	
Star ←	phallische Phase (Kind): „Ich!!!"	→ Fan
	↑	
Täter ←	anale Phase (Kleinkind): „Nein!"	→ Opfer
	↑	
Süchtiger ←	orale Phase (Säugling): „Ja"	→ Asket

Auf dieser einfachen Landkarte lassen sich alle Gefühle einordnen. Die „guten Gefühle" befinden sich auf dem „Weg des Herzens", die „unangenehmen Gefühle" hingegen auf den sechs paarweise angeordneten Irrwegen. Diese Irrwege beginnen nah beim „Weg des Herzens" mit nur geringfügigen Abweichungen von der eigenen Mitte und steigern sich dann immer weiter bis sie zu einer Fixierung auf ein einziges Thema werden, in dem sich der Betreffende dann von der Welt isoliert.

Diese Gefühlsfolgen können auf den sechs polaren Irrwegen verschieden aussehen – das Folgende ist lediglich je ein einfaches Beispiel für diese Gefühlssteigerungen hin zu der Fixierung:

Süchtiger:	Mangel → Gier → Sucht
Asket:	Mangel → Verzicht → Askese
Täter:	Angst → Wut → Haß
Opfer:	Angst → Trauer → Depression
Star:	Selbstzweifel → Angeberei → Größenwahn
Fan:	Selbstzweifel → Scham → Minderwertigkeitsgefühle

Eine ausführliche Beschreibung dieser „Landkarte der Gefühle" findet sich in meinem Buch „Gefühle und ihre Verwandlungen". Für die Betrachtungen über die Liebe und die Eigenständigkeit reicht jedoch dieser grobe Überblick erst einmal aus.

2. b)   Die Liebe auf der „Landkarte der Gefühle"

Die Eigenständigkeit ist auf dieser Landkarte der Gefühle leicht zu finden: Sie ist der „Weg des Herzens" in der Mitte, auf dem man in sich selber ruht und sich selber treu ist.

Die Liebe erscheint zunächst einmal lediglich als Selbstliebe in der dritten (genitalen) Phase bei dem Kind als Selbstliebe, die sich in der Entdeckung des Wortes „Ich!!!" und in der Begeisterung über dieses „Ich" im eigenen Inneren zeigt.

Der Säugling in der oralen Phase ist natürlich fest mit seiner Mutter verbunden und ja auch schon rein physisch von ihr abhängig, aber es ist zutreffender, diese Verbindung erst einmal nur „Bindung" zu nennen und nicht „Liebe".

Auch die Orientierung des Kleinkindes an seinen Eltern in der analen Phase ist eine Form der Bindung, die man aber treffender „Orientierung" als „Liebe" nennen könnte.

Bei der Nachahmung der Eltern durch das Kind in der genitalen Phase taucht in dem Kind zunehmend mehr Eigenständigkeit auf, sodaß man auch die Gefühle des Kindes für seine Eltern und für andere Menschen nun als „Liebe" bezeichnen kann.

An dieser Stelle entsteht natürlich das Problem, daß man definieren muß, was man unter Liebe versteht – und daß diese Definition bei kaum zwei Menschen ganz genau gleich aussieht …

Hier ist mit „Liebe" ein Gefühl der Verbundenheit gemeint, bei dem der Liebende eine klare Wahrnehmung von sich selber als Individuum hat und auch den geliebten Menschen als Individuum wahrnimmt. In dieser Liebe finden sich noch viele andere Elemente, wozu vor allem die Bindung an die Eltern, von denen man (im Idealfall) ernährt und beschützt und gefördert wird, gehört.

Die beiden Polarisierungen der dritten, genitalen Phase, in der die Selbstliebe und mit ihr auch die Liebe zu anderen Menschen entsteht, sind der Star und der Fan – ihnen hat es in ihrer Kindheit an Anerkennung und Liebe gefehlt. Das zeigt, daß die Liebe der Eltern zu ihren Kindern sowie die Freude der Eltern über die Eigenarten und den eigenen Stil ihrer Kinder eine wichtige Hilfe beim Erwachen des „Ichs" und bei der Entfaltung der Selbstliebe sind. Das Verhältnis der Eltern zu ihren Kindern prägt daher in hohem Maße auch das Verhältnis, das diese Kinder später zu anderen Menschen entwickeln werden – einschließlich der Liebe zu anderen, die aus der Selbstliebe heraus entstehen kann.

In der Pubertät kommt dann die Liebe zu einem Partner und die Sexualität hinzu, in der selber gegründeten Familie die Liebe zu den eigenen Kindern, beim reiferen Erwachsenen die Liebe zu den Schülern oder zu der Menschheit als Ganzer, und schließlich im hohen Alter die Liebe zu Gott.

Diese verschiedenen Formen der Liebe, die ein bestimmtes Alter prägen, können natürlich auch schon vorher entstehen – man kann die Liebe zu Gott und das Vertrauen in ihn natürlich auch schon in der Jugend finden.

2. c)   Die zweite Skizzierung des heilen Zustandes

Die Liebe zu anderen Menschen braucht als Grundlage die Selbstliebe und sie kann sich nur dann entfalten, wenn man nicht auf einen der sechs polaren Irrwege gerät, sondern in sich ruht, sich selber liebt und seinen eigenen „Weg des Herzens" geht.

Damit diese Haltung einigermaßen ungestört heranwachsen kann, ist die Liebe der Eltern zu ihren Kindern ausgesprochen förderlich – der Mangel an der Liebe durch die Eltern macht die Selbstliebe und die eigenständige Liebe zu anderen Menschen zwar nicht unmöglich, aber er erschwert die Entwicklung dieser Lebenshaltung doch beträchtlich.

Des weiteren kann man sagen, daß die Polarisierung der Geborgenheit in Sucht und Askese, die Polarisierung der Kraft in Macht und Ohnmacht sowie die Polarisierung der Selbstliebe in Größenwahn und Minderwertigkeitsgefühle die Entwicklung, den Ausdruck und die Entfaltung von Selbstliebe und Liebe stark behindert und beeinträchtigt.

In der „heilen Entwicklung", in der das Kind von seinen Eltern geliebt und in seinen Eigenarten gefördert wird, ist es recht unwahrscheinlich, daß die Geborgenheit, die Kraft und die Selbstliebe zerfallen und polarisiert werden. Es kann natürlich immer durch ein heftiges Erlebnis ein Trauma entstehen, aber für ein Kind, das von seinen Eltern geliebt wird, ist die Heilung eines solchen Traumas deutlich einfacher, da es in sich über ein gutes Fundament verfügt, zu dem es zurückkehren kann.

Die Liebe zu anderen Menschen entsteht in der genitalen Phase aus der Selbstliebe heraus und verwandelt sich dann im Laufe des Lebens weiter, wobei die neuen Formen die alte Formen der Liebe nicht ablösen, sondern diese ergänzen und bereichern: die Liebe zu einem Partner in der Pubertät, die Liebe zu den eigenen Kindern, die Liebe zu den eigenen Schülern und zu den Menschen allgemein und schließlich die Liebe zu Gott.

2. d)   Heilungsansätze

Was kann man tun, wenn man bemerkt, daß man z.B. ein Asket ist und daher immer wieder Süchtige anzieht? Oder daß man ein Opfer ist und stets Täter anzieht? Oder daß man ein Fan ist, der ständig einem Star hinterherläuft?

Zunächst einmal ist es hilfreich, wenn man das überhaupt bemerkt, weil man dann bewußt beginnen kann, das zu ändern.

Es gibt aber leider kein „Kochrezept", das beschreibt, wie man so eine Polarisierung heilen kann …

Aber immerhin kann man sagen, daß es ein wichtiger Schritt ist, den Gegenpol zu der eigenen Rolle zu finden, also als Asket den inneren Süchtigen zu entdecken, als Süchtiger den inneren Asketen, als Täter das innere Opfer, als Opfer den inneren Täter, als Star den inneren Fan und als Fan den inneren Star. Dann kann man das Grundgefühl des jeweils anderen Poles suchen, finden, fühlen und ausleben: die Gier des Süchtigen, den Verzicht des Asketen, die Wut des Täters, die Ohnmacht des Opfers, den Größenwahn des Stars und die Minderwertigkeitsgefühle des Fans.

Wenn man erst einmal soweit gekommen ist, daß man z.B. als Opfer wieder die eigene Wut spüren und ausdrücken kann, kann man nach und nach diese Wut auch wieder integrieren, sodaß sie wieder zu der eigenen Kraft werden kann.

Diese Wege der Heilung haben zwar alle dieses Grundmuster, aber sie sind trotzdem bei jedem verschieden. Das wichtigste ist jedoch immer, anzufangen – wie Konfutse so treffend sagt: „Auch der längste Weg beginnt mit dem ersten Schritt."

Es gibt ein einfaches „Spiel", wenn Sie einen ersten Impuls für die Auf-
lösung der möglicherweise vorhandenen eigenen Polarisierungen bewirken
wollen.

Schreiben Sie auf drei Blätter Papier jeweils eines der Worte „Süchti-
ger", „Asket" und „Mitte". Legen sie diese drei Zettel dann in einer Reihe
mit dem „Mitte"-Zettel in der Mitte vor sich auf den Fußboden. Wenn Sie
möchten, können Sie dabei sprechen „Dies ist der Platz des Süchtigen.",
„Dies ist der Platz des Asketen." und „Dies ist der Platz der Mitte."

Stellen Sie sich dann auf den Platz des Süchtigen und spüren Sie einfach
mal nach, wie es sich anfühlt, ein Süchtiger zu sein. Stellen Sie sich danach
auf den Platz des Asketen und spüren Sie nach, wie es sich anfühlt, ein
Asket zu sein. Stellen Sie sich dann am Schluß in die Mitte und spüren Sie
nach, wie es sich anfühlt, weder ein Süchtiger noch ein Asket zu sein, son-
dern in der Mitte in der Geborgenheit zu ruhen.

Wenn Sie einen dieser Plätze wieder verlassen, können Sie die Qualität
dieses Platzes einfach durch ein paar Gesten von sich abschütteln.

Denselben Versuch können Sie dann auch mit Täter/Opfer/Mitte und mit
Star/Fan/Mitte durchführen.

Wie sind Ihre Reaktionen auf diese verschiedenen Positionen? Lassen Sie
sich Zeit, ihre unterschiedlichen Reaktionen zu spüren.

Sind Ihnen manche Positionen vertrauter als andere? Kennen Sie diese
Positionen aus Ihrem Leben? Dann könnte es hilfreich sein, sich noch
einmal auf den Gegenpol dazu zu stellen (als Opfer z.B. auf die Täter-Posi-
tion) und nachzuspüren, ob man auch diese Haltung in sich wiederfinden
kann. Möglicherweise fürchtet man diese Haltung oder lehnt sie ab – es ist
aber für die Rückkehr zur eigenen Mitte hilfreich, sich mit dieser „anderen
Seite", die C.G. Jung so treffend den „Schatten" genannt hat, vertraut zu
machen.

Dieser „Schatten" hält einige Geschenke für Sie bereit, die Ihr Leben
sehr bereichern können ...

3. Das Beziehungs-Mandala

Das Beziehungs-Mandala beschreibt ein Muster, das sich allgemein in den Beziehungen und Freundschaften von Menschen finden läßt und das auf einer einfachen Logik beruht, die sich aus der Struktur der Psyche ergibt.

Dieses Mandala baut sich im Verlauf der Biographie Schicht um Schicht von innen nach außen hin auf.

3. a) Das Beziehungs-Mandala

Im Kern der Psyche gibt es das geschlechtsneutrale Selbstbild – dies ist die Seele, die sich in dem betreffenden Menschen inkarniert hat.

Dieses Zentrum ist die Essenz des gerade gezeugten Kindes.

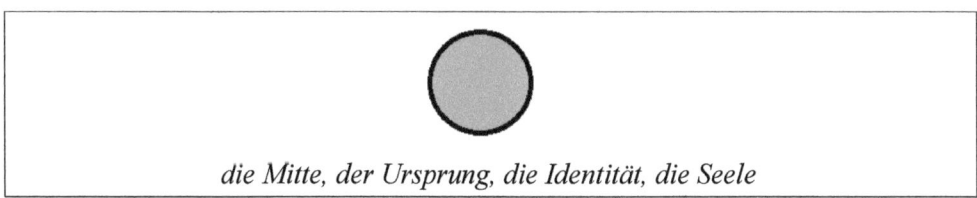

die Mitte, der Ursprung, die Identität, die Seele

Die erste Differenzierung dieses zentralen Bildes ist seine zweifache Darstellung als das innere Männerbild und das innere Frauenbild (zwei Halbkreise). Man kann diese beiden Bilder auch als Spiegelungen der Seele in der Lebenskraft auffassen.

In einigen Yoga-Formen sind diese drei inneren Bilder die zentralen Elemente: Der zentrale Lebenskraftkanal („Sushumna") mit dem Bild der Seele und die beiden äußeren Lebenskraftkanäle („Ida" und „Pingala") mit dem inneren Frauenbild und dem inneren Männerbild. Die Vereinigung der beiden Bilder in den äußeren Kanälen führt zu der Selbsterkenntnis in dem mittleren Kanal. Dies ist u.a. die Grundlage des Tantra-Yoga und einiger Formen des Kundalini-Yogas.

Das innere Männerbild ist das geschlechtsbezogene Selbstbild eines Mannes und das innere Frauenbild ist sein „Suchbild". Bei Frauen ist es umgekehrt.

In dem folgenden Diagramm ist das innere Frauenbild durch ein Karo und das innere Männerbild durch ein Dreieck gekennzeichnet.

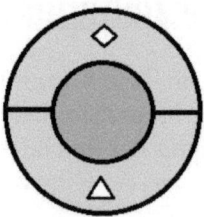

die Seele mit ihren beiden polaren Spiegelbildern:
innerer Mann (Dreieck) und innere Frau (Karo)

Die zweite Differenzierung dieser inneren Bilder geschieht, wenn der betreffende Mensch etwas erlebt, wodurch er von seinem eigentlichen Kurs abweicht und z.B. zum Asketen wird. Wenn der Betreffende ein Mann ist, wird sein bewußtes Selbstbild zu einem männlichen Asketen. Dabei bricht sein inneres Männerbild sozusagen in einen männlichen Asketen und in einen männlichen Süchtigen auseinander. Diese zwei neuen Bilder legen sich dann als neue Schicht außen um das ursprüngliche, heile Männerbild.

Dieselbe Polarisierung geschieht auch mit dem inneren Frauenbild, sodaß es in dem Betreffenden auch die Bilder einer Asketen-Frau und einer Süchtige-Frau gibt, die sich als neue Schicht rings um das innere Frauenbild legen.

Die Polarität dieser beiden neuen Bilder ist in dem Diagramm als hell und dunkel dargestellt worden.

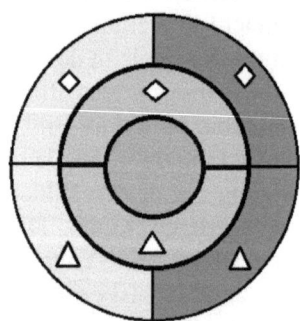

Mitte: Seele
zwei Halbkreise: heiler innerer Mann (Dreieck) und heile innere Frau (Karo)
vier Viertelkreise: die beiden polarisierten inneren Männerbilder (Dreiecke) und die
beiden polarisierten inneren Frauenbilder (Karos)

Aus diesem Mandala ergibt sich eine interessante und weitreichende Konsequenz: Der Mann in diesem Beispiel lebt als Asket, d.h. er lebt nur die eine Hälfte seines ursprünglichen Männerbildes – und die beiden Frauenbilder lebt er ebenfalls nicht. Er drückt in seinem Leben also nur ein Viertel seines eigentlichen Potentials aus.

Da es aber offenbar nicht möglich ist, einen Teil seines Potentials garnicht zu leben, suchen sich die anderen drei Viertel neue Wege, um sich auszudrücken. Das bedeutet, daß man sich Stellvertreter für diese ungelebten Teile der eigenen Psyche in sein Leben holt – natürlich nicht bewußt, aber sehr effektiv und präzise.

In diesem Beispiel eines männlichen Asketen sind dies:

Das Bild des männlichen Asketen wird von dem betreffenden Mann, der die Askese als Überlebensstrategie ausgewählt hat, selber gelebt: das bewußte **Selbstbild**.

Das Bild des männlichen Süchtigen wird zu dem **Feindbild** des betreffenden Mannes, da es den Gegenpol zu seiner eigenen Strategie ausdrückt. Dieses ungelebte Bild des männlichen Süchtigen in seiner Psyche wirkt wie eine Einladung an die Menschen in seiner Umgebung, diese Rolle in dem Leben des betreffenden Mannes zu übernehmen. Mit etwas Übung kann man diese „Einladungs-Bilder" auch bei anderen Menschen spüren – sie zeigen sich u.a. darin, wie man auf die anderen Menschen reagiert.

Das Bild der weiblichen Süchtigen ist für den Asket-Mann hingegen das anziehendste Bild überhaupt – es hat eine doppelte Polarität zu ihm: männlich-weiblich und asketisch-süchtig. Der hier als Beispiel betrachtete Mann wird sich daher mit großer Wahrscheinlichkeit eine süchtige Frau als **Partnerin** suchen.

Die asketische Frau kann für den betreffenden Mann zur **Freundin** werden: Sie haben dieselben Probleme und verstehen einander. Es hat den Anschein, als ob die ähnliche Problematik, die durch die Wahl desselben Polarisierungs-Poles entsteht, die erotische Spannung des gegensätzlichen Geschlechtes aufheben würde.

Schließlich kann der männliche Asket auch noch auf andere männliche Asketen treffen. Diese können dann seine **Freunde** werden, von denen er jedoch weitgehend unabhängig bleibt, da er ja schon selber dieses Bild des männlichen Asketen lebt.

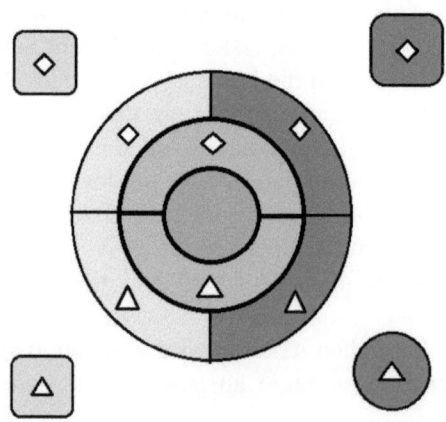

der Asket in diesem Beispiel spielt das innere Asketen-Männerbild (Kreis rechts unten); die Rollen des Süchtigen (Quadrat links unten), der Asketin (Quadrat rechts oben) und der Süchtigen (Quadrat links oben) in diesem „Asketen-Drama" werden von drei anderen Personen übernommen

Diese vier Bilder, von denen der Asket eines selber lebt und die drei anderen auf andere Menschen projiziert, bilden die Grundlage seines Lebensdramas.

Solange dieser Asket seine Askese nicht als ein Krankheitssymptom erkennt und es heilen kann, wird es in dem Leben dieses Asketen so gut wie immer einen süchtigen Mann geben, der durch seine Gier alles gefährdet oder sogar zerstört, was der Asket mühsam aufgebaut hat. Da können ihm auch seine Asketen-Freunde und seine Asketen-Freundin nur wenig helfen. In seiner Beziehung zu der Süchtigen-Frau sieht es nicht anderes aus, da auch deren Gier seine Sparsamkeit aushebelt – und sie ihm durch ihr Verhalten zeigt, was er selber als Sucht verborgen in sich trägt.

Aus diesen vier Bilder lassen sich viele Dramen erschaffen …

Bei dem Asketen und dem Süchtigen ist der Mangel das Thema des Dramas, bei dem Täter und dem Opfer ist die Angst das Thema des Dramas, und bei dem Star und dem Fan ist der Ruhm das Thema des Dramas.

Diese drei möglichen Grundformen des Dramas entsprechen den drei Paaren von Irrwegen auf der „Landkarte der Gefühle".

Die drei möglichen Grundformen dieses Mandalas, die auf der oralen Störung, der analen Störung oder der phallischen Störung beruhen, sehen wie folgt aus:

die drei Grundformen des Beziehungs-Mandalas				
Ebene mit der Störung	*Rolle im Mandala*			
	Mann		*Frau*	
	progressiv	*regressiv*	*progressiv*	*regressiv*
oral	Süchtiger	Asket	Asketin	Süchtige
anal	Täter	Opfer	Täterin	Opfer
phallisch	Star	Fan	Star	Fan

Man kann diese Übersicht noch etwas anschaulicher machen, indem man die abstrakten Darstellungen wie „Süchtiger" oder „Star" durch eher extreme Gestalten ersetzt, die den meisten Menschen aus dem Alltag bekannt sein werden.

Die auf der folgenden Seite angeführten Gestalten sind natürlich jeweils nur eins von vielen möglichen Beispielen.

die drei Grundformen des Beziehungs-Mandalas				
Ebene mit der Störung	***Rolle im Mandala***			
	Mann		*Frau*	
	progressiv	*regressiv*	*progressiv*	*regressiv*
oral	Süchtiger: der Alkoliker, der in seinem Leben nichts geregelt kriegt	Asket: der „Prinzipienreiter", der alles kontrollieren und ordnen will und das „zum Besten der anderen" macht	Süchtige: die „Klette", die immer alles wissen muß und niemanden loslassen kann und oft zur „Drama-Queen" wird	Asketin: die bemutternde „Glucke", die sich immer um alles kümmert
anal	Täter: der herrische und cholerische Chef, der jeden anbrüllt und nebenher seine Angestellten zu verführen versucht	Opfer: der blasse, stotternde, schüchterne Buchhalter, der noch nie eine Freundin hatte	Täterin: die intrigante „Femme fatale", die Männer verführt und sie dann fortstößt und der alle immer alles opfern – ihr Geld und ihr Herz	Opfer: die einsam lebende, mißbrauchte Frau, die einen verborgenen Haß auf alle Männer hat
phallisch	Star: der Salonlöwe, der es nicht ertragen kann, wenn auch ein anderer die Aufmerksamkeit des Publikums erlangt	Fan: der Untertan, der alles dafür tut, einmal ein Lächeln seines Königs zu erhalten	Star: die Diva, die sich durch Macht, Geld und Erotik und viel Geschick in den Mittelpunkt der Aufmerksamkeit bringt	Fan: die „graue Maus", die ihren Mann, den weltberühmten Professor, verehrt und alles für ihn tut

Die in diesem Kapitel beschriebenen Strukturen und deren Heilungsmöglichkeiten habe ich ausführlich in meinem Buch „Das Beziehungsmandala" dargestellt.

3. b)   Die Liebe in dem Beziehungs-Mandala

Im Zentrum des Mandalas ist die Identität des betreffenden Menschen, die man meistens „Seele" nennt. Dieses Zentrum enthält die Selbstliebe des Menschen.

Durch die Polarisierung dieses geschlechtsneutralen Selbstbildes in den inneren Mann und in die innere Frau, die beide ein heiles, unverzerrtes Spiegelbild des geschlechtsneutralen Selbstbildes sind, entsteht eine „innere Liebe" zwischen dem inneren Mann und der inneren Frau: Da der innere Mann und die innere Frau ein Spiegelbild der Seele sind, muß auch die Selbstliebe der Seele in ihren beiden Spiegelbildern erscheinen – als die Liebe zwischen diesen beiden Bildern.

Da man als Mensch in der Regel nur eines dieser beiden Bilder lebt, verbindet sich das andere Bild mit einem anderen Menschen. Mit diesem Menschen fühlt man sich dann „verwandt" und „verbunden", weil sich das eigene innere Suchbild mit dem anderen Menschen verbunden hat.

Das ist keinesfalls nur eine „Verwirrung stiftende Beeinträchtigung der sachlichen Selbstwahrnehmung", sondern auch eine Möglichkeit, die eigene Selbstliebe im Außen in der Liebe zu einem anderen Menschen zu erleben: Die innere Gewißheit der Identität und Selbstliebe wird auf diese Weise zu einem äußeren Erleben der eigenen Liebe.

Schwierig wird es, wenn man das eigene innere Suchbild (bei einem Mann also die innere Frau) nicht mehr von dem geliebten Menschen unterscheiden kann, denn dann glaubt man schnell, nicht mehr ohne den anderen leben zu können – man erlebt den anderen durch dessen Verbindung mit dem eigenen inneren Suchbild als einen Teil von sich selber. In einer solchen Situation empfindet man eine Trennung von dem anderem wie das Abschneiden des eigenen Armes …

Wenn das Selbstbild und das Suchbild im eigenen Inneren durch ein heftiges Erlebnis noch einmal polarisiert und dabei nun auch noch zusätzlich verzerrt worden ist, wird die Situation ausgesprochen unangenehm, da man dann immer die Art von Menschen findet, der man garnicht begegnen will.

Wenn man zum Süchtigen geworden ist, fühlt man sich von der Asketin angezogen; wenn man zum (weiblichen) Opfer geworden ist, fühlt man sich von einem Täter angezogen; und wenn man zum (männlichen) Star geworden ist, fühlt man sich von einem (weiblichen) Fan angezogen usw.

Das führt dann dazu, daß die geschlechtliche Polarität diese beiden aneinander bindet, aber die „Irrweg-Polarität" in dem anderen jeweils das sieht, was man zugleich ersehnt und fürchtet.

Die folgende Darstellung dieser drei „leidvollen Duette" zwischen Süchtigem und Asketen, zwischen Täter und Opfer sowie zwischen Star und Fan sind auf die wesentlichen Strukturen und Dynamiken reduziert.

Der Süchtige (der nur seine eigenen Bedürfnisse sieht) will etwas erhalten und sieht daher in dem Asketen (der seine eigenen Bedürfnisse ignoriert) einen Spender.

Der Asket will anderen helfen und sieht daher in dem Süchtigen einen geeigneten Hilfsbedürftigen.

Zunächst einmal ergänzen sich beide, weil der Asket dem Süchtigen gebend helfen kann und der Süchtige nehmend Hilfe erhält.

Doch nach einer Weile steigert sich die Polarität der beiden immer weiter, weil der Süchtige immer mehr Hilfe von dem Asketen verlangt, weil dieser immer weniger gibt – und weil der Asket immer weniger Hilfe gibt, weil der Süchtige immer mehr verlangt.

Dann beginnt das „Hilfe-Drama".

Der Täter (der nur seine eigene Macht sieht) will bestimmen und sieht daher in dem Opfer (das nur die eigene Ohnmacht sieht) einen geeigneten „Untertan".

Das Opfer hat Angst vor Bedrohungen und sieht daher in dem starken Täter einen Beschützer.

Zunächst einmal ergänzen sich beide, weil der Täter das Opfer beschützen kann und das Opfer Schutz erhält.

Doch nach einer Weile steigert sich die Polarität der beiden immer weiter, weil der Täter immer mehr Gehorsam von dem Opfer verlangt, weil dieses immer häufiger widerspricht – und weil das Opfer immer häufiger widerspricht, weil der Täter immer mehr Gehorsam verlangt.

Dann beginnt das „Macht-Drama".

Der Star (der sich im Größenwahn befindet) will bewundert werden und sieht daher in dem Fan (der sich in seinen Minderwertigkeitsgefühlen an einem anderen festhalten will) einen geeigneten Bewunderer.

Der Fan will die Anerkennung, die er selber nie erhalten hat, anderen geben und sieht daher in dem Star einen zur Bewunderung geeigneten Menschen.

Zunächst einmal ergänzen sich beide, weil der Fan den Star bewundern kann und der Star von dem Fan Bewunderung erhält.

Doch nach einer Weile steigert sich die Polarität der beiden immer weiter, weil der Star immer mehr Anerkennung von dem Fan verlangt, weil dieser immer weniger gibt – und weil der Fan immer weniger Anerkennung gibt, weil der Star immer mehr verlangt.

Dann beginnt das „Ruhm-Drama".

Das, worum die drei Paare sich streiten, ist Hilfe (Nähe, Nahrung), Kraft (Macht) und Anerkennung (Liebe, Ruhm).

Wenn diese drei Paare Frieden finden wollen, müssen sie sich darüber klar werden, was sie eigentlich tun und in welcher Struktur sie sich befinden, d.h. daß z.B. das Opfer einen inneren Täter in sich trägt, den der äußere Täter stellvertretend für das Opfer lebt. Die Ursache des Problems befindet sich innen in dem Beziehungs-Mandala und nicht außen in der Beziehung – die Form der Beziehung ist eine Folge der vier inneren Bilder in dem eigenen Beziehungs-Mandala.

Wenn es diesen drei Paaren gelingt, den jeweils eigenen heilen inneren Mann und die jeweils eigene heile innere Frau wiederzufinden und die innere Spaltung in Süchtiger/Asket, Täter/Opfer oder Star/Fan zu heilen und aufzulösen, wird eine wirkliche Begegnung zwischen den beiden Menschen in der Beziehung möglich.

Solange die innere Polarisierung weiterbesteht, wird man diesen inneren Konflikt im Außen mit den Menschen, die einem begegnen und mit denen man zusammen ist, immer wieder aufs Neue erleben – das Außen spiegelt jedem Menschen seinen inneren Zustand, sein Beziehungs-Mandala wider … gnadenlos und unerbittlich, bis man die Polarisierung geheilt hat.

3. c)   Die dritte Skizzierung des heilen Zustandes

Das Beziehungs-Mandala zeigt, daß zwei Schritte notwendig sind, um leidlos und freudvoll lieben zu können:

> 1. die Auflösung der möglicherweise vorhandenen Polarisierung in Süchtiger/Asket, Täter/Opfer oder Star/Fan, damit der Streit um Hilfe, Macht und Ruhm endet (äußerer Ring des Beziehungs-Mandalas); und

> 2. die Bewußtwerdung des eigenen inneren Mannes und der eigenen inneren Frau, damit man das eigene Suchbild (die innere Frau beim Mann und den inneren Mann bei einer Frau) nicht mit dem konkreten Menschen, den man liebt, verwechselt und dadurch den anderen für einen Teil von sich selber hält (innerer Ring des Beziehungs-Mandalas).

Durch diese beiden Schritte erkennt man letztlich auch die eigene Mitte, die eigene Seele, was wiederum die Eigenständigkeit ermöglicht (Mitte des Beziehungs-Mandalas).

3. d)   Heilungsansätze

Die Heilung der vier verzerrten Bilder in dem äußeren Kreis des Beziehungs-Mandalas besteht wie bei den drei polarisierten Gefühlshaltungs-Paaren, also den sechs „Irrwegen" der „Landkarte der Gefühle" (Süchtiger/Asket, Täter/Opfer, Star/Fan) in der Auflösung dieser Polarität. Der Vorteil, den das Beziehungs-Mandala bietet, ist, daß man die konkreten Menschen erkennen kann, auf die man die anderen drei Rollen, die man nicht selber lebt, projiziert hat – man kann sie daher als ein Teil des eigenen Systems wahrnehmen. Dadurch kann die Auflösung dieser Polarisierung deutlich einfacher werden.

Das Beziehungs-Mandala kann auch dabei helfen, sowohl die eigene Selbstliebe als auch die Liebe zu anderen Menschen klar wahrzunehmen, als zwei verschiedene Dinge unterscheiden zu können und die Liebe zu anderen als „Zweige am Baum der Selbstliebe" erleben zu können. Dadurch kann der Betreffende auch dann, wenn er jemand anderen liebt, in sich ruhen bleiben.

Eine erste Orientierung über Ihr eigenes Beziehungs-Mandala können Sie erhalten, wenn Sie in die folgende Tabelle einmal die Menschen aus Ihrem näheren Umfeld eintragen, die zu diesen zwölf verschiedenen Rollen passen.

die drei Grundformen des Beziehungs-Mandalas				
Ebene mit der Störung	*Rolle im Mandala*			
	Mann		Frau	
	progressiv	*regressiv*	*progressiv*	*regressiv*
oral	<u>Süchtiger</u>	<u>Asket</u>	<u>Asketin</u>	<u>Süchtige</u>
anal	<u>Täter</u>	<u>Opfer</u>	<u>Täterin</u>	<u>Opfer</u>
phallisch	<u>Star</u>	<u>Fan</u>	<u>Star</u>	<u>Fan</u>

Gibt es in Ihrem Umfeld auch Menschen, die weitgehend in sich ruhen und bei denen keine Polarisierung sichtbar ist? Dann notieren Sie sich auch deren Namen als Beispiele für den heilen Zustand.

1. Version

Die einfachste Möglichkeit besteht darin, zunächst einmal das allgemeine Mandala auf den Boden zu zeichnen oder seine elf Felder durch je ein Blatt Papier zu kennzeichnen, die wie folgt beschriftet sind:

im Zentrum: „Mitte";

innerer Kreisring: „heiler innerer Mann", „heile innere Frau";

äußerer Kreisring: „progressives inneres Männerbild", „regressives inneres Männerbild", „progressives inneres Frauenbild", „regressives inneres Frauenbild";

Außen: „Stellvertreter für das progressive innere Männerbild", „Stellvertreter für das regressive innere Männerbild", „Stellvertreter für das progressive innere Frauenbild" und „Stellvertreter für das regressive innere Frauenbild".

Sie können, wenn Sie wollen, natürlich auch andere Namen für diese Positionen als diese recht technischen Bezeichnungen benutzen – für den äußeren Kreisring bieten sich z.B. „Asket/Opfer/Fan, Süchtiger/Täter/Star, Asketin/Opfer/Fan, Süchtige/Täterin/Fan", an. Für die Stellvertreter-Zettel können Sie in diesem Beispiel dann die folgenden Bezeichnungen wählen: „ich als Asket/Opfer/Fan, Stellvertreter des Süchtigen/Täters/Stars, Stellvertreterin der Asketin/Opfer/Fans, Stellvertreterin der Süchtigen/Täterin/Stars".

Dann stellt man sich zuerst nacheinander auf die vier Stellvertreter-Felder ganz außen und spürt jedesmal, welche Qualität man dort findet. Danach stellt man sich auf die vier Felder im äußeren Kreisring, in dem sich die vier polarisierten inneren Männer- und Frauenbilder befinden. Anschließend wiederholt man dasselbe mit dem heilen Männerbild und dem heilen Frauenbild im inneren Kreisring und schließlich am Ende auch mit dem Zentrum des Mandalas.

Lassen Sie sich vor allem mit den drei inneren Bildern Zeit und spüren sie deren Qualität. Wenn Sie möchten, können Sie sich dabei auch mit Ihrem inneren Mann, Ihrer inneren Frau und Ihrer Mitte, also mit Ihrer Seele unterhalten.

Diese Version ist eine Kontemplation, eine Betrachtung, die, wenn Sie sich viel Zeit lassen, auch zu einer Meditation oder einer Traumreise werden kann. Sie ist auch schlichtes Ritual – eine „Reise zur eigenen Mitte".

Das folgende Diagramm zeigt die Wege dieser Reise:

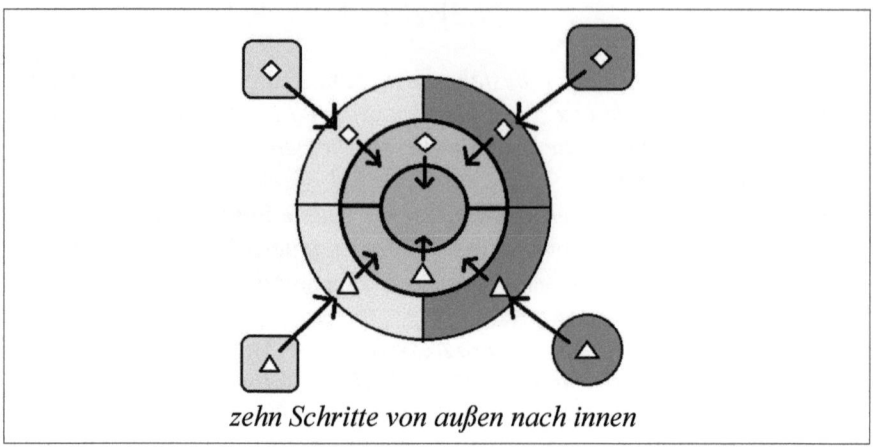

zehn Schritte von außen nach innen

2. Version

Wenn Sie möchten, können Sie Ihr eigenes Beziehungs-Mandala zeichnen. Haben Sie schon erkannt, zu welchem Verhaltensmuster Sie neigen, wenn Sie einmal nicht ganz sicher in Ihrer Mitte ruhen? Oft ist dies auch nicht nur ein einziges Muster, sondern eine Mischform.

Süchtiger, Täter und Star neigen dazu, sich zu vermischen und ebenso Asket, Opfer und Fan.

Die andere, aber deutlich seltenere Möglichkeit ist der häufige Wechsel zwischen den zwei Polen eines der drei Gegensätze Süchtiger/Asket, Täter/Opfer und Star/Fan.

Wenn Sie herausgefunden haben, welches Muster Sie bevorzugen, wenn sie aus Ihrer Mitte herausgefallen sind, können Sie in das Beziehungs-Mandala an die betreffende Stelle schon einmal „Ich" schreiben (in dem Beispiel ein paar Seiten vorher die Position des Asketen rechts unten).

Schauen Sie dann, wer ihr Gegenpol ist, mit welcher Art von Mensch Sie Beziehungen haben. Diese Menschen haben mit großer Wahrscheinlichkeit das entgegengesetzte Muster – falls Sie zum Asketen neigen, sollten diese Menschen Süchtige sein. Damit ist natürlich nicht unbedingt eine Drogen-

sucht gemeint, sondern es können genausogut Eßsucht, Festklammern an anderen, Harmoniesucht u.ä. sein. Schreiben Sie dann die Namen der Menschen mit dieser Qualität, also die Namen Ihrer Beziehungspartner in das Kästchen, das gegenüber von Ihrem Kästchen außen an dem Beziehungs-Mandala steht.

Gibt es Menschen mit demselben Geschlecht wie Sie und mit denselben Verhaltensmustern wie die Menschen, mit denen Sie eine Beziehung haben? In dem Beispiel des (männlichen) Asketen wären das dann (männliche) Süchtige. Diese Menschen sind recht sicher diejenigen, die Ihnen das Leben schwermachen. Tragen Sie auch deren Namen in das betreffende Kästchen ein.

Schließlich kommen noch die Namen der Menschen, die ein anderes Geschlecht als Sie, aber dasselbe Muster haben, in das vierte Kästchen – dies sind die gegengeschlechtlichen Freundschaften.

Evtl. gibt es noch einige Menschen mit demselben Geschlecht und denselben Mustern wie Sie – dies sind die gleichgeschlechtlichen Freunde, deren Namen Sie zu Ihrem eigenen Namen hinzufügen können.

Wenn jemand für Beziehungen Menschen des eigenen Geschlechts bevorzugt, wenn sich jemand selber als Frau erlebt, obwohl er physisch gesehen ein Mann ist, oder wenn jemand auf eine andere Weise „kreativ" ist, wird dieses Mandala etwas komplizierter, aber es bleibt von seiner Grundstruktur her trotzdem dasselbe.

Wenn Sie ihr persönliches Beziehungs-Mandala nun durch die Namen der Menschen, die in Ihrem Leben bisher wichtig gewesen sind, konkretisiert haben, kann der nächste Schritt beginnen.

Malen Sie das Mandala auf den Boden oder legen sie seine Form mit einem Faden aus oder legen Sie einfach Zettel auf den Boden, um die insgesamt elf Felder dieses Mandalas zu kennzeichnen: die Mitte im Zentrum; im inneren Kreisring die heile innere Frau und der heile innere Mann; im äußeren Kreisring die beiden polarisierten Männerbilder und die beiden polarisierten Frauenbilder; und ganz außen die vier Personen oder Personengruppen, die diese vier polarisierten Bilder in ihrem Leben leben.

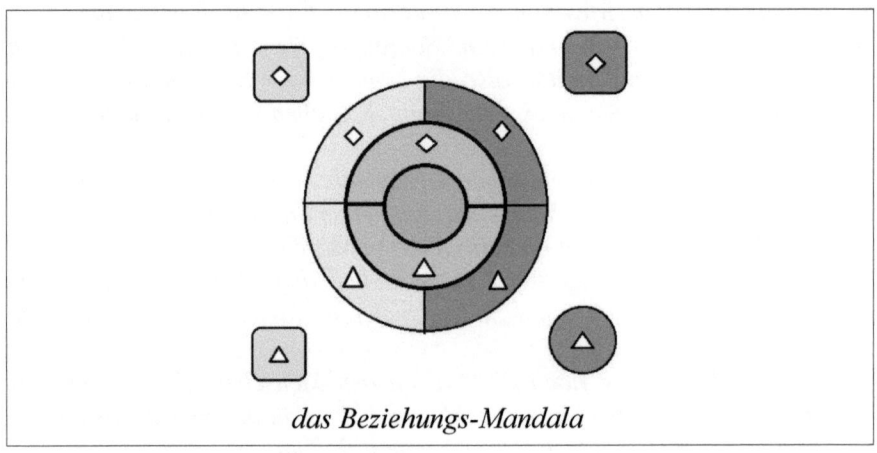

das Beziehungs-Mandala

Die drei Schritte, die nun folgen, sind wieder ein „Weg zur Mitte". Der erste Teil dieses Weges besteht darin, daß Sie sich der Reihe nach in die vier Felder des äußeren Kreisringes stellen und sich den Feldern zuwenden, die die Menschen repräsentieren, die für Sie den betreffenden Teil Ihrer Psyche in Ihrem Leben inszenieren.

Am einfachsten ist es, mit sich selber zu beginnen, also mit der Position, die man selber lebt – in dem angeführten Beispiel also die Rolle des männlichen Asketen. Dabei steht man in dem Asketen-Feld des äußeren Kreisrings und macht sich deutlich, daß man dieses Viertel selber lebt.

Stellen Sie sich dann in das nächste Feld auf diesem Kreisring und blicken Sie innerlich auf die Menschen, die diesen Teil des eigenen Mandalas stellvertretend für Sie leben. Machen Sie sich auch hier wieder deutlich, daß diese Menschen in Ihrem Leben sind und daß sie sich so verhalten, wie sie es tun, weil Sie durch das von Ihnen selber ungelebte (und ungeliebte) Viertel des Mandalas eine Einladung an diese Menschen ausgesprochen haben.

Stellen Sie sich auf diese Weise in jedes der vier Viertel des äußeren Kreisringes und holen Sie sozusagen die Einladungen an die anderen Menschen, diese Rollen für Sie zu übernehmen, zu sich zurück. Wenn Sie möchten, können Sie dabei sagen: „Ich nehme dieses Verhalten in mich selber zurück; die Kraft, die dieser Mensch stellvertretend für mich lebt, nehme ich in mich zurück; ich bin die Ursache dafür, daß dieser Mensch in meinem Leben ist; ich will diesen Teil von mir wieder in mich integrieren." Sie können diese Worte so umformulieren, daß sie für Sie richtig und passend klingen.

Dieser Vorgang kann recht unangenehm sein – schließlich sagt man dabei unter anderem, daß die Menschen, die einem bisher das Leben schwergemacht haben, nur deshalb da sind, weil man sie eingeladen hat, weil diese Menschen Teile des eigenen Mandalas (und somit der eigenen Psyche) leben, die man bisher verdrängt hat und die man nicht wahrhaben wollte.

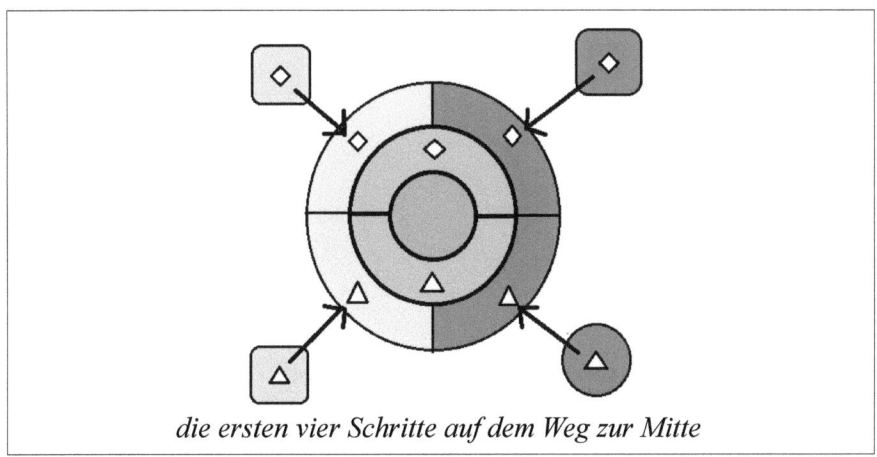

die ersten vier Schritte auf dem Weg zur Mitte

Nachdem Sie nun die vier Verhaltensweisen der Menschen in Ihrem Leben als Inszenierungen von Teilen Ihres eigenen Mandalas erkannt haben, können Sie zu dem nächsten Teil des „Weges zur Mitte" übergehen.

In dem Beispiel befindet sich in dem äußeren Kreisring nun der Asket, der von dem Betreffenden selber gelebt wird, die Asketin, die die Freundin dieses Menschen ist, der Süchtige, der der Feind dieses Menschen ist, und die Süchtige, mit der er eine Beziehung hat. Diese vier Bilder werden nun zumindestens ansatzweise als Bilder im eigenen Inneren erlebt.

Stellen Sie sich nun, wenn Sie (wie in dem Beispiel hier) ein Mann sind, mit dem Blick zum Mandala-Zentrum in die Mitte zwischen den beiden Männerbildern auf den äußeren Kreisring (in diesem Beispiel also Asket und Süchtiger). Reichen Sie nun innerlich den beiden Bildern (Asket und Süchtiger) je eine Hand und heißen Sie sie freundlich in sich willkommen.

Wenn Sie eine Frau sind, ist es naheliegend, mit den beiden polarisierten Frauenbildern zu beginnen.

Gehen Sie dann, wenn Sie spüren, daß es jetzt an der Zeit dafür ist, zu dem heilen Männerbild in dem inneren Kreisring. Nehmen Sie die beiden polarisierten Männerbilder mit und schauen Sie zu, wie sich diese beiden Bilder auflösen.

Lassen Sie sich dann Zeit, das heile Männerbild, das nun sichtbar werden kann, wahrzunehmen und zu fühlen. Wenn Sie möchten, können Sie auch innerlich mit Ihrem heilen inneren Mann sprechen, ihm Fragen stellen, ihn um etwas bitten usw. Lassen Sie sich Zeit damit ...

Führen Sie dann dasselbe mit den beiden polarisierten Frauenbildern und mit Ihrer inneren Frau durch.

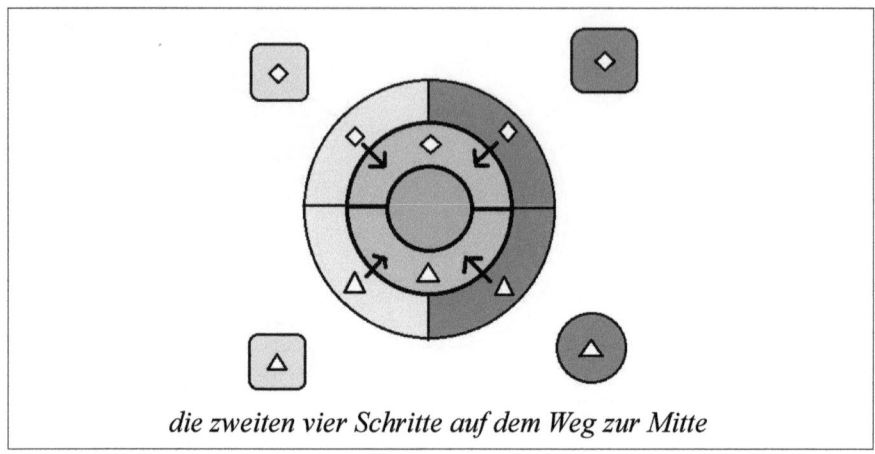

die zweiten vier Schritte auf dem Weg zur Mitte

Stellen Sie sich jetzt in dem inneren Kreisring auf die Grenze zwischen dem heilen inneren Mann und der heilen inneren Frau und reichen Sie beiden eine Hand und warten Sie, bis der Impuls kommt, zur Mitte des Mandalas zu gehen. Dieser Schritt ist recht mühelos.

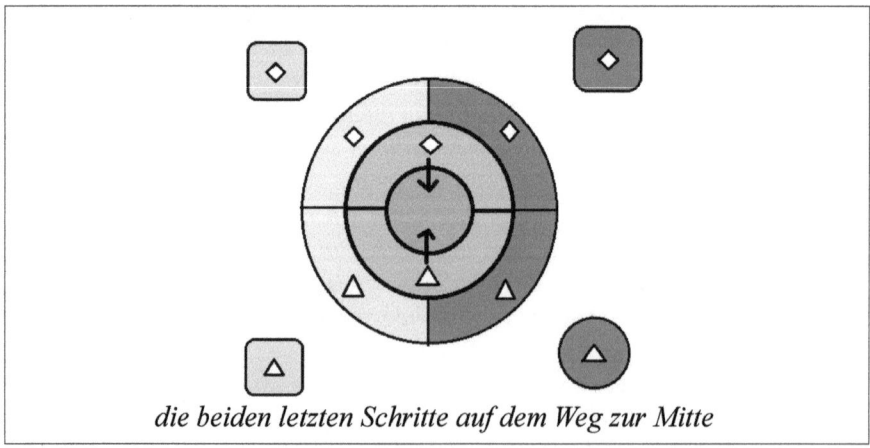

die beiden letzten Schritte auf dem Weg zur Mitte

Bleiben Sie Dort in der Mitte solange Sie wollen und genießen Sie einfach das, was Sie dort erleben.

Wenn Sie spüren, daß Sie für dieses mal lange genug in der Mitte gewesen sind, folgt noch eine „Segnung Ihres eigenen Lebens":

Tragen Sie mit einer Geste, die Ihnen dazu geeignet erscheint, das Licht Ihrer Mitte in die vier Himmelsrichtungen bis an den Rand Ihres Mandalas und lassen Sie das Licht ihrer Mitte ungehindert durch ihre Psyche (die beiden Kreisringe) in ihre Haltungen und Handlungen in der Welt hinausstrahlen. Wenn Ihnen dabei Worte zu diesen Gesten in den Sinn kommen, dann sprechen Sie diese einfach aus.

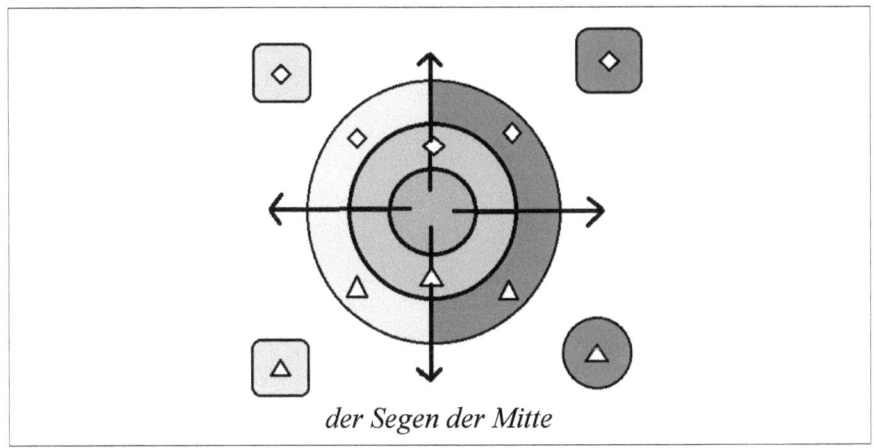

der Segen der Mitte

Sie können dieses Ritual immer wieder durchführen, wenn Sie das Bedürfnis danach empfinden.

Und besuchen Sie ruhig des öfteren den heilen Mann und die heile Frau in Ihrem Inneren und unterhalten Sie sich ihnen – es lohnt sich!

3. Version

In meinem Buch „Das Beziehungsmandala" habe ich ein längeres Ritual dargestellt, das durch die Verwandlungs-Symbolik der Alchemie inspiriert worden ist und das jeden Schritt der Rückkehr von dem Beziehungs-Drama zur eigenen Mitte detailliert darstellt und für die Heilung nutzt.

Zu diesen Schritten gehört u.a. die Auflösung der beiden polarisierten Männerbilder und der beiden polarisierten Frauenbilder – diese beiden Bilder können sich, da sie verzerrte Gegensätze sind, gegenseitig auflösen, woraufhin eine Phase der Stille entsteht, aus der heraus dann das heile Männerbild bzw. das heile Frauenbild erscheinen kann.

In der Alchemie wird der polare Ausgangszustand „Sulphur und Mercurius" genannt, die Auflösungsphase „Rabenkopf" und das heile Bild „Roter Löwe" oder „Stein der Weisen".

4. Die Chakren

Man kann die Chakren als die Organe des Lebenskraftkörpers ansehen. Sie werden im Yoga und ähnlichen Methoden auch als Meditationspunkte benutzt.

Es ist für die folgenden Betrachtungen nicht notwendig, an die Existenz des Lebenskraftkörpers zu glauben, wenn man nicht z.B. schon einmal eine Astralreise (Verlassen des eigenen Körpers) o.ä. erlebt hat – man kann auch einfach die beschriebenen Strukturen betrachten und schauen, ob sie einem plausibel erscheinen.

4. a) Der Aufbau des Chakrensystems

Das Zentrum dieses System ist das Herzchakra in der Mitte der Brust. In ihm liegt die Identität des Menschen. Sein natürlicher Zustand ist das „Ruhen in sich selber". Es entspricht dem Tiefschlaf-Bewußtsein.

das Herzchakra

Über und unter dem Herzchakra finden sich jeweils drei weitere Chakren, die von ihrer Funktion her Paare bilden. Die drei unteren Chakren beziehen sich auf den Körper des Menschen und die drei oberen Chakren auf die Umwelt des Menschen.

Aus dem „in sich Ruhen" im Herzchakra entsteht im ersten Schritt der ungehinderte körperliche Selbstausdruck im Sonnengeflecht kurz unter dem Rippenbogen sowie der ungehinderte soziale Selbstausdruck im Halschakra am Kehlkopf.

Der natürliche Zustand dieser beiden Chakren ist das „Strahlen" eines Menschen. Sie entsprechen dem Traum-Bewußtsein (Unterbewußtsein).

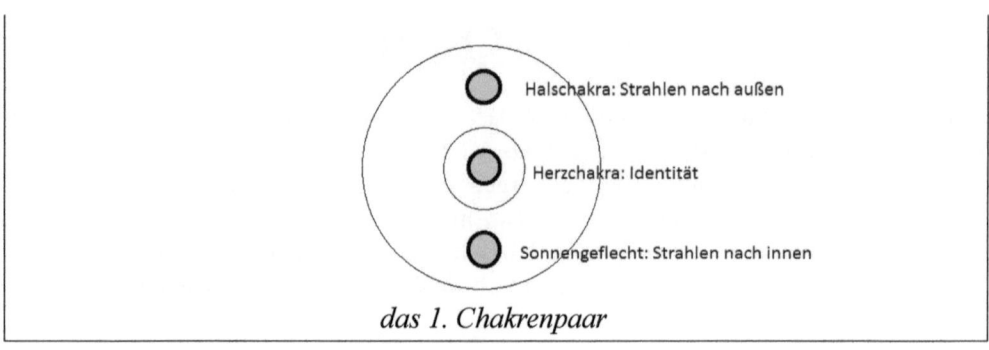

das 1. Chakrenpaar

Unterhalb des Sonnengeflechts liegt das Hara kurz unter dem Nabel. In ihm findet sich der innere Halt, der sich aus dem ungehinderten körperlichen Selbstausdruck im Sonnengeflecht ergibt.

Oberhalb des Halschakras liegt das Dritte Auge zwischen den Augenbrauen. In ihm findet sich die Orientierung in der Welt, die sich aus dem ungehinderten sozialen Selbstausdruck im Halschakra ergibt.

Der natürliche Zustand dieser beiden Chakren ist die klare, selbstbestimmte Position – sowohl die des eigenen Körpers (Hara) als auch der eigenen Stellung in der Gemeinschaft, zu der man gehört (Drittes Auge). Diese beiden Chakren entsprechen dem Wachbewußtsein.

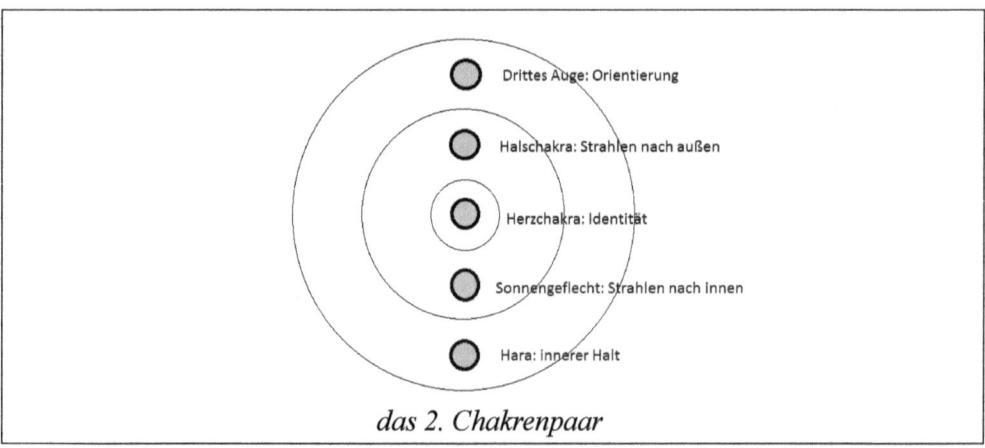

das 2. Chakrenpaar

Unterhalb des Haras befindet sich das Wurzelchakra zwischen den Genitalien und dem After. Dieses Chakra ist für den körperlichen Kontakt zuständig.

Oberhalb des Dritten Auges befindet sich das Scheitelchakra oben auf dem Kopf. Dieses Chakra ist für den geistigen Kontakt zuständig.

Der natürliche Zustand dieser beiden Chakren ist die Einsgerichtetheit – beim Wurzelchakra der Orgasmus und beim Scheitelchakra die Ekstase. Diese beiden Chakren entsprechen dem Ekstase-Bewußtsein: Man ist bei dem Kontakt zu einer Sache ganz auf diesen Kontakt konzentriert.

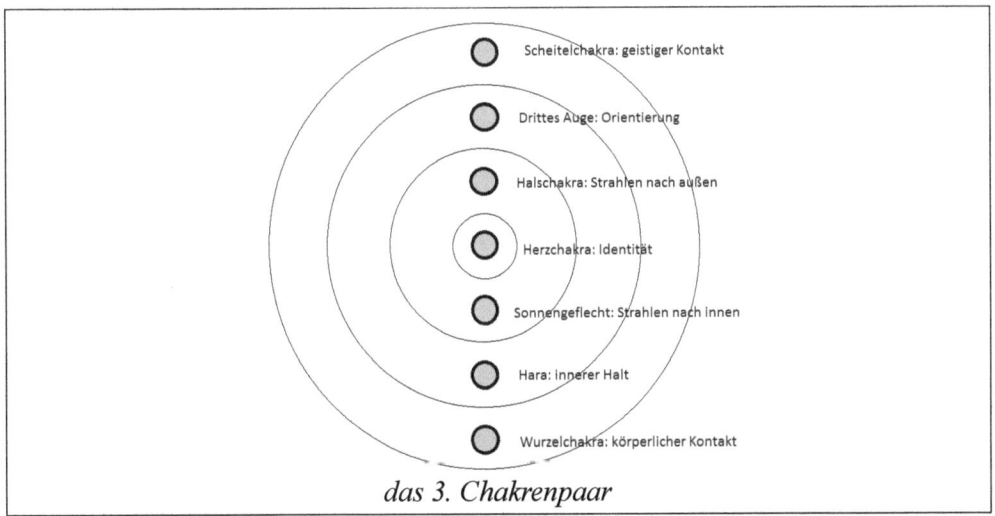

das 3. Chakrenpaar

Das Herzchakra ist das Chakra des Tiefschlafs, das Sonnengeflecht und das Halschakra sind die beiden Traumchakren, das Hara und das Dritte Auge sind die beiden Chakren des Wachbewußtseins, und das Wurzelchakra und das Scheitelchakra sind die beiden Ekstase-Chakren.

Diese Bewußtseinsformen lassen sich u.a. mithilfe der Frequenzen beim EEG unterscheiden.

Der Zusammenhang zwischen den Chakren und den vier Formen des Bewußtseins läßt sich u.ä. dadurch erkennen, daß jedes Chakra mit bestimmten Erlebnissen und daher auch mit bestimmten Meditationen, die zu diesem Erlebnis führen, verbunden ist. So zeigen sich bei z.B. Herzmeditationen die EEG-Frequenzen des Tiefschlafs, während das Dritte Auge eng mit dem bewußten Planen, also mit dem Wachbewußtsein verbunden ist.

Wenn sich die Lebenskraft in einem der sechs äußeren Chakren staut, wenn also ein Chakra überbetont und seine Aktivität deutlich größer ist als die der anderen Chakren, entstehen die bereits beschriebenen drei Polarisierungen.

1. äußeres Chakrenpaar

- oraler Bereich / Ekstase -

1. a) Ein Lebenskraftstau im Scheitelchakra führt zur einer Überbetonung des geistigen Kontaktes, d.h. zur Askese. Damit ist ein Lebenskraftmangel in dem Gegenpol zu diesem Chakra, d.h. im Wurzelchakra verbunden.

1. b) Ein Lebenskraftstau im Wurzelchakra führt zur einer Überbetonung des körperlichen Kontaktes, d.h. zur Sucht. Damit ist ein Lebenskraftmangel in dem Gegenpol zu diesem Chakra, d.h. im Scheitelchakra verbunden.

2. mittleres Chakrenpaar

- analer Bereich / Wachbewußtsein -

2. a) Ein Lebenskraftstau im Dritten Auge führt zur einer Überbetonung der Orientierung an anderen, d.h. zur Opfer-Haltung. Damit ist ein Lebenskraftmangel in dem Gegenpol zu diesem Chakra, d.h. im Hara verbunden.

2. b) Ein Lebenskraftstau im Hara führt zur einer Überbetonung der Durchsetzung des eigenen Standpunktes, d.h. zur Täter-Haltung. Damit ist ein Lebenskraftmangel in dem Gegenpol zu diesem Chakra, d.h. im Dritten Auge verbunden.

3. inneres Chakrenpaar

- phallischer Bereich / Traumbewußtsein -

3. a) Ein Lebenskraftstau im Halschakra führt zur einer Überbetonung der sozialen Angepaßtheit, d.h. zur Scham der Fan-Haltung. Damit ist ein Lebenskraftmangel in dem Gegenpol zu diesem Chakra, d.h. im Sonnengeflecht verbunden.

3. b) Ein Lebenskraftstau im Sonnengeflecht führt zur einer Überbetonung des eigenen Selbstausdrucks, d.h. zur Angeberei des Stars. Damit ist ein Lebenskraftmangel in dem Gegenpol zu diesem Chakra, d.h. im Halschakra verbunden.

4. Herzchakra

- Herzchakra / Tiefschlaf -

Hier gibt es keine Polarisierung, sondern lediglich die Blockierung durch die Polarisierung der drei Chakrenpaare, die das Strahlen des Herzchakras verhindern können.

Die Symmetrie der sieben Chakren								
Chakra	*Bewußt-sein*	*Zustand*	*EEG*	*Wirkung eines Lebenskraftstaus in dem Chakra*	*Symmetrie*			
Scheitelchakra	Ekstase	Erleben	16-32Hz	Asket				
Drittes Auge	Wachen	Denken	8-16Hz	Opfer				
Halschakra	Traum	Fühlen	4-8Hz	Fan				
Herzchakra	Tiefschlaf	Identität	2-4Hz	kein Strahlen				
Sonnengeflecht	Traum	Fühlen	4-8Hz	Star				
Hara	Wachen	Denken	8-16Hz	Täter				
Wurzelchakra	Ekstase	Erleben	16-32Hz	Süchtiger				

Durch EEG-Messungen läßt sich erkennen, welche Formen des Bewußtseins bei einem Kind vor seiner Geburt auftreten. Daher läßt sich indirekt auch die Folge der Entwicklung der sieben Chakren feststellen, die von der Mitte (Tiefschlaf, Identität, Herzchakra) nach außen hin (Ekstase, Geburt, Wurzelchakra und Scheitelchakra) verläuft und offenbar eine Entfaltung darstellt.

Im den ersten drei Monat befindet sich das Bewußtsein des Ungeborenen vollständig im Tiefschlaf (EEG: 2-4Hz) => Herzchakra.

Im den folgenden fünf Monaten, also im vierten bis achten Monat, befindet sich das Bewußtsein des Ungeborenen zu 80% im Traumzustand (EEG: 4-8Hz) und nur noch zu 20% im Tiefschlaf => Sonnengeflecht und Halschakra.

Im neunten Monat kommt dann der Wachzustand (EEG: 8-16Hz) hinzu, dessen Anteil allmählich auf ca. 30% anwächst => Hara und Drittes Auge.

Der Ekstasezustand (EEG: 16-32 Hz) tritt vermutlich das erste mal bei der Geburt selber auf => Wurzelchakra und Scheitelchakra.

4. b) Die Liebe in den Chakren

Auch die Chakren bieten eine Möglichkeit, den Umraum, in dem sich die Liebe befindet, etwas genauer zu verstehen. Wie bei der „Landkarte der Gefühle" befindet sich die Selbstliebe im Zentrum – beim Chakrensystem im Herzchakra.

Um die Betrachtung zu vereinfachen, kann man die Chakren in drei Gruppen einteilen:

- die drei oberen Chakren, die sich auf die Gemeinschaft beziehen,
- das Herzchakra, das sich auf die eigene Identität bezieht, und
- die drei unteren Chakren, die sich auf den eigenen Körper beziehen.

Die drei oberen Chakren orientieren sich an anderen Menschen und suchen tendenziell nach Ewigkeit – die drei unteren Chakren orientieren sich an den eigenen körperlichen Bedürfnissen und blicken meistens auf das Hier und Jetzt. Das Herzchakra ist die Quelle aller Aktivitäten in den anderen Chakren, die idealerweise die im Herzchakra liegende Identität unverzerrt im Außen ausdrücken.

Die drei oberen Chakren streben nach dem Einklang mit anderen, was, wenn dies Erfolg hat, zu Freude führt – Freude ist ein Miteinanderschwingen.

Die drei unteren Chakren streben nach der Erfüllung der eigenen Bedürfnisse, was, wenn dies Erfolg hat, zu Lust führt – Lust ist das freie Fließen eines Impulses in die gewünschte Richtung.

Das Herzchakra strebt nach Selbstausdruck, was, wenn dies Erfolg hat, zu Glück führt – Glück ist ungehindertes Strahlen der eigenen Mitte.

Aus diesen drei Gruppen läßt sich eine Matrix ableiten, die zeigt, welche Formen von Beziehungen es in Hinsicht auf die beteiligten Chakrengruppen gibt. Dabei gibt es acht (2^3) Möglichkeiten:

1. Wenn in einer Begegnung keine der drei Chakrengruppen angesprochen wird und mit der entsprechenden Chakrengruppe des anderen schwingt, passiert nichts – man geht aneinander vorbei …

2. Wenn in einer Begegnung nur die drei unteren Chakren beteiligt sind, strebt man lediglich nach der Erfüllung eines Bedürfnisses. Dies kann Lust bereiten, aber es kann sich auch ziemlich hohl anfühlen. Im schlimmsten Fall benutzt man einen anderen als Lustobjekt.

3. Wenn in einer Begegnung nur das Herzchakra beteiligt ist, empfindet man eine Verwandtschaft, Vertrautheit oder Liebe zu einem anderen

Menschen und fühlt sich auch zu ihm hingezogen, aber man unternimmt nichts. In diesem Fall geschieht im Außen nichts, auch wenn der Betreffende durchaus etwas für den anderen Menschen empfindet – keine Erdung …

4. Wenn in einer Begegnung nur die drei oberen Chakren beteiligt sind, hat man viele Ideen, Wunschträume und Konzepte für die weitere Entwicklung dieser Begegnung, aber man ist nicht wirklich mit dem Herzen dabei, sondern bleibt in der Theorie und in den eigenen Gedanken und Vorstellungen. Es kommt vielleicht zu einigen mehr oder weniger interessanten Gesprächen, aber passieren tut auch hier letztlich nichts – es fehlt die Erdung durch die drei unteren Chakren.

5. Wenn in einer Begegnung das Herzchakra und die drei unteren Chakren beteiligt sind, liebt der Betreffende einen anderen Menschen, aber betrachtet ihn als Besitz, als sich untergeordnet und er sieht den anderen nicht wirklich als eigenständiges Wesen – dafür wären die drei oberen Chakren notwendig. Bei dieser Konstellation kann es vorkommen, daß der Betreffende einen anderen Menschen voller Liebe unterdrückt und nicht zuläßt, daß der andere sein eigenes Wesen entfaltet.

6. Wenn in einer Begegnung nur die drei unteren und die drei oberen Chakren beteiligt sind, spricht man sich mit anderen ab, um gemeinsam bestimmte Dinge zu tun, aber alle diese Dinge tragen nicht allzuviele Früchte, da sie nicht im Herzen gegründet sind, sondern im Kopf – das, was der Betreffende wirklich will, ist ihm nicht bewußt, da sein Herzchakra nicht beteiligt ist. Daher kommt es hier zu engagierten Taten, die viele andere Menschen miteinbeziehen, aber letztlich unfruchtbar sind.

7. Wenn in einer Begegnung nur das Herzchakra und die drei oberen Chakren beteiligt sind, hat man viele Gefühle, schreibt für den anderen Lieder und Gedichte, sehnt sich nach ihm, stellt sich ein Treffen oder eine gemeinsame Zukunft vor – aber das bleibt alles ungeerdet, weil die drei unteren Chakren fehlen.

8. Wenn in einer Begegnung alle drei Chakrengruppen beteiligt sind, entspringt der Impuls dem Herzchakra und ist daher echt; will man etwas zusammen mit dem anderen tun, weil man Bedürfnisse in den drei unteren Chakren hat; und man spricht sein Handeln mit dem anderen ab und erschafft eine Gemeinsamkeit, da auch die drei oberen Chakren beteiligt sind.

Lust (untere Chakren)	Liebe (Herz-chakra)	Freude (obere Chakren)	Wirkung
-	-	-	nichts
x	-	-	hohle Handlung
-	x	-	Wollen ohne Erdung/Umsetzung
-	-	x	abgehobene Wunschträume, Ideale
x	x	-	Wunschverwirklichungsversuch ohne Durchblick
x	-	x	Aktionismus ohne Zentrum
-	x	x	Sehnsucht ohne Taten, Romantik
x	x	x	Strahlen, Erfüllung

Diese acht Formen der Begegnung zeigen, wie man auf relativ einfache Weise erkennen kann, was in einer Begegnung möglicherweise fehlt, damit sich beide als das ausdrücken können, was sie wirklich sind.

Nur wenn alle drei Chakrengruppen beteiligt sind, kann es zu einer wirklich erfüllenden Begegnung kommen – nur dann kann die Liebe das finden, was sie eigentlich sucht.

4. c) Die vierte Skizzierung des heilen Zustandes

Der heile Zustand in Bezug auf die Chakren läßt sich sehr einfach beschreiben:

1. Die sechs äußeren Chakren sind der Ausdruck und die Konkretisierungsschritte der Identität im Herzchakra.

2. Alle Chakren sollten ungefähr gleich aktiv sein und ungefähr gleich viel Lebenskraft enthalten.

Wenn diese beiden Dinge der Fall sind, drückt der betreffende Menschen in seinen Haltungen und Handlungen so gut wie immer das aus, was er ist und was er will. Dadurch ruht er auch in seiner Selbstliebe, die dann auch das Fundament seiner Liebe zu anderen Menschen ist.

4. d) Heilungsansätze

Die Erweckung der Chakren, die Auflösung der möglicherweise vorhandenen Blockaden zwischen ihnen, sowie die einseitig verteilte Lebenskraft in ihnen (z.B. Lebenskraftstau im Wurzelchakra = Süchtiger) ist ein ziemlich komplexes Thema, mit dem man mehrere dicke Bücher füllen könnte.

Die meisten direkten Methoden bestehen aus Yoga-Übungen, Atemübungen, Reiki, Imaginationen (Vorstellungen), Traumreisen, inneren Gesprächen mit den Chakren u.ä. Die indirekten Methoden bestehen aus dem Heilen der Gefühle, die das Heilen der Chakren nach sich ziehen, da die Chakren u.a. auch die „Gefühls-Organe" sind. Dazu gehören die meisten Therapien, Gespräche mit Freunden, Familienaufstellungen, Horoskopdeutungen und ähnliches mehr.

Die Tabelle mit den acht Bindungsformen zwischen zwei Menschen und die Chakra-Übersichtstabelle kann eine Hilfe dabei sein, um grob einschätzen zu können, welche Chakren bei einem selber aktiv sind und welche nicht, welche Bindungsformen dadurch entstehen und welche Chakren gefördert werden müßten.

Durch die Heilung des Chakrensystems werden die leidvollen Polaritäten in der eigenen Psyche aufgelöst, wodurch die Selbstliebe im Herzchakra wieder zu dem lenkenden und gestaltenden Einfluß in dem Chakrensystem werden kann. Daraus ergibt sich dann, daß der betreffende Mensch sowohl in sich selber ruhen als auch andere Menschen lieben kann, ohne dabei in Sucht, Askese, Dominanz (Täter), Unterwürfigkeit (Opfer), Angeberei (Star) oder Scham (Fan) zu geraten.

Auch hier sind die Wege der Heilung bei jedem Menschen recht individuell. Das Ziel all dieser Wege ist, alle Ängste und Süchte aufzulösen, damit sowohl die Selbstliebe als auch die Liebe zu anderen Menschen ungehindert strahlen kann.

Eine ausführlichere Beschreibung des Chakrensystems, das aber deutlich über die hier benötigten Strukturen hinausgeht, findet sich in meinem Buch „Das Chakren-System mit den Nebenchakren".

1. Meditation

Der einfachste Zugang zu den Chakren ist die aufmerksame Betrachtung der Körperstellen, an denen sie sich befinden. Wie fühlt sich dieser Bereich an? Welche Gefühle sind dort? Was habe ich mit diesen Bereichen schon erlebt?

Wenn Sie erkennen wollen, welches Ihrer Chakren am dringendsten Heilung benötigt, können sie auch die Übersicht über die acht Formen von Beziehungen, die weiter oben dargestellt worden ist, zu Hilfe nehmen.

Möglicherweise gibt Ihnen diese Tabelle einen ersten Hinweis darauf, welcher Teil Ihrer Chakren nicht so aktiv ist, wie es Ihnen guttun würde.

2. Meditation

Man kann die Heilung und Entfaltung der Chakren auf eine einfache Weise anregen. Setzen Sie sich dazu bequem hin. Atmen Sie ein und stellen Sie sich dabei vor, leuchtende Lebenskraft oder einfach Licht einzuatmen. Lenken Sie dieses Licht beim Einatmen zu dem Chakra, das Sie fördern möchten. Lassen Sie dieses Licht beim Ausatmen in diesem Chakra aufleuchten.

Wenn Sie möchten, können Sie versuchen, ob Ihnen diese Meditation einfacher fällt und sie effektiver wird, wenn Sie innerlich beim Ein- und Ausatmen jeweils „Lebenskraft", „Prana", „Ankh", „Kalifi" oder ein anderes Wort für „Lebenskraft" sprechen.

Falls Sie schon erkannt haben, welche Qualität das von ihnen ausgewählte Chakra benötigt, können Sie auch beim Einatmen innerlich „Lebenskraft" sprechen und beim Ausatmen den Namen der betreffenden Qualität. Diese beiden Meditations-Worte könnten z.B. beim Sonnengeflecht „Lebenskraft – Strahlen" sein, beim Hara „Lebenskraft – Tanz", beim Dritten Auge „Lebenskraft – Fließen", beim Herzchakra „Lebenskraft – Liebe" usw.

3. Meditation

Eine hilfreiche Meditation ist auch die Imagination der drei Verbindungen zwischen den sieben Chakren.

In der Mitte ist die Sushumna, die als ein gerader Lichtstrahl vom Herzchakra aus nach oben und nach unten ausstrahlt und weit über das Wurzelchakra hinab- und über das Scheitelchakra hinaufreicht. In ihr befindet sich das Bild der eigenen Seele. Sie entspricht daher der Mitte des Beziehungs-Mandalas.

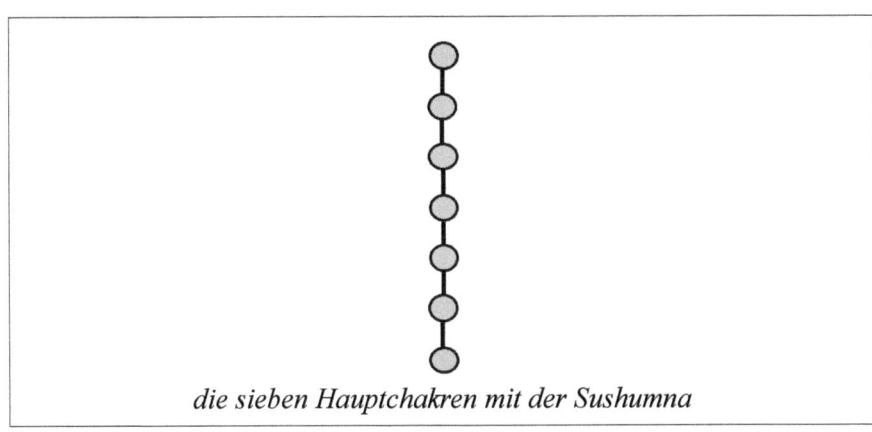

die sieben Hauptchakren mit der Sushumna

Um die Sushumna herum drehen sich zwei gegenläufige Spiralen, die „Ida" und „Pingala" genannt werden. In ihnen ist das innere Frauenbild und das innere Männerbild enthalten. Sie entsprechen daher dem inneren Kreisring des Beziehungs-Mandalas.

Diese beiden Verbindungen zwischen den sieben Chakren werden üblicherweise als symmetrische „Schlangenlinien" dargestellt, die sich an jedem Chakra kreuzen. Diese Schlangenlinien ergeben sich durch die zweidimensionale Darstellung der beiden Spiralen – wenn man von vorne auf eine Spirale blickt, sieht man eine Schlangenlinie („Sinuskurve").

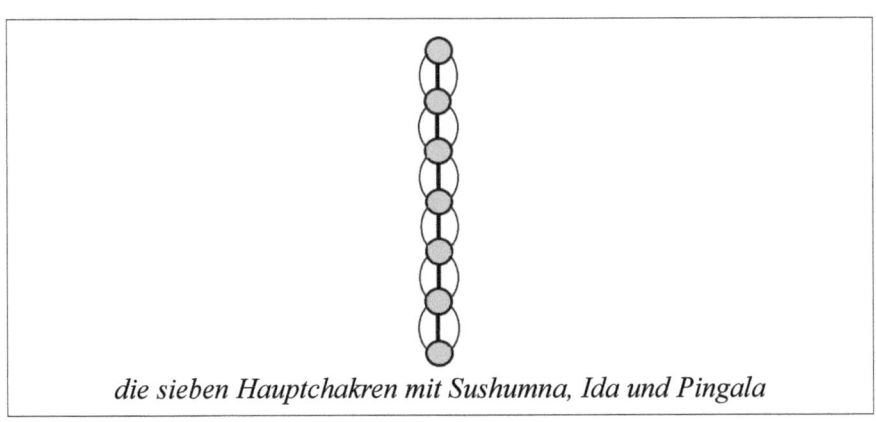

die sieben Hauptchakren mit Sushumna, Ida und Pingala

Die einfachste Meditation über diese drei „Lebenskraft-Kanäle" ist die Vorstellung, daß sich ein Lichtpunkt vom Wurzelchakra aus nach oben hin durch einen der drei Kanäle bewegt. Er steigt beim Einatmen auf und sinkt beim Ausatmen vor dem Körper wieder vom Scheitelchakra zum Wurzelchakra hinab, dann beim Einatmen durch den Kanal wieder hinauf usw.

4. Meditation

Das folgende ist eine schon fortgeschrittene und sehr wirksame und zugleich angenehme Meditation.

Stellen Sie sich in Ihrem Herzchakra eine waagerechte Lotusblüte vor. In dieser Lotusblüte sitzen Ihr innerer Mann und Ihre innere Frau einander im Lotussitz oder im Schneidersitz gegenüber – beide sind unbekleidet. Dann setzt sich Ihre innere Frau auf den Schoß Ihres inneren Mannes, legt ihre Beine um ihn und vereint sich mit ihm. So sitzen beide da und blicken sich an und genießen ihre Vereinigung.

Wiederholen Sie diese Meditation dann in Ihrem Sonnengeflecht, in ihrem Halschakra, im Hara, im Dritten Auge, im Wurzelchakra und im Scheitelchakra.

Bleiben Sie dann solange Sie möchten so sitzen und genießen Sie solange Sie wollen diese sieben inneren Vereinigungen, die letztlich sieben Aspekte derselben Vereinigung Ihres inneren Mannes mit Ihrer inneren Frau sind.

5. Meditation

Eine wirkungsvolle Form der Heilung ist die Identifizierung mit dem heilen Zustand. In Bezug auf die Chakren wird der heile Zustand u.a. durch das Vajra-Symbol dargestellt. Das Vajra-Symbol ist ursprünglich ein Blitz-Symbol gewesen, aber es hat sich im Buddhismus zu einem Symbol des sinnvollen und weisen und heilsamen Weges und des „klaren Lichtes", also der Einheit hinter aller Vielheit entwickelt.

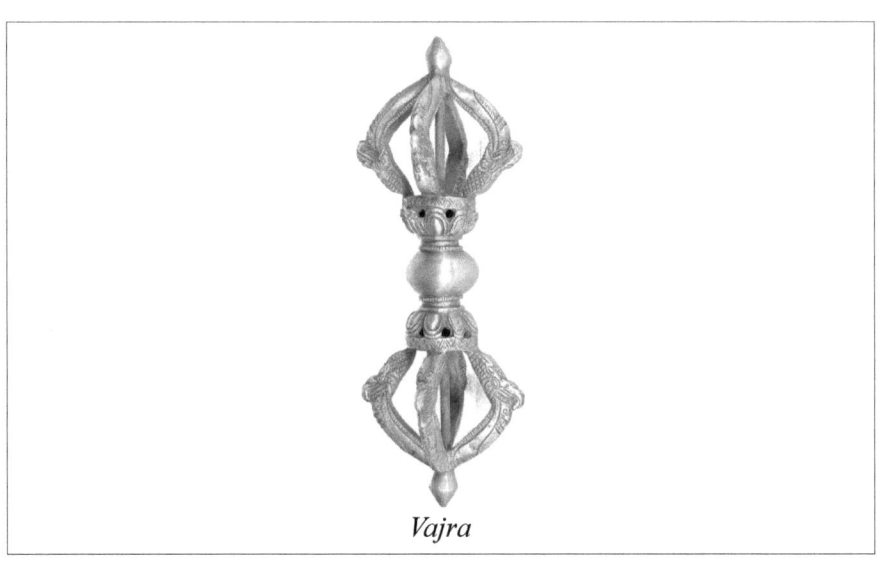

Vajra

Die Vajra-Meditation besteht darin, sich einen aufrechten Vajra aus Licht im eigenen Körper vorzustellen. Die zentrale Kugel ist das Herzchakra, die beiden achtblättrigen Lotusblüten sind das Sonnengeflecht und das Hals-chakra, die jeweils vier (meistens stark stilisierten) Elefantenköpfe, die aus den Lotusblüten entspringen, umgeben das Hara und das Dritte Auge, und die beiden Stellen, an denen sich die jeweils vier Rüssel treffen, sind das Wurzelchakra und das Scheitelchakra. Der Strahl in der Mitte der beiden Vierergruppen von Elefantenköpfen ist die Sushumna.

Bei dieser Meditation/Imagination können Sie beim Einatmen und beim Ausatmen entweder das Sanskrit-Wort „Vajra" oder das tibetische Wort „Dorje" sprechen – beides bedeutet „Diamant".

Wenn Sie diese Meditation erweitern möchten, dann stellen Sie sich vor, wie der Strahl der Sushumna bis in den Himmel hinaufreicht und von dort oben gleißendweißes Licht („Bindhu") zu Ihnen herabfließt. Stellen Sie sich danach vor, wie die Sushumna nach unten hin bis in die Erdmitte reicht und von dort Feuer („Kundalini") zu Ihnen hinaufsteigt.

Das Erwecken und Heilen der Chakren ist ein sehr komplexes Thema und es gibt vielfältige Methoden, um dieses Ziel zu erreichen. Am ausführlichs-ten wird dies im Yoga beschrieben, aber man kann auch in vielen anderen Kulturen von den Germanen und Kelten über die Ägypter bis hin zu den Indianern Anleitungen dazu finden.

5. Liebe, Sex und Freundschaft

Die Betrachtung über die drei Chakrengruppen im vorigen Kapitel lädt dazu ein, einmal genauer zu betrachten, welche Eigendynamik diese drei Gruppen haben und wie sich das auf die Bildung von Beziehungen auswirkt.

5. a)   Die drei Chakrengruppen

Ohne die Liebe des Herzchakras ist eine Begegnung letztlich leer, ohne die drei unteren Chakren wird sie nicht geerdet und gelebt, und ohne die drei oberen Chakren gibt es keine Kooperation, die diese Begegnung gedeihen läßt.

Diese drei Gruppen lassen sich recht einfach den drei Grundgefühlen in den menschlichen Begegnungen zuordnen:

die drei oberen Chakren   – Freundschaft
das Herzchakra   – Liebe
die drei unteren Chakren   – sexuelles Verlangen

Diese drei Gefühle haben eine unterschiedliche Wirkung, die die Begegnung zwischen zwei Menschen daher auch auf unterschiedliche Weise prägen:

Durch die Liebe ist man an der Begegnung wirklich beteiligt, durch sie erlangt sie eine tiefere Bedeutung und durch sie kann diese Begegnung erfüllend sein – die Begegnung berührt durch die Liebe den eigenen Wesenskern.

Durch die Freundschaft wird die Begegnung freundlich und für beide förderlich – man sieht einander, erkennt einander, versteht einander und geht daher auf eine Weise miteinander um, die für beide bereichernd ist.

Durch das sexuelle Verlangen werden die beiden Menschen zueinander hingezogen – es entsteht eine instinktive Bindung aneinander, eine Wir-Gefühl, das aus dem Körper heraus entsteht. Der eigene Lebensfaden wird fast immer zusammen mit dem Menschen gesponnen, mit dem man sein Bett teilt. Wenn dann noch Kinder hinzukommen, ist die Gemeinschaft in den allermeisten Fällen besiegelt.

Die drei unteren Chakren prägen die Entstehung einer Beziehung am stärksten und sie lassen eine Familie mit Kindern entstehen. Die drei oberen Chakren bestimmen darüber, welche innere Dynamik die so entstandene Beziehung hat – ob die beiden Menschen bzw. die Eltern und die Kinder kooperativ miteinander umgehen oder nicht. Das Maß, in dem das Herzchakra an der Beziehung beteiligt ist, entscheidet schließlich darüber, wie groß die emotionale Bedeutung dieser Beziehung für den betreffenden Menschen ist.

Ideal ist natürlich, wenn zunächst alle drei Chakrengruppen in einer Begegnung aktiv werden, bevor man eine Beziehung zueinander beschließt oder gar Kinder bekommt. Es ist jedoch sehr oft so, daß man aus der Lust heraus Sex hat und dann den bzw. die heiratet, mit dem bzw. der man Kinder gezeugt hat. Dies ist kein sonderlich bewußtes Vorgehen – in diesen Fällen haben die drei unteren Chakren weitgehend die Regie übernommen. Das kann gutgehen, aber es kann auch zu Familien führen, die keinen wirklichen inneren Zusammenhalt haben und nicht das sind, was die Beteiligten eigentlich gewollt haben …

Auf einer ganz elementaren Ebene ergibt sich aus dieser Betrachtung, daß sich diejenigen, denen es gelingt Kinder zu zeugen bzw. Kinder zu empfangen und zu gebären, letztlich gegen alle anderen durchsetzen. Durch die Kinder entsteht die Familie, die einer der stärksten Einflüsse im Leben eines Menschen ist. – Daher bestimmen auf dieser ganz elementaren Ebene der Sex, der Kampf und die Durchsetzung, also die drei unteren Chakren, wie das Leben langfristig gestaltet wird.

Die romantische Sehnsucht nach Geborgenheit und Familie reicht nicht – ohne die tatkräftige Durchsetzung der eigenen Wünsche wird nichts geerdet. – Auf dieser elementaren Ebene sind der Krieger und die Kriegerin diejenigen, die gewinnen.

Etwas weniger drastisch formuliert besteht der Einfluß der drei unteren Chakren darin, daß eine Beziehung letztlich aus dem besteht, was man gemeinsam tut – und die konkreten Taten gehören zu den drei unteren Chakren.

5. b)   Die Wirkung der Liebe

Was bewirkt die Liebe in einer Beziehung und was bewirkt sie nicht? Wie bereits gesagt, hat eine Beziehung ohne Liebe keine Tiefe und keine wirkliche Bedeutung und gibt keine Erfüllung.

Die Liebe erschafft nicht alleine die Beziehung – das geschieht durch die Liebe, die Freundschaft und die Lust gemeinsam, also durch alle drei Chakrengruppen. Liebe ist somit keine „Substanz", aus der zwangsweise eine Beziehung entsteht.

Liebe läßt den Wunsch nach Zusammensein entstehen, aber sie erschafft nicht das Zusammensein. Die Liebe ist ein emotionales Erfassen des eigenen Wesens und des

Wesens des anderen.

Das konkrete Zusammensein geschieht durch den Körper, also durch die drei unteren Chakren. Diese drei Chakren organisieren den Sex, den gemeinsamen Wohnort, den Umgang mit den eigenen Bedürfnissen im Alltag und ähnliches. Ohne die drei unteren Chakren wird nur eine Freundschaft entstehen.

Die drei oberen Chakren sorgen im Idealfall dafür, daß die beiden Menschen weitestgehend gleichberechtigt sind und daß in der Beziehungen zwischen den beiden Menschen keine der drei Polarisierungen (Süchtiger/Asket, Täter/Opfer, Star/Fan) entsteht. Dies können die drei oberen Chakren nicht alleine bewirken, aber sie können im gemeinsamen Gespräch die Situation klären – doch zusätzlich müssen die drei unteren Chakren auch zur Handlung bereit sein und man muß seinen inneren Halt in seinem Herzchakra finden, um die Entstehung solcher Polarisierungen vermeiden zu können.

Die Liebe reicht nicht aus, um eine Gemeinschaft zu erschaffen. Die Liebe selber ist auch keine Verbindung, sondern sie ist ein Gefühl eines Menschen für einen anderen Menschen. Da dies Gefühl so stark ist und und sich nach einer Gemeinsamkeit sehnt, entsteht leicht die Illusion, das die Liebe das Erkennen einer Gemeinschaft sei, daß das Erleben der eigenen Liebe bedeutet, daß der andere (wenn er nur ehrlich genug zu sich selber ist) dieselbe Liebe spürt.

Das Reale in einer Beziehung ist das „Ich" und das „Du" – das „Wir" wird von den beiden erst erschaffen und ist etwas Zusammengesetztes, eine Konstruktion, ein Übereinkommen, eine Kooperation. Es sind immer die beiden Menschen, die etwas tun – das heißt, daß das „Ich" stets über dem „Wir" steht, da es das eigentlich Reale ist. Es kommt in Beziehungen allerdings oft vor, daß sich einer der beiden Menschen dem anderen Menschen bzw. dem ersehnten „Wir" unterordnet, aber dadurch wird das „Wir" nicht realer und in den allermeisten Fällen wird dadurch die Beziehung auch nicht besser.

Es ist von grundlegender Wichtigkeit, die Selbstliebe und die Liebe zu unterscheiden, da man sonst sich selber als eigenständiges Individuum verlieren kann – man opfert sich dann für das Ideal des „Wir", für die Familie, für die Liebe u.ä., aber ist selber nicht mehr wirklich da. Das geht auf Dauer nicht gut und führt je nach dem Temperament des Betreffenden zu Burnout, Depressionen, Wutanfällen, einem Amoklauf u.ä.

Wenn man die Eigenständigkeit nicht wahrt, kann die Liebe nicht gedeihen.

Wenn man die Selbstliebe im Herzchakra nicht von der Liebe zu dem anderen im Sonnengeflecht und Halschakra unterscheiden kann, wird man das Gefühl bekommen, den anderen existentiell zu brauchen.

Wenn man die Selbstliebe nicht als die eigene Substanz und die Liebe zu einem anderen als einen Wunsch erkennt, wird man sich mit diesem Wunsch identifizieren und die eigene, eigenständige Mitte aus den Augen verlieren.

Wenn man dann, wenn man einen anderen Menschen liebt, nicht mehr weiterhin im Zentrum des Beziehungs-Mandalas ruht, sondern ganz auf das Männer- oder Frauenbild im inneren Kreisring oder im äußeren Kreisring des Mandalas fixiert ist (Suchbild), wird man abhängig von dem geliebten Menschen.

5. c)   Die fünfte Skizzierung des heilen Zustandes

Der heile Zustand besteht darin, gleichzeitig aus allen drei Chakrengruppen heraus zu leben. Wenn man dies nicht tut, werden sich die drei unteren Chakren bei der Lebensgestaltung durchsetzen – durch Rücksichtslosigkeit, durch Tatenlosigkeit, durch das Zeugen bzw. Empfangen von Kindern …

5. d)   Heilungsansätze

Zusätzlich zu dem, was bereits im vorigen Kapitel über die Chakren vorgeschlagen worden ist, kann man sich die hier betrachteten Strukturen (wenn man möchte) im Zusammenhang mit dem eigenen bisherigen Leben und mit dem eigenen Verhalten betrachten.

Welche Vorstellungen habe ich über das Wesen und über die Wirkung der Liebe?
Wie gut kann ich das, was ich will, erden?
Wie kooperativ bin ich dabei?
Treffe ich in Beziehungen bewußte oder auch unbewußte Entscheidungen?
Entwickeln sich meine Beziehungen so, wie ich mir das wünsche, oder haben sie eine Eigendynamik, die mir garnicht gefällt?
Wie sieht diese Eigendynamik aus, falls es sie geben sollte?
Woran könnte es liegen, daß es diese Eigendynamik gibt?
Entspricht sie einem der sechs Irrwege auf der „Landkarte der Gefühle"?

6. Die vier Bewußtseinsebenen

Im Menschen gibt es vier Formen des Bewußtseins, die sich auch in ihrer EEG-Frequenz deutlich voneinander unterscheiden. Dies sind der Tiefschlaf, der Traum, das Wachen und die Ekstase. Jeder dieser Bewußtseinszustände hat markante Merkmale und eine wichtige Aufgabe innerhalb der Psyche des Menschen. Das Erkennen und Verstehen dieser vier verschiedenen Aufgaben läßt auch die Stellung der Selbstliebe und der Liebe innerhalb der Psyche deutlicher werden.

6. a) Die vier Bewußtseinsebenen

Am bekanntesten von den vier Bewußtseinszuständen ist natürlich der Wachzustand, in dem Sie sich beim Lesen dieses Buches gerade befinden und der oft ein wenig ungenau als die einzige Form von Bewußtsein angesehen wird. Diese Form des Bewußtseins koordiniert die für die augenblickliche Situation relevanten Bewußtseinsinhalte.

Der zweite Bewußtseinszustand, der den meisten Menschen noch schemenhaft bewußt ist, ist der Traumzustand, der auch als Unterbewußtsein bezeichnet wird. In dieser Form des Bewußtseins sind alle Bewußtseinsinhalte, die es in der Psyche des betreffenden Menschen gibt, enthalten. Während die Inhalte des Wachbewußtseins sowohl auf assoziative als auch auf logische Weise miteinander verknüpft werden, um eine bewußte Entscheidung in der jeweiligen Situation zu ermöglichen, stehen die Inhalte des Traumzustandes nur teilweise durch Assoziationen zu Gruppen geordnet nebeneinander. Das Traumbewußtsein ist sozusagen das Gesamtarchiv, während das Wachbewußtsein ein Büro in diesem Archiv ist, in dem einige ausgewählte Inhalte mehr oder weniger sorgfältig miteinander kombiniert werden, um die aktuelle Situation erfassen zu können.

Der nächste Bewußtseinszustand ist die Ekstase, die den meisten Menschen vor allem als Orgasmus oder vielleicht noch vom Joggen als „runners high" bekannt sein wird. In dieser Form des Bewußtseins ist das gesamte Bewußtsein auf einen einzigen Bewußtseinsinhalt ausgerichtet. Das ermöglicht eine sehr intensive Wahrnehmung dieses einen Inhalts. In dem Bild mit dem Archiv (Traum) mit dem Büro (Wachen) wäre die Ekstase das Spotlight auf dem Schreibtisch, das das, was gerade als Wichtigstes auf dem Schreibtisch liegt, hell erleuchtet.

Schließlich gibt es noch den Tiefschlaf, der im Allgemeinen eher als Bewußtlosigkeit und nicht als Bewußtsein angesehen wird. Diese Form des Bewußtseins ist ohne Inhalte, d.h. still und leer – es ist das Bewußtsein, das sich lediglich seiner selber gewahr ist. Dieses Bewußtsein ist aber durchaus real, obwohl es keine Inhalte hat und leer ist. Man kann es in der Stille-Meditation erleben, in der man aufhört zu denken, zu fühlen, wahrzunehmen oder sich auf sonst einen möglichen Inhalt des Bewußtseins auszurichten. Das Erleben diese „Leere" ist – auch wenn das paradox klingt – ausgesprochen „erfüllend". In dieser Stille nimmt man die eigene Identität wahr. In dem Bild mit dem Archiv (Traum), dem Büro (Wachen) und der Schreibtischlampe (Ekstase) wäre der Tiefschlaf das Gebäude, in dem sich diese drei Dinge befinden.

Diese drei Formen des Bewußtseins unterscheiden sich so deutlich, daß sie (wie bereits in einem früheren Kapitel gesagt) verschiedene EEG-Frequenzen haben. Der Tiefschlaf schwingt mit 2-4Hz; der Traumzustand schwingt doppelt so schnell wie der Tiefschlaf mit 4-8Hz; das Wachen schwingt doppelt so schnell wie der Traumzustand mit 8-16Hz; und die Ekstase schwingt wiederum doppelt so schnell wie der Wachzustand mit 16-32Hz.

Offensichtlich müssen derart verschiedene Bewußtseinszustände auch verschiedene Aufgaben haben.

Der Tiefschlaf enthält die Identität und ist daher das zum Herzchakra gehörende Bewußtsein.

Der Traumzustand enthält alle inneren Bilder und somit auch alle Gefühle, Wünsche, Impulse, Erinnerungen und so weiter und ist daher die zum Halschakra und zum Sonnengeflecht gehörende Bewußtseinsform, dessen heiler Zustand der ungehinderte (soziale bzw. körperliche) Selbstausdruck ist. Diese beiden Chakren sind die Gefühlschakren – und Gefühle beziehen sich stets auf die gesamte Psyche, die in ihnen Gestalt annimmt.

Der Wachzustand enthält die Bewußtseinsinhalte, also Wahrnehmungen und Erinnerungen, die für die derzeitige Situation von Bedeutung sind. Es gibt also einen Mechanismus in der Psyche, der auswählt, was gerade wichtig sein könnte und schickt diese aus dem „Archiv" in das „Büro", wo sie dann auf dem Schreibtisch liegen und wahrgenommen und mit den anderen Dingen auf dem Tisch verglichen und kombiniert werden. Der Wachzustand gehört zu dem Hara und zu dem Dritten Auge, die die bewußte Wahrnehmung der Umwelt (Drittes Auge) und den eigenen Standpunkt in dieser Umwelt (Hara) darstellen. Sie sind die beiden Planungszentren – in ihnen steht der „Büro-Schreibtisch", auf dem die aktuellen Bewußtseinsinhalte betrachtet und kombiniert werden und an dem Entscheidungen getroffen werden.

Die Ekstase enthält nur den gerade wichtigsten Bewußtseinsinhalt – den Mann, den die betreffende Frau gerade verführen will; oder der Hirsch, den der betreffende Mann gerade jagt; oder das Schokoladeneis, das das betreffende Kind gerade unbedingt haben will. Dieser Bewußtseinsinhalt liegt hell beleuchtet unter der „Schreibtischlampe" in dem „Büro" in dem „Archiv" in dem „Haus". Der einsgerichtete und daher sehr intensive Kontakt mit einer Sache, durch die sich die Ekstase auszeichnet, entspricht den beiden äußeren Chakren: dem geistigen Kontakt des Scheitelchakras und dem körperlichen Kontakt des Wurzelchakras.

Das „Haus" ist die Identität und die Seele; das „Archiv" enthält alle Wünsche, Bedürfnisse, Wahrnehmungen und Erinnerungen; das „Büro" enthält die gerade wichtigen Dinge; und unter der „Schreibtischlampe" liegt das, was gerade am wichtigsten ist.

Das „Archiv" ist Teil eines größeren Ganzen – es ist im Gegensatz zum Wachbewußtsein, das auf die ihm zugesandten Bewußtseinsinhalte beschränkt ist, telepathisch mit den „Archiven" aller anderen Menschen verknüpft. Durch diese Verknüpfungen finden z.B. alle Süchtigen ihre Asketen, alle Täter ihre Opfer und alle Stars ihre Fans. Durch diese „Post-Sendungen" zwischen den einzelnen „Archiven" entstehen auch die sinnvollen Zufälle (Magie). Die Gesamtheit dieser „Archive" mit allen ihren Verbindungen werden auch als „kollektives Unterbewußtsein" bezeichnet. Dieses kollektive Unterbewußtsein koordiniert auch das Zusammentreffen der Menschen in der Weise, daß alle vier Bilder eines Beziehungs-Mandalas durch einen Menschen gelebt werden – daß sich also die meiste Zeit über mindestens drei Menschen zu jedem anderen Menschen gesellen, um dessen ungelebte Teile zu leben.

Im „bewußten Tiefschlaf", also in der Stille-Meditation, kann man die Selbstliebe, das In-sich-ruhen und das Von-sich-selber-erfüllt-sein erleben. In diesem Zustand ist man alleine, aber nicht einsam, in ihm ist man eigenständig, aber nicht isoliert, in ihm ist man von Äußerem leer, aber von sich selber erfüllt.

Im Traumzustand befindet sich die Liebe zu anderen Menschen, die Angst, die Sucht und auch alle anderen Gefühle. Alle diesen inneren Bilder werden durch Assoziation zu Bildergruppen zusammengefügt, die man als Träume erlebt, wenn diese Bilder aus irgendeinem Grund stark mit Lebenskraft aufgeladen worden, also an dem betreffende Tag gerade überdurchschnittlich wichtig geworden sind.

Im Wachzustand befinden sich die Pläne, Konzepte, Weltanschauungen und Prinzipien sowie die Fähigkeit zum Erkennen von kausalen Zusammenhängen (Wissenschaft) und analogen Zusammenhängen (Magie).

In der Ekstase ist man ganz Wahrnehmung und Erleben geworden, man ist einfach da, wo man ist, man ist fokussiert, man ist wie ein Laserstrahl auf das Jetzt und Hier ausgerichtet.

die vier Bewußtseinsebenen			
Tiefschlaf	*Traum (Unterbewußtsein, kollektives Unterbewußtsein)*	*Wachen*	*Ekstase*
EEG: 2-4Hz	EEG: 4-8Hz	EEG: 8-16Hz	EEG: 16-32Hz
Herzchakra	Halschakra + Sonnengeflecht	Drittes Auge + Hara	Scheitelchakra + Wurzelchakra
Bewußtsein ohne Inhalte	alle Bewußtseinsinhalte	die für die augenblickliche Situation relevanten Bewußtseinsinhalte	einsgerichtet auf einen einzigen Bewußtseinsinhalt
Identität	assoziative Verknüpfung aller Bewußtseinsinhalte	bewußt-logische Verknüpfung der für die Situation relevanten Bewußtseinsinhalte	Wahrnehmung eines einzelnen Bewußtseinsinhalts
Seele, in sich ruhend (ein bejahtes Alleineinsam), nichts brauchend	Wünsche, Bedürfnisse,	Denken, Planen, Organisation, Entscheidungen,	Kontakt, Erleben, Erfülltsein
Selbstliebe, Selbstgenügsamkeit	Liebe, Angst und andere Gefühle; Erfassen von Assoziationen und Analogien	Verstehen von Strukturen und Kausalitäten	Da-sein, Intensität, Fokussiert-sein, Ekstase, Bündelung aller Energien und der gesamten Aufmerksamkeit
Seele	die gesamte Lebenskraft mit allen Bildern	ein Teil der Lebenskraft mit einem kleinen Teil ihrer Bilder	Körper
sich entfaltender Kern	sinnvolle Zufälle	rationale Planung	Magie
„Gebäude"	„Archiv"	„Büro"	„Schreibtischlampe"

6. b)   Probleme durch unklare Unterscheidung

Diese Betrachtung der vier Bewußtseinsformen macht deutlich, daß diese vier Formen verschiedene Aufgaben haben und daß man darauf achten sollte, daß man diese Aufgaben nicht von der falschen Bewußtseinsform erledigen läßt. Wenn man auf die Frage „Liebst Du mich?" mit „Ich muß mal darüber nachdenken." antwortet, hat man sich offensichtlich vergriffen und statt nach seinen Gefühlen (Traumbewußtsein im Halschakra und im Sonnengeflecht) zu schauen, zu seinem Verstand (Wachbewußtsein im Dritten Auge und im Hara) Zuflucht genommen. In der Regel kommt das bei dem anderen nicht allzugut an …

Es ist also sinnvoll erkennen zu können, wann der Verstand und wann das Gefühl förderlich ist.

Dasselbe gilt auch für die Ekstase: Wenn jemand beim Liebesspiel (Ekstase) ständig mit philosophischen Erörterungen über den Sinn und Unsinn von Beziehungen beginnt, könnte es passieren, daß das erotische Knistern ein bißchen verblaßt …

Die vermutlich größten Probleme entstehen, wenn man den Tiefschlaf-Bereich nicht klar von den anderen trennt. Besonders beliebt ist das Verwechseln der Selbstliebe (Tiefschlaf/Identität) mit der Liebe (Traum/Gefühle) – dieser Irrtum macht mit ziemlich großer Sicherheit abhängig. Zu diesem Bereich gehört auch die Verwechslung der inneren heilen Frau (dem weiblichen Spiegelbild der eigenen Seele) mit einer Frau im Außen. Ohne den Kontakt zwischen der inneren Frau und der Frau im Außen wird keine Liebe entstehen, aber wenn man beide miteinander verwechselt, verliert man seine Eigenständigkeit.

Es ist auch problematisch, wenn man so sehr am alles kontrollierenden Wachbewußtsein festhält, daß man unfähig zur Hingabe an den Augenblick, also zur Ekstase (Orgasmus u.a.) wird.

6. c)   Meditation

Diese vier Bewußtseinszustände stehen nun keineswegs voneinander isoliert da, sondern treten miteinander in Verbindung und kooperieren miteinander – z.B. indem das Unterbewußtsein, also der Traumzustand die Inhalte für das Wachbewußtsein auswählt und in das „Büro" schickt, die für die augenblickliche Situation von Bedeutung sind.

Es besteht aber die Möglichkeit, diese vier Bewußtseinszustände auch absichtlich und ganz bewußt miteinander zu koordinieren – das wird dann „Meditation" genannt.

Bild-bezogene Meditationen wie z.B. Traumreisen sind ein „bewußtes Träumen" zu einem vorher ausgewählten Thema. Bei dieser Art von Meditation werden Wachbewußtsein und Traumbewußtsein (Unterbewußtsein) miteinander koordiniert.

Bei den Stille-Meditationen wie z.B. dem Zen werden das Wachbewußtsein und das Tiefschlaf-Bewußtsein miteinander koordiniert.

Bei Ekstase-Meditationen wie z.B. der Kundalini-Erweckung werden das Wachbewußtsein und der Ekstase-Zustand miteinander koordiniert.

Es gibt auch Meditationen, in denen alle vier Bewußtseinszustände miteinander koordiniert werden. Diese Formen finden sich vor allem in den fortgeschritteneren tibetischen Meditationen.

Für die Koordination der Bewußtseinszustände in der Meditation kann man das Bild benutzten, daß diese vier Bewußtseinszustände verschiedene Takte haben: Der Takt des Tiefschlaf-Bewußtseins besteht aus halben Noten, der Takt des Traum-Bewußtseins aus doppelt so schnellen Viertelnoten, das Wachbewußtsein aus wiederum doppelt so schnellen Achtelnoten und der Ekstasezustand aus wiederum doppelt so schnellen Sechzehntelnoten.

Zunächst laufen diese Takte im normalen Alltagsbewußtsein unkoordiniert nebeneinanderher.

Die Konzentration in der Meditation bewirkt sozusagen, daß alle vier Bewußtseinszustände in denselben Takt kommen, wodurch die „Noten" des Bewußtseins dann zueinander passen.

Diese beiden Zustände kann man auch bildhaft darstellen:

Koordination der Bewußtseinsrhythmen (EEG)		
unkoordinierte Bewußtseinsfrequenzen (Normalbewußtsein)		
Tiefschlaf	2- 4Hz	
Traum	4- 8Hz	
Wachen	8-16Hz	
Ekstase	16-32Hz	
koordinierte Bewußtseinsfrequenzen (Meditation)		
Tiefschlaf	2- 4Hz	
Traum	4- 8Hz	
Wachen	8-16Hz	
Ekstase	16-32Hz	

6. d)   Die sechste Skizzierung des heilen Zustandes

Der heile Zustand der Psyche besteht unter anderem darin, daß man alle vier Bewußtseinszustände kennt und zumindestens ansatzweise in der Lage ist, sie bewußt zu erleben. Dadurch kann man dann z.B. die Selbstliebe im Tiefschlaf des Herzchakras von der Liebe zu einem anderen Menschen im Traumzustand des Sonnengeflechts und des Halschakras unterscheiden – was es ermöglicht, einen anderen Menschen zu lieben und dabei eigenständig zu bleiben.

6. e)   Heilungsansätze

Die Kenntnis der vier Bewußtseinsformen und eine gewisse Übung in der Meditation kann helfen, die innere Ordnung aufrechtzuerhalten und zu erkennen, welche Form des Bewußtseins für welche Aufgaben zuständig ist.

In diesem Zusammenhang ist das Erlernen der Stille-Meditation am wichtigsten, da es die direkte Wahrnehmung und das direkte Erleben der eigenen Identität ermöglicht.

Die Kenntnis der vier Bewußtseinszustände und ihrer Funktionen ermöglicht es, gezielt einfache Meditationen dazu zu benutzen, um Störungen in dem eigenen System zu beheben oder zumindestens abzumildern.

Die Heilung beginnt wie immer mit der Diagnose:

- Ist die eigene Identität nebelhaft geworden? Dann sollte man etwas im Bereich des Tiefschlafs und somit im Herzchakra unternehmen.

- Ist das eigene Strahlen matt und blaß geworden? Dann sollte man etwas im Bereich des Traumbewußtseins und somit im Sonnengeflecht und im Halschakra unternehmen.

- Ist das eigene Denken und Entscheiden wirr oder verkrampft geworden? Dann sollte man etwas im Bereich des Wachbewußtseins und somit des Haras und des Dritten Auges unternehmen.

- Ist die Ekstase blockiert und das eigene Leben langweilig geworden? Dann sollte man etwas im Bereich des einsgerichteten Ekstase-Bewußtseins und somit des Wurzelchakras und des Scheitelchakras unternehmen.

Wenn Sie geklärt haben, in welchem Bereich oder in welchen Bereichen bei Ihnen der größte Handlungsbedarf besteht, können Sie schauen, welche Form der Meditation, der Übung o.ä. Ihnen am geeignetsten erscheint, um mit dem betreffenden Thema weiterzukommen.

- Wenn die eigene Identität nebelhaft geworden ist, hilft es, die Lebenskraft-Meditation für das Herzchakra mit dem Mantra „Lebenskraft – Liebe" durchzuführen, wobei mit „Liebe" hier die Selbstliebe gemeint ist.

Die Stille-Meditation ist ebenfalls sehr hilfreich. Sie ist am einfachsten dadurch erlernbar, daß man einmal zusammen mit jemandem meditiert, der diese Meditation schon beherrscht. Dadurch kann man den „Klang" und den „Geschmack" dieses Stille-Zustandes erleben und ihn dann anschließend sehr viel einfacher auch alleine erreichen. In dieser Stille erlebt man das Bewußtsein an sich, also den Teil des eigenen Wesens, der in sich ruhend alle Dinge erlebt. Dieses Bewußtsein ist das Fundament von allem, was man ist und was man tut.

Ohne dieses Fundament kann man Liebe und Selbstliebe nur schwer unterscheiden – und ohne diese Unterscheidung kann man sich leicht in seiner Liebe zu einem anderen verlieren und süchtig, abhängig und auf den anderen fixiert werden.

- Wenn das eigene Strahlen matt und blaß geworden ist, hilft es, die Lebenskraft-Meditation für das Sonnengeflecht und für das Halschakra mit dem Mantra „Lebenskraft – Strahlen" durchzuführen.

Vielleicht fehlt Bewegung, Kämpfen, Aufstampfen, afrikanischer Tanz, Schreien, Sex? Zeigen Sie sich so, wie sie sind – ungeschminkt, unverstellt, direkt und hemmungslos? Tun Sie genau das, was Sie wollen? Bejahen Sie alle Ihre Gefühle und Wünsche?

Sammeln Sie sich in Ihrer Mitte. Sagen Sie „Ja" zu sich selber, denn Sie sind, wer Sie sind – das können weder Sie noch irgendjemand anderes ändern und es ist das Beste, was Sie sein können, denn Ihre Seele hat Sie genau so erschaffen, wie sie es wollte.

Seien Sie mutig und legen Sie alle Masken ab. Seien Sie mutig und sprechen Sie Ihren Namen deutlich aus. Seien Sie mutig und treten Sie nackt aus den Schatten hervor. Seien Sie mutig und lassen Sie zu, daß das Leben fließt, wie es fließen will. Seinen Sie mutig und sagen Sie „Ja" zum Leben. Seien Sie mutig und hören Sie auf, der Größte sein zu wollen. Seien Sie mutig – nur so kann das Leben Früchte tragen. Und Mut ist nichts weiter als zu sehen, wer man ist, und zu erkennen, daß es nichts Sinnvolles zu tun gibt außer genau das zu sein, was man ist.

Wenn sie sich nicht trauen, die eigene Liebe zu zeigen, wenn Sie sich nicht trauen, alles zu riskieren, wenn Sie sich nicht trauen als Sie selber in ihrer Selbstliebe dazustehen und Ihre Liebe zu den anderen strahlen zu lassen, verpassen Sie das Leben.

- Wenn das eigene Denken und Entscheiden und Organisieren wirr oder verkrampft geworden ist, hilft es, die Lebenskraft-Meditation für das Hara und für das Dritte Auge mit dem Mantra „Lebenskraft – Klarheit" oder mit dem Mantra „Lebenskraft – Stärke" durchzuführen. Mit „Stärke" ist hier nicht Macht oder großer Einfluß gemeint, sondern die innere Kraft, die sich aus der Treue zu sich selber ergibt. Auch die Klarheit entsteht aus der Treue zu sich selber und aus dem genauen Hinschauen auf das, was gerade ist.

Woran mangelt es? Können Sie die Situation nicht erfassen? Können Sie Ihre Möglichkeiten nicht erkennen? Ist Ihr Denken nicht kreativ? Sind Sie in alten Bahnen und Mustern gefangen? Oder können Sie sich nicht entscheiden? Können Sie Ihren Willen nicht ausrichten?

Dann könnten Sie prüfen, was Sie eigentlich wollen – wünschen Sie hemmungslos! Wirklich hemmungslos! Und dann sprechen Sie Ihre Wünsche gegenüber denen, die damit zu tun haben, aus – klar und deutlich und unmißverständlich. Schauen Sie dann, was der nächste Schritt in die gewünschte Richtung ist – und gehen Sie dann diesen Schritt. Man kennt nie den ganzen Weg und man weiß nie genau, wohin der Weg führt, den man gewählt hat – aber wenn man nicht wählt und losgeht, wird man nirgendwo hingelangen.

Schauen Sie auf jede Situation, in der Sie sind und entscheiden Sie dann, was Sie tun wollen. Wünschen Sie das Allergrößte für Ihr Leben und planen Sie davon, was Sie planen können. Tun Sie den ersten Schritt dahin. Und ändern Sie ihren Plan jedesmal, wenn sich die Situation oder Ihr Horizont ändert.

Denken Sie, planen Sie, organisieren Sie, improvisieren Sie, tanzen Sie – aber behalten Sie immer Ihr Herz im Auge, denn nur das, was von dort aus in Ihre Haltungen und Handlungen fließt, läßt Früchte reifen, die Sie dann auch genießen können.

Bleiben Sie entschlossen in der Treue zu Ihrem Herzen und zugleich beweglich in ihren Taten – dann kann auch Ihre Liebe Wege finden, gelebt zu werden. Diese Wege werden oft anderes sein, als Sie es sich gewünscht und gedacht haben, aber wenn Sie Ihrem Herzen vertrauen, werden aus Ihren Taten auch Herzens-Früchte wachsen, die Ihr Leben reich machen werden.

- Wenn die Ekstase blockiert und das eigene Leben langweilig gewor-den ist, hilft es, die Lebenskraft-Meditation für das Wurzelchakra und für das Scheitelchakra mit dem Mantra „Lebenskraft – Leben" durchzu-führen. Mit „Leben" ist hier Wahrnehmung, Kontakt, Erleben, Genießen und Einsgerichtetheit gemeint.

Wann haben Sie das letzte mal vor einem Grashalm gesessen und nur noch diesen Grashalm gesehen? Wann haben Sie das letzte Mal eine Muschel in ihrer Hand gehalten und nur noch die Muschel gespürt? Wann haben sie das letzte mal einen Vogel singen gehört und nur noch diesem Vogel gelauscht? Wann haben Sie das letzte mal eine Rose gesehen und nur noch den Duft dieser Rose gerochen? Wann haben Sie das letzte mal einen lieben Menschen gestreichelt und nur noch dessen Haut gespürt?

Tun Sie das, was sie tun, ganz. Kein Jäger wird den Hirsch erlegen, wenn er nicht mit allem, was er ist, den Hirsch erlegen will, damit er und seine Familie zu essen haben. Keine Speise wird wirklich köstlich schmecken, wenn der Koch noch an etwas anderes gedacht hat als an das Kochen. Kein Tanz wird wirklich funkensprühend und leuchtend lebendig sein, wenn der Tänzer nicht ganz aus seinem Herzen heraus im Hier und Jetzt das tanzt, was er gerade jetzt will.

Egal was Sie tun – tun Sie es ganz! Lesen, die Sonne spüren, einen Apfel essen, mit Ihren Kindern spielen, ein Rätsel lösen, einem Freund zuhören ... und auch lieben.

Seien Sie dort, wo Sie gerade sind, einsgerichtet, seien Sie dort ganz im Hier und Jetzt – sonst verpassen Sie das Leben ... und die Liebe.

- Es gibt eine Zeit, bei sich selber zu sein und zu erleben, wer man ist. Es gibt eine Zeit, zu strahlen und zu tun, was man will. Es gibt eine Zeit, zu schauen, welchen Weg man gehen will. Und es gibt eine Zeit, das zu erleben, was da ist, wo man gerade ist.

Und die Zeit für diese vier Dinge ist das „immer" und der Ort für diese vier Dinge ist das „überall". Mal ist das eine wichtiger und mal das andere, aber diese vier sind eins, eine Haltung und eine Handlung: die Stille im Herzen entfaltet sich zum Lied in den Gefühlen, wird zum Gedicht im wachen Tun und wird schließlich zum Jubelschrei im Erleben.

7. Die Zwischenchakren

7. a) Übergänge

Die Betrachtungen in den beiden letzten Kapiteln zeigen, daß es in der Psyche des Menschen verschiedene Bereiche gibt, die sich in verschiedenen Bewußtseinszuständen befinden, unterschiedlichen Chakren entsprechen und auch unterschiedliche Aufgaben haben.

Daraus ergibt sich wiederum, daß die Grenzbereiche zwischen diesen Bewußtseinszuständen bzw. Chakren und somit die Übergänge von einem Aufgabenbereich zu einem anderen die interessantesten Orte sind, an denen am meisten passiert – und an denen am meisten schiefgehen kann …

Die Grenzen zwischen verschiedenen Bereichen sind generell die Orte, an denen man die größte Vielfalt an Formen und die intensivsten Vorgänge findet:

- die Bildung der Küste zwischen Land und Meer,
- die Auenwälder zwischen Land und Fluß,
- das Erwachen und Einschlafen zwischen Tag und Nacht,
- der Wind zwischen Hochdruckgebiet und Tiefdruckgebiet,
- der Handel (und die Streitigkeiten) zwischen zwei Ländern,
- der ewige Wandel zwischen Yin und Yang,
- die Liebe zwischen Mann und Frau …

7. b) Die Zwischenchakren

Auch zwischen den sieben Hauptchakren gibt es solche Übergänge. Die sechs Zwischenchakren an diesen Stellen haben einen anderen Charakter als die Hauptchakren selber – sie sind Grenzen und Tore und Orte der Verwandlung.

Das „Reich" des Herzchakras ist der Brustbereich, also der von den Rippen eingeschlossene Raum. An seiner Untergrenze am unteren Ende des Brustbeins befindet sich der Wunschbaum und an seinem oberen Ende das Thymuschakra.

Da sich im Herzchakra die Identität befindet und das Sonnengeflecht im heilen Zustand der ungehinderte körperliche Selbstausdruck ist, verwandelt der Wunschbaum (wie sein Name schon sagt) die Identität in Wünsche – man handelt wie man will. Ohne diese Wünsche würde der Mensch vollkommen apathisch sein. Wenn sich der Mensch jedoch auf diese Wünsche fixiert und das Ruhen in der eigenen Identität vergißt, wird er abhängig von der Erfüllung seiner Wünsche.

Am Thymuschakra oben am Brustbein verwandelt sich die Identität hingegen in den ungehinderten sozialen Selbstausdruck – man zeigt sich, wie man ist. Ohne dieses sich-Zeigen wäre man isoliert. Wenn man jedoch bei diesem sich-Zeigen von dem Gesehen-werden abhängig wird, wird man abhängig von den Ansichten der anderen und verliert wieder das Ruhen in sich selber.

Der Wunschbaum und das Thymuschakra verwandeln die eigene Identität in Wünsche und Selbstausdruck. Um die Erfüllung der eigenen Wünsche und die Zugehörigkeit zu einer Gruppe anstreben und erreichen zu können, muß man zum einen nach außen gehen und zum anderen aber auch in sich selber ruhen bleiben. Das bedeutet, daß der Wunschbaum und das Thymuschakra auch die Aufgabe haben, eine bewegliche Verbindung zwischen dem Ruhen in sich selber im Tiefschlaf und dem Wünschen im Traumzustand herzustellen.

Daraus ergibt sich wiederum, daß das Ruhen in sich selber (Herzchakra) der ruhende, beständige Teil in dieser Verbindung ist – und das Wünschen (Sonnengeflecht) und die Zugehörigkeit zu einer Gemeinschaft (Halschakra) zugleich eine große Treue zu dem Herzchakra und eine große Beweglichkeit brauchen. Wenn man den Kontakt zu seiner Mitte verliert, wird man die Früchte des Lebens nicht mehr genießen können – man erhält die falschen Früchte und es niemand mehr da, der sie genießen könnte.

Auf die Liebe bezogen bedeutet das mehrere Dinge:

    - Es ist erstrebenswert, die Selbstliebe im Herzchakra und die Liebe zu anderen Menschen zu unterscheiden, damit man bei dem Ende einer Liebesbeziehung nicht das Gefühl bekommt, sich selber zu verlieren und zu sterben – oder gar Selbstmord begehen will.

    - Es ist förderlich, in jeder Beziehung vollkommen aufrichtig zu sein, d.h. aus der eigenen Identität im Herzchakra heraus zu leben. Das bedeutet, daß man mit dem anderen das teilt, bei dem sich keiner der beiden „verbiegen" muß – und daß man sich die übrigen Wünsche anders erfüllt.

    - Daraus ergibt sich, daß man seinen Wünschen in ihrer allgemeinen Form treu sein sollte, aber daß man beweglich darin bleiben sollte, wie man sie konkret erreicht und mit wem man sie konkret verwirklicht. Damit ist keineswegs eine Haltlosigkeit oder Wankelmut gemeint, sondern eine „kreative Beweglichkeit", die Möglichkeiten und Wege erkennt und den sinnvollsten Weg geht.

Die nächsten beiden Übergänge befinden sich am Nabel, der die Körperstelle ist, über die das ungeborene Kind ernährt wird, und das obere Ende des Halses, das die Körperstelle ist, über die man sich nach der Geburt ernährt. An ihnen gehen die Wünsche und der Selbstausdruck im Traumbereich in die konkrete, wachbewußte Planung über.

Am Nabel-Zwischenchakra verwandelt sich der ungehinderte körperliche Selbstausdruck in einen festen Standpunkt im Leben: Man tanzt aus seinem Hara heraus. Auch das Kämpfen, das Streiten, das Bewegen, die Sexualität und alle anderen rhythmischen Dinge entspringen diesem Chakra.

Am oberen Halschakra verwandelt sich der ungehinderte soziale Selbstausdruck in das Einnehmen des eigenen Platzes in der selbstgewählten Gemeinschaft.

In beiden Fällen ist wieder die Selbsttreue notwendig: Wenn man nicht den eigenen Wünschen treu ist, kann man nicht ihre Verwirklichung erlangen. Andererseits darf daraus keine Starre im Vorgehen entstehen, da dies eine Verwirklichung ebenfalls verhindert. Es ist sinnvoll, zu wissen, was man will und dann zu schauen, auf welchem Weg man es erreichen kann. Von der Absicht her orientiert man sich an seinem Sonnengeflecht und an seinem Halschakra und somit letztlich an dem eigenen Herzchakra – und von dem konkreten Vorgehen her orientiert man sich an den Gegebenheiten der Welt.

Es gibt somit schon zwei Stufen, in denen die Identität zu Haltungen und Handlungen konkretisiert wird, und beide male werden zugleich die Selbsttreue und die Beweglichkeit gebraucht. Auf der ersten Stufe (Wunschbaum, Thymuschakra) sollte man die eigene Identität nicht aus den Augen verlieren und zugleich sich selber treu als auch beweglich in der Konkretisierung der eigenen Wünsche sein; und auf der zweiten Stufe (Nabelchakra, oberes Halschakra) sollte man die eigenen Wünsche nicht aus den Augen verlieren und beweglich in den Methoden zur Erreichung seiner Ziele sein.

Auf die Liebe bezogen bedeutet das wieder mehrere Dinge:

- Es ist erstrebenswert, die Wünsche im Sonnengeflecht und im Halschakra von den konkreten Schritten, die man unternimmt, um die Erfüllung dieser Wünsche zu erreichen, zu unterscheiden, damit man sich nicht in bestimmten Methoden verbeißt, sondern erkennt, welche Wege möglich sind und welche nicht. Dazu ist es notwendig, mit dem anderen zu reden, zuzuhören und gehört zu werden – anders läßt sich das gemeinsame Handeln, das in der Liebe notwendig ist, kaum erreichen.

Dabei ist es immer wieder notwendig, sich zu fragen, was man eigentlich erreichen will – sonst läuft man Gefahr, nur den selber ausgewählten Weg zu sehen und den Widerspruch zu dem von dem anderen ausgewählten Weg. Wenn man jedoch immer wieder von der Methode zur Motivation zurückkehrt, von der Vorgehensweise zu den Wünschen, und sich auf diese Weise auf die Quelle des eigenen Lebensflusses besinnt, kann man auch Wege finden, die man bisher nicht gesehen hat und die man gut gemeinsam gehen kann.

- Es ist förderlich, klar und offen zu sagen, was man sich wünscht und was man anstrebt, damit man einander sehen kann. Dazu gehören oft Mut und auch die Fähigkeit zuzuhören ohne gleich unterbrechen oder widersprechen zu müssen. Manchmal ist auch Geduld förderlich – man muß nicht jeden Widerspruch sofort klären, sondern kann sich auch die Zeit nehmen, erst einmal darüber zu schlafen.

Es ist hier außerdem notwendig, sich selber treu zu sein, aber sich zugleich zu bemühen, den anderen zu verstehen – den anderen zu verstehen, aber nicht sich an den anderen anzupassen oder ihn dominieren zu wollen. Im Wachbewußtsein des Haras und des Dritten Auges sollten sich zwei selbstbewußte und sich ihrer selbst bewußte Menschen treffen, die sich als gleichberechtigt erleben, die ihre Unterschiedlichkeit erkennen und sie schätzen und die einander fördern wollen. Aus dieser Haltung heraus sind kreative Gespräche möglich.

- Daraus ergibt sich wieder, daß man seinen Wünschen in ihrer allgemeinen Form treu sein sollte, aber daß man beweglich darin sein sollte, wie man sie konkret erreicht und mit wem man sie konkret verwirklicht.

Das dritte Paar von Zwischenchakren befindet sich an den beiden Haaransätzen: das Stirnchakra zwischen Drittem Auge und Scheitelchakra am Kopf und das Schamhaarchakra zwischen Hara und Wurzelchakra am unteren Bauch.

Wenn die Identität im Herzchakra durch die Verwandlung im Wunschbaum zu einem körperlichen Wunsch im Sonnengeflecht geworden ist und dieser Wunsch dann durch seine Verwandlung im Nabelchakra zu einer konkreten Vorgehensweise im Hara geworden ist, kann das Schamhaarchakra nun aus diesem Vorgehen, für das man sich entschieden hat, einen konkreten körperlichen Kontakt im Wurzelchakra werden lassen.

Analog dazu kann die Identität im Herzchakra durch die Verwandlung im Thymuschakra zu einem sozialen Wunsch im Halschakra werden, der dann durch seine Verwandlung im oberen Halschakra zu einer konkreten Teilnahme an einer Gemeinschaft im Dritten Auge wird, sodaß dann das Stirnchakra aus dieser Entscheidung für eine bestimmte Gemeinschaft einen konkreten geistigen Kontakt im Scheitelchakra werden lassen kann.

Auch hier werden wieder die Selbsttreue und die Beweglichkeit gebraucht: Auch wenn man sich für ein bestimmtes Vorgehen (Hara) und für eine bestimmte Gemeinschaft (Drittes Auge) entschieden hat, muß man im Hier und Jetzt schauen, was genau jetzt die passende Haltung und die passende Handlung ist – ohne diese Aufmerksamkeit und Offenheit ist kein wirklicher Kontakt möglich.

Auch dies ist für die Liebe von Bedeutung:

- Es ist erstrebenswert, zu wissen, was man will, und sich mit dem anderen grundlegend über die gemeinsamen Ziele einig zu sein, und dann aus dieser Übereinkunft heraus im Hier und Jetzt zu schauen, was man gerade jetzt tun möchte und was gerade jetzt paßt, um dadurch dann in Hingabe fließen und in Leidenschaft aufglühen zu können.

- Es ist förderlich, wenn sich beide immer wieder auf sich selber besinnen und dadurch „von innen nach außen hin leben" – von der Identität (Herzchakra) über die Wünsche (Sonnengeflecht und Halschakra) bis zur Lebensorganisation (Hara und Drittes Auge), sodaß die Haltungen und Handlungen im Hier und Jetzt (Wurzelchakra und Scheitelchakra) ein Ausdruck dessen sind, was die beiden Menschen, die sich begegnen, wirklich sind.

- Auch hier ist wieder die Kombination aus Selbsttreue und Beweglichkeit im Vorgehen förderlich: Wissen, wer man ist, und das in der augenblicklichen Situation so ausdrücken, wie man es will und wie es die Situation ermöglicht.

Bei den sechs Zwischenchakren zeigen sich die Liebe und die Eigenständigkeit recht deutlich. Die Liebe läßt den Menschen nach intensivem Kontakt streben und die Eigenständigkeit des Menschen wird durch die Selbsttreue möglich.

Hier besteht zunächst einmal ein Spannungsfeld: Um etwas im Außen zu erreichen, das einem wichtig ist, wird man versuchen, alles zu tun, was danach aussieht, als ob man dadurch seinem Ziel näher kommen könnte – die Liebe zieht die Aufmerksamkeit nach außen zu dem anderen. Die Eigenständigkeit erfordert hingegen die ständige Besinnung auf sich selber, also die Ausrichtung der Aufmerksamkeit nach innen.

Liebe und Eigenständigkeit erscheinen somit zunächst einmal als zwei Pole, die die Aufmerksamkeit und somit auch das damit verbundene Handeln in zwei verschiedene Richtungen ziehen – nach innen und nach außen.

Eine solche Spannung kann zur Einseitigkeit führen – nur noch auf sich selber bezogen sein oder nur noch auf den anderen bezogen sein. In diesem Fall hätte man entweder Liebe oder Eigenständigkeit, aber nicht beides. Zudem ist es sehr zweifelhaft, ob man die Liebe noch genießen kann, wenn man nicht mehr man selber ist, oder ob die Eigenständigkeit viele Früchte trägt, wenn man sich von der Welt isoliert.

Zwei Pole ermöglichen jedoch auch ein Schwingen, einen Rhythmus, einen

Wechsel zwischen zwei Ausrichtungen: zwischen der Besinnung auf die eigene Identität im Herzchakra und der Nähe zum Du. Dabei können die Erlebnisse bei der Besinnung auf das Ich dazu führen, daß man sein Verhalten in Bezug auf das Du ändert, und die Erlebnisse mit dem Du können dazu führen, daß das Ich neue Möglichkeiten des Selbstausdrucks findet.

Auf diese Weise sind die beiden Pole der Ich-Bezogenheit und der Du-Bezogenheit keine Widersprüche mehr, sondern eine Möglichkeit der gegenseitigen Bereicherung.

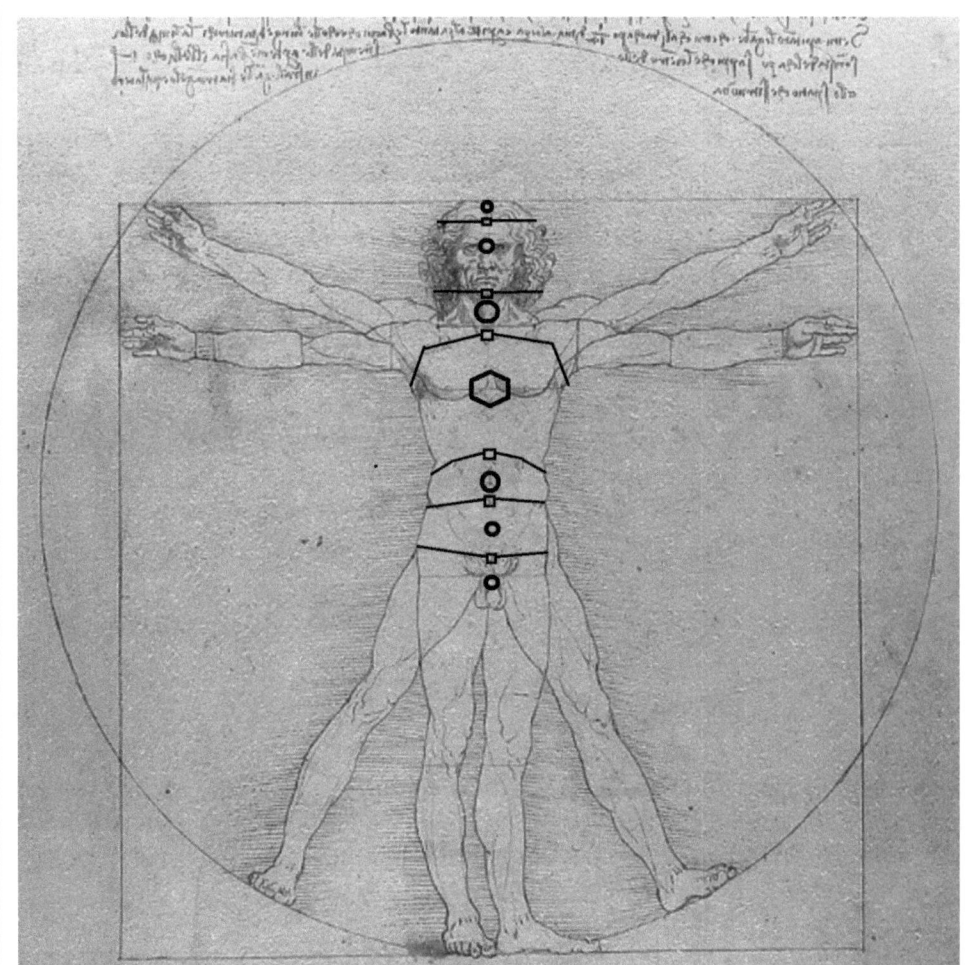

das Herzchakra (Sechseck), die sechs übrigen Hauptchakren (Kreise), die Grenzen der sieben Bereiche (Linien) und die sechs Zwischenchakren (Quadrate) zwischen den sieben Bereichen

7. c) Die siebte Skizzierung des heilen Zustandes

Der heile Zustand ist im vorigen Abschnitt schon weitgehend beschrieben worden und läßt sich als „Selbstreue und Beweglichkeit" zusammenfassen. Diese Haltung ermöglicht es, gleichzeitig eigenständig zu sein und zu lieben.

Nach innen hin findet man Beständigkeit und die tiefste Wurzel in der eigenen Seele im Herzchakra; nach außen hin findet man die Entfaltung in eine Vielfalt von Möglichkeiten hinein.

Das bedeutet auch, daß man nach innen hin sich selber niemals losläßt und stets dem eigenen Ziel geht; und daß man nach außen hin bereit ist, jederzeit loszulassen und einen anderen Weg zu seinem Ziel zu gehen.

Damit ist nun keineswegs eine Unbeständigkeit in den Haltungen und Handlungen gemeint, sondern lediglich die Fähigkeit zu erkennen, wann ein Wunsch (Sonnengeflecht und Halschakra), eine Entscheidung (Hara und Drittes Auge) oder ein Kontakt (Wurzelchakra und Scheitelchakra) kein erfolgversprechender Ausdruck für die eigene Identität (Herzchakra) mehr ist. Warum sollte man nicht mit einem Menschen, mit dem das Zusammenleben Freude macht, ein Leben lang zusammenbleiben? Aber warum sollte man mit einem Menschen, der das eigene Strahlen unterbindet, ein Leben lang zusammenbleiben?

Die Beweglichkeit ist eine Grundvoraussetzung für die Eigenständigkeit und somit dafür, das zu sein, was man ist. Die Liebe ist eine Grundvoraussetzung dafür, daß man wirklich in der Welt ankommt und sie erlebt.

Und was könnte einen Sinn geben, außer das zu sein, was man ist, und die Welt zu erleben, in der man ist?

7. d) Heilungsansätze

Die Heilungsansätze sind weitgehend dieselbe wie die in dem vorigen Kapitel über die vier Bewußtseinszustände, da die Betrachtung der Funktion der sechs Zwischenchakren vor allem die Übergänge zwischen diesen Bewußtseinszuständen und den mit ihnen verbunden Chakren deutlicher macht.

Wenn Sie über etwas nachdenken, körperliche Beschwerden haben oder meditieren, ist es immer ein Möglichkeit zu schauen, wo sich ein Gefühl, ein Bild oder ein Gedanke befindet – die Lage dieses Gefühls, Bildes oder Gedanken im Körper zeigt mit großer Sicherheit, zu welchem Chakra und somit auch zu welchem Bereich der Psyche er gehört. Durch das System der sieben Chakren und der sechs Zwischenchakren ergibt sich ein recht differenzierter Bezugsrahmen für alle Vorgänge in der Psyche, die alle auch Vorgänge in der Lebenskraft sind – die Chakren sind die Organe des Lebenskraftkörpers.

Sie können das Chakrensystem natürlich nicht nur zu Diagnose benutzen, sondern auch zur Therapie.

Wenn man z.B. ständig in Streit mit seinem Partner gerät und dabei dazu neigt, sich anzupassen, ist es sinnvoll, sein eigenes Hara zu stärken – z.B. indem man den Atem dorthin lenkt und dabei das Mantra „Lebenskraft – Eigenständigkeit" spricht.

Wenn man hingegen immer wieder Wutausbrüche in der Beziehung bekommt und dazu neigt, den anderen unter den eigenen Willen unterzuordnen, könnte man das eigene Dritte Auge durch Atemlenkung und Mantra („Lebenskraft – Frieden") stärken.

Bei Selbstaufopferung in der Beziehung hilft die Stärkung des Sonnengeflechtes, bei Überheblichkeit die Stärkung des Halschakras, bei Askese die des Wurzelchakras, bei Sucht die des Scheitelchakras ... Die Zusammenhänge zwischen den sechs Irrwegen und dem Lebenskraftstau in den sechs äußeren Chakren ist weiter oben schon beschrieben worden. Die „Erste Hilfe" besteht darin, in das Gegenchakra zu dem Chakra mit dem Energiestau zu atmen, da sich dort ein Lebenskraftmangel befindet.

Diese Atemübungen heilen nicht sofort alle Probleme, aber sie können die extremeren Auswüchse dieser Probleme abmildern und Anstöße für andere Verhaltensweisen geben.

Hier noch einmal eine Übersicht über die sechs Irrwege:

1. Bereich der Gefühle (Traumbewußtsein):

1. a) Lebenskraftstau im Sonnengeflecht = Lebenskraftmangel im Halschakra => Haltung des Stars (alle Aufmerksamkeit in der Beziehung an sich ziehen; stets das Thema aller Gespräche sein) => in das Halschakra atmen

1. b) Lebenskraftstau im Halschakra = Lebenskraftmangel im Sonnengeflecht (alle Gespräche drehen sich um den anderen, man bewundert ihn, man hilft und dient ihm) => Haltung des Fans => in das Sonnengeflecht atmen

2. Bereich des Verstandes (Wachbewußtsein):

*2. a) Lebenskraftstau im Hara = Lebenskraftmangel im Dritten Auge =>
Haltung des Täters (man bestimmt, was gemeinsam getan wird, man for-
dert von dem anderen Hilfe, Gehorsam, Unterordnung u.ä., man zwingt
und mißbraucht den anderen) => in das Dritten Auge atmen*

*2. b) Lebenskraftstau im Dritten Auge = Lebenskraftmangel im Hara =>
Haltung des Opfers (man hilft, dient, gehorcht dem anderen und ist immer
für ihn da; man wird mißbraucht) => in das Hara atmen*

3. Bereich der Einsgerichtetheit/Ekstasebewußtsein:

*3. a) Lebenskraftstau im Wurzelchakra = Lebenskraftmangel im Scheitel-
chakra (man nimmt sich, was man haben will, man bekommt nie genug, der
Durst kann nicht gelöscht werden) => Haltung des Süchtigen => in das
Scheitelchakra atmen*

*3. b) Lebenskraftstau im Scheitelchakra = Lebenskraftmangel im Wurzel-
chakra (man ist alleine und bedürfnislos) => Haltung des Asketen => in
das Wurzelchakra atmen*

*Das Atmen in die Zwischenchakren ist nicht besonders effektiv, da sie
keine „Gefäße", sondern „Tore", „Verwandlungszentren" und „Leitun-
gen" sind. Bei ihnen hilft es mehr, ihre Fehlfunktion zu ergründen und
dann das eigene Verhalten zu ändern – oder als „erste Hilfe" in die beiden
Chakren über und unter diesem Zwischenchakra zu atmen.*

In meinem Buch „Das Chakren-System mit den Nebenchakren" wird das Chakren-
system, das insgesamt ca. 50 Chakren, Zwischenchakren und Nebenchakren umfaßt,
deutlich detaillierter als hier dargestellt.

8. Das Horoskop

Um das Verhältnis zwischen Liebe und Eigenständigkeit zu ergründen, werden in diesem Buch viele verschiedene Blickwinkel eingenommen und unterschiedliche Methoden angewandt. Alle diese verschiedenen Aspekte sind Möglichkeiten, dieses Thema zu betrachten – Sie können sich auswählen, welche Ansatzpunkte Ihnen erfolgversprechend scheinen und welche nicht. Es ist auch keineswegs notwendig, erst Chakren-Meditationen oder das Deuten von Horoskopen zu erlernen, um eine erfüllende Beziehung haben zu können – nehmen Sie von den vielen verschiedenen Aspekten die, die Ihnen gerade sinnvoll erscheinen.

Ein Horoskop ist die Beschreibung des Charakters und des Stiles eines Menschen – von dem natürlich auch seine Sicht auf die Liebe und die Eigenständigkeit abhängt.
Es gibt eine solch große Vielfalt an möglichen Horoskopen, daß die einzigen Menschen, die von der Steinzeit an bis heute tatsächlich dasselbe Horoskop gehabt haben, diejenigen Menschen sind, die gleichzeitig geboren worden sind. Das zeigt zumindestens ein wenig, wie verschieden Menschen sein können.

Ein Horoskop ist wie ein Schauspiel aufgebaut: Der Aszendent ist das Bühnenbild, die zehn Planeten sind die Schauspieler, die zwölf Tierkreiszeichen sind die möglichen Rollen dieser Planeten, die zwölf Häuser sind die verschiedenen Bereiche auf der Bühne, die acht Aspekte sind die verschiedenen Arten der Beziehung zwischen den Schauspielern, das Ich ist der Regisseur und die Seele der Drehbuchautor.
Einmal abgesehen davon, daß das eigene Horoskop eine große Hilfe dabei sein kann, sich selber zu verstehen, kann die allgemeine Beschäftigung mit Horoskopen auch deutlicher machen, wie verschieden der Charakter der Menschen ist – und daher auch ihre Auffassung von Liebe und Eigenständigkeit.
Im Folgenden wird beschrieben, wie die Liebe und die Eigenständigkeit aus der Sicht der verschiedenen Planeten, Tierkreiszeichen, Häuser und Aspekte aussieht. Diese Kapitel haben vor allem das Ziel, deutlicher zu machen, wie verschieden Menschen diese beiden Dinge empfinden können – vielleicht macht die Erkenntnis dieser Unterschiede ja das Gespräch des einen oder anderen Paares etwas einfacher …

8. a) Die Planeten

Die zehn Planeten sind die grundlegenden Fähigkeiten eines jeden Menschen.

Der Mond ist die Wahrnehmung und die inneren Bilder, die Nähe und die Geborgenheit – er ist wie ein kleines Kind.

Aus der Sicht des Mondes geht es bei der Liebe um Nähe, um Wärme, um Vertrauen, um Familie, um Kinder …

Aus der Sicht des Mondes geht es bei der Eigenständigkeit um Selbstwahrnehmung, Geborgenheit in sich selber und in der Welt …

Die Verbindung von Liebe und Eigenständigkeit geschieht beim Mond daher im Kontakt mit dem anderen, im Vertrauen zu sich und zu dem anderen.

Der Merkur ist der Verstand, die Logik, das Spiel, die Neugier und das Wissen – er ist wie ein Schüler.

Aus der Sicht des Merkurs geht es bei der Liebe um Gespräche, um Entdeckungen, um Vielfalt, um Neues …

Aus der Sicht des Merkurs geht es bei der Eigenständigkeit um Selbstbetrachtung, Selbstverständnis, Selbsterkenntnis …

Die Verbindung von Liebe und Eigenständigkeit geschieht beim Merkur daher im Gespräch und im Spiel mit dem anderen.

Die Venus ist das Gefühl, der Sinn für Schönheit, die Bewertung, die Sympathie – sie ist wie eine Jugendliche.

Aus der Sicht der Venus geht es bei der Liebe um Zuneigung, Gefallen, um Locken, um Verführung, um Necken …

Aus der Sicht der Venus geht es bei der Eigenständigkeit um Freude über sich selber, um das Genießen der eigenen Schönheit …

Die Verbindung von Liebe und Eigenständigkeit geschieht bei der Venus daher im Erkennen der Schönheit und der Sympathie.

Die Sonne ist der Wille, die Selbstbezogenheit, die Entscheidung, die Zentrierung – sie ist wie ein König.

Aus der Sicht der Sonne geht es bei der Liebe um Selbstausdruck, um das Erreichen dessen, was man will, um die Entscheidung für einen Menschen …

Aus der Sicht der Sonne geht es bei der Eigenständigkeit um den eigenen Willen, um die Selbstdurchsetzung, um die Treue zu sich selber …

Die Verbindung von Liebe und Eigenständigkeit geschieht bei der Sonne daher im Wollen, in den Entscheidungen und im Lenken des eigenen Lebens.

Der Mars ist die Tat, die Begierde, das Verlangen, der Kampf, der Tanz, der Sex – er ist wie ein Krieger.

Aus der Sicht des Mars geht es bei der Liebe um Sex, um gemeinsames Tun, um einen gemeinsamen Tanz, um das Lebensfeuer …

Aus der Sicht des Mars geht es bei der Eigenständigkeit um das Tun dessen, was man tun will, um das Tanzen des eigenen Tanzen, um das Singen des eigenen Liedes …

Die Verbindung von Liebe und Eigenständigkeit geschieht beim Mars daher im eigenen und im gemeinsamen Tun.

Der Jupiter ist das Erkennen von Zielen, das Planen, Organisieren und Managen – er ist der Großkaufmann.

Aus der Sicht des Jupiters geht es bei der Liebe um gemeinsame Ziele, und den gemeinsamen Aufbau der Zukunft …

Aus der Sicht des Jupiters geht es bei der Eigenständigkeit um klare eigene Ziele und um eine eigenständige Lebensplanung …

Die Verbindung von Liebe und Eigenständigkeit geschieht beim Jupiter daher durch die Ziele und deren Umsetzung.

Der Saturn ist die Beständigkeit, das Feste, das Verläßliche, der Schutz – er ist daher der Erhalter.

Aus der Sicht des Saturns geht es bei der Liebe um Dauerhaftigkeit, um Sicherheit, um Treue, um Verläßlichkeit …

Aus der Sicht des Saturns geht es bei der Eigenständigkeit um Selbsttreue, das Wahren der eigenen Prinzipien …

Die Verbindung von Liebe und Eigenständigkeit geschieht beim Saturn daher in der Abmachung, in dem Vertrag und in der Sicherheit.

Der Uranus ist das Neue, das Unerwartete, das Plötzliche, der Sprung – er ist der Erfinder.

Aus der Sicht des Uranus geht es bei der Liebe um die Verbindung von vorher Getrenntem, um Bereicherung, um die Entdeckung von Neuem …

Aus der Sicht des Uranus geht es bei der Eigenständigkeit um Entfaltung, das Selbsterlebnis an neuen Horizonten …

Die Verbindung von Liebe und Eigenständigkeit geschieht beim Uranus daher in dem Unbekannten, in der Utopie und in der Zukunft.

Der Neptun ist der Tagtraum, die Kunst, die Ökologie, das Sozialengagement, die Religion, die Mystik – er ist der Träumer.

Aus der Sicht des Neptuns geht es bei der Liebe um Spüren, Vereinigung, Symbiose, Einswerdung, um das Erleben der göttlichen Liebe …

Aus der Sicht des Neptuns geht es bei der Eigenständigkeit um das Erleben der eigenen Seele, um das Erkennen des eigenen Ursprungs in Gott …

Die Verbindung von Liebe und Eigenständigkeit geschieht beim Neptun daher in der einzelnen oder gemeinsamen Meditation oder im Ritual.

Der Pluto ist die Spannung, die Intensität, die Tiefe, die Verwandlung – er ist der Zauberer.

Aus der Sicht des Plutos geht es bei der Liebe um Ekstase, um das Ergründen der tiefsten Wurzeln, um das Erkennen der Einheit der Welt …

Aus der Sicht des Plutos geht es bei der Eigenständigkeit um das Erkennen, das man im Innersten Gott ist, daß das Leben ein Ekstase-Tanz ist …

Die Verbindung von Liebe und Eigenständigkeit geschieht bei Pluto daher in der Verwandlung, im Erreichen neuer Tiefen, in der Einsgerichtetheit …

8. b)   Die Tierkreiszeichen

Der Charakter der Planeten ist vor allem eine Dynamik, da sie die zehn Fähigkeiten aller Menschen sind. Die Tierkreiszeichen sind hingegen die zwölf Stile, in denen die zehn Planeten auftreten können.

Der Widder ist direkt, spontan, beweglich, unkompliziert, macht keine halben Sachen – ein cholerischer Taoist im Hier und Jetzt.

Aus der Sicht des Widders geht es bei der Liebe um Direktheit, um das Nutzen des Augenblicks, um das Verlangen im Hier und Jetzt …

Aus der Sicht des Widders geht es bei der Eigenständigkeit um die Echtheit in jedem Augenblick, um den unbekümmerten und hemmungslosen Selbstausdruck …

Die Verbindung von Liebe und Eigenständigkeit geschieht beim Widder daher immer wieder neu genau dort, wo er gerade ist.

Der Stier ist genießend, pflegend, sammelnd, hütend, fördert die Fülle – ein erdhafter Gärtner, der seine Beete schützt.

Aus der Sicht des Stiers geht es bei der Liebe um Pflanzen, Pflegen, Wachsen, Gedeihen, Genießen …

Aus der Sicht des Stiers geht es bei der Eigenständigkeit um das eigene Wachsen, um die eigene Fülle, um den Genuß des Lebens …

Die Verbindung von Liebe und Eigenständigkeit geschieht beim Stier daher in dem eigenen Garten, in den man die Menschen einlädt, die man liebt.

Der Zwilling ist neugierig, sprunghaft, beweglich, lustig, auf Neues erpicht – ein Irrwisch, der hinter jede Ecke schauen muß.

Aus der Sicht der Zwillinge geht es bei der Liebe um Anregungen, Überraschungen, das Entdecken von Neuem, sie folgen dem, was am buntesten ist …

Aus der Sicht der Zwillinge geht es bei der Eigenständigkeit um das Spiel mit den vielen noch unentdeckten eigenen Seiten, um die vielen Möglichkeiten, „Ich" zu sein …

Die Verbindung von Liebe und Eigenständigkeit geschieht bei den Zwillingen daher als immer neue Kombination von vielen alten und neuen Elementen.

Der Krebs ist empfindsam, voller Gefühle, introvertiert, behütend, im Inneren seiner Muschelschale verborgen – eine Mimose, die ihre Empfindlichkeit gerne verbirgt.

Aus der Sicht des Krebses geht es bei der Liebe um Innigkeit, Nähe, Kuscheln, Nestwärme, Familie …

Aus der Sicht des Krebses geht es bei der Eigenständigkeit um Geborgenheit in sich selber und in der Welt, um das Gestilltwerden an der Brust der Großen Mutter …

Die Verbindung von Liebe und Eigenständigkeit geschieht beim Krebs daher im Urvertrauen, getragen von Mutter Erde.

Der Löwe ist egozentrisch, brüllend, strahlend, das Leben fördernd – ein König auf einem goldenen Thron.

Aus der Sicht des Löwen geht es bei der Liebe um Selbstausdruck zu zweit, um ein gemeinsames Strahlen …

Aus der Sicht des Löwen geht es bei der Eigenständigkeit um das Sonne-sein, das Ich-sein, das Strahlen der eigenen Individualität und Besonderheit …

Die Verbindung von Liebe und Eigenständigkeit geschieht beim Löwen daher im Feuer des Herzens, das vollkommen ungehindert den ganzen Raum erfüllt.

Die Jungfrau ist vorsichtig, sorgfältig, voller Sachkenntnis, handwerklich geschickt – ein Heiler, der weiß, wie man was macht.

Aus der Sicht der Jungfrau geht es bei der Liebe um eine umfassendere Ordnung, ein größeres Muster, ein Heilen von Mangel, eine fruchtbare Ergänzung …

Aus der Sicht der Jungfrau geht es bei der Eigenständigkeit um das Finden und Erhalten der eigenen inneren und äußeren Ordnung …

Die Verbindung von Liebe und Eigenständigkeit geschieht bei der Jungfrau daher durch Untersuchen, Aufräumen, Ordnen, Heilen und Pflegen.

Die Waage ist harmonisierend, diplomatisch, ausgleichend, auf der Suche nach der Schönheit – ein freundlicher Künstler in einer Rosenlaube.

Aus der Sicht der Waage geht es bei der Liebe um Romantik, um Begegnung, um das Einander-Sehen, um Gemeinsamkeit, Sich-Anschauen, Hände-Halten …

Aus der Sicht der Waage geht es bei der Eigenständigkeit um die innere Balance, um äußeres Gleichgewicht, um Harmonie mit der Welt …

Die Verbindung von Liebe und Eigenständigkeit geschieht bei der Waage daher in der Schönheit, die aus dem Erkennen des wahren Wesens von Ich und Du entsteht.

Der Skorpion ist intensiv, voller Gefühle, auf der Suche nach Tiefe und Erotik und Ekstase – ein Tänzer der endlosen Verwandlungen.

Aus der Sicht des Skorpions geht es bei der Liebe um heftige Gefühle, um Steigerung, um Ekstase, um Selbstauflösung, um Geilheit …

Aus der Sicht des Skorpions geht es bei der Eigenständigkeit um Selbstüberwindung, Verwandlung, Streben nach Tiefe, Auflösung, Neuerschaffung …

Die Verbindung von Liebe und Eigenständigkeit geschieht beim Skorpion daher in der Einsgerichtetheit der maximalen Intensität, in der alle Grenzen aufgehoben werden.

Der Schütze ist idealistisch, zukunftsbezogen, zupackend, voller neuer Projekte – ein Tatmensch, der stets nach dem Besten strebt.

Aus der Sicht des Schützen geht es bei der Liebe um die Suche nach dem idealen Partner, um das Erleben der bestmöglichen Beziehung …

Aus der Sicht des Schützen geht es bei der Eigenständigkeit um das sich-Verankern in dem, was man werden will, und um das Ausrichten darauf …

Die Verbindung von Liebe und Eigenständigkeit geschieht beim Schützen daher in der Orientierung an dem Ideal, das man gemeinsam anstrebt.

Der Steinbock ist realistisch, beständig, langsam, ausdauernd, jede Veränderung gründlich prüfend – ein Turm auf einem soliden Fels-Fundament.

Aus der Sicht des Steinbocks geht es bei der Liebe um Realismus, Halt, Beständigkeit, Sicherheit, Lebensplanung …

Aus der Sicht des Steinbocks geht es bei der Eigenständigkeit um das Erhalten des Felsens, auf dem man seinen Turm gebaut hat …

Die Verbindung von Liebe und Eigenständigkeit geschieht beim Steinbock daher in der Ausrichtung auf die lebenslange Dauer.

Der Wassermann ist weitblickend, voller Ideen, erfinderisch, mit großem Überblick – ein Weltenbürger, der seine Utopie unter den Menschen verbreitet.

Aus der Sicht des Wassermanns geht es bei der Liebe um die Verbindung von Verschiedenem, um das Erschaffen des Weltbürgertums, um das Verwirklichen einer Utopie …

Aus der Sicht des Wassermanns geht es bei der Eigenständigkeit um das Erfassen des Allgemeingültigen und um dessen vollkommen Ausdruck als Inspiration für alle …

Die Verbindung von Liebe und Eigenständigkeit geschieht beim Wassermann daher in dem Neuen, in der Entdeckung, in der Erfindung, in der Mitte von Utopia.

Die Fische sind anteilnehmend, träumend, voller Phantasie – ein Seemann, der die Sprache des Meeres und des Windes versteht.

Aus der Sicht der Fische geht es bei der Liebe um ein Miteinander-Schwingen, ein sich-gegenseitig-Bereichern, ein Anteilnehmen an dem anderen und an der ganzen Welt …

Aus der Sicht der Fische geht es bei der Eigenständigkeit um das Fließen mit den Gezeiten des Lebens und das Aufgehen in dem Ganzen …

Die Verbindung von Liebe und Eigenständigkeit geschieht bei den Fischen daher in dem Erleben aller Wesen als eines Teiles des alles umfassenden Lebens.

8. c)   Die Häuser

Die Planeten beschreiben die zehn Dynamiken, in der die Liebe und die Eigenständigkeit auftreten können, während die zwölf Tierkreiszeichen die zwölf Stile darstellen, die die zehn Planeten annehmen können. Die zwölf Häuser beschreiben nun die Lebensbereiche, in denen die Liebe und die Eigenständigkeit bei einem Menschen zuhause sein können.

Das 1. Haus ist das Hier und Jetzt, der Augenblick, die Präsenz – die Platz vorne in der Mitte der Bühne, wo man immer dabei ist und immer gesehen wird.

Aus der Sicht des 1. Hauses geht es bei der Liebe um die Gefühle, die genau jetzt da sind …

Aus der Sicht des 1. Hauses geht es bei der Eigenständigkeit um das Handeln, so wie es einem der Augenblick eingibt …

Die Verbindung von Liebe und Eigenständigkeit geschieht im 1. Haus daher immer wieder aufs Neue im Hier und Jetzt.

Das 2. Haus ist das Haus, der Garten, die Truhe, der Vorratsschrank – die Küche, in der das Nahrhafte zubereitet wird.

Aus der Sicht des 2. Hauses geht es bei der Liebe um das Genießen, das Bewahren, das Beschützen …

Aus der Sicht des 2. Hauses geht es bei der Eigenständigkeit um das Wachsen und Gedeihen der eigenen Substanz …

Die Verbindung von Liebe und Eigenständigkeit geschieht im 2. Haus daher in der Fülle und dem Reifen und den Früchten des Wachstums.

Das 3. Haus ist die Straße vor dem Haus, der Spielplatz, der Marktplatz, der Flohmarkt – alle Orte, an denen man neue Menschen treffen kann.

Aus der Sicht des 3. Hauses geht es bei der Liebe um die Bereicherung durch immer neue Begegnungen, um die Weitung durch den anderen …

Aus der Sicht des 3. Hauses geht es bei der Eigenständigkeit um das Entdecken der eigenen inneren Vielfalt.

Die Verbindung von Liebe und Eigenständigkeit geschieht im 3. Haus daher durch die immer neue Anregung, durch die man sich und den anderen immer neu erlebt.

Das 4. Haus ist der eigene Raum, das Bett, die Familie, die Heimat, der Bauch der Mutter – das Schlafzimmer, in das man sich zurückziehen kann.

Aus der Sicht des 4. Hauses geht es bei der Liebe um die Zugehörigkeit zu den Verwandten und zu den geliebten Menschen …

Aus der Sicht des 4. Hauses geht es bei der Eigenständigkeit um den inneren Zusammenhalt aller Teile der eigenes Wesens …

Die Verbindung von Liebe und Eigenständigkeit geschieht im 4. Haus daher im innigen Austausch zwischen den Beteiligten.

Das 5. Haus ist der Thronsaal, die Bühne, das Podest – der Ort, an dem man sich zeigt und an dem man von allen gesehen wird.

Aus der Sicht des 5. Hauses geht es bei der Liebe um das Erhalten und Schenken von Anerkennung und Bewunderung …

Aus der Sicht des 5. Hauses geht es bei der Eigenständigkeit um das Strahlen-lassen des eigenen Herzens …

Die Verbindung von Liebe und Eigenständigkeit geschieht im 5. Haus daher im Baden im eigenen Licht und in dem Lichtes des anderen.

Das 6. Haus ist die Werkstatt, der Therapieraum, die Arztpraxis, das Labor – der Ort, an dem untersucht wird, wie die Welt funktioniert, und an dem diese Erkenntnis zur Wiederherstellung der Ordnung angewendet wird.

Aus der Sicht des 6. Hauses geht es bei der Liebe um das Finden des richtigen Partners und um das richtige gemeinsame Verhalten …

Aus der Sicht des 6. Hauses geht es bei der Eigenständigkeit um das Verstehen des eigenen Systems und um das dieser Ordnung entsprechende Verhalten …

Die Verbindung von Liebe und Eigenständigkeit geschieht im 6. Haus daher durch das Untersuchen, das Betrachten, das Ordnen, Heilen und Pflegen.

Das 7. Haus ist das Wohnzimmer, das Sofa – hierhin wird das „Du" eingeladen und hier sitzt man sich gegenüber und erlebt sich gegenseitig.

Aus der Sicht des 7. Hauses geht es bei der Liebe um Begegnung, um Ergänzung, um Harmonie, um ein gemeinsames Schwingen …

Aus der Sicht des 7. Hauses geht es bei der Eigenständigkeit um die innere Schönheit, die Harmonie der Psyche, den inneren Frieden …

Die Verbindung von Liebe und Eigenständigkeit geschieht im 7. Haus daher in der Begegnung, in der Suche nach einem Gleichgewicht, das beide bereichert.

Das 8. Haus ist die Sauna, der Schlachthof, der Backofen, die Polizeistation, das Bordell, die Diebeshöhle – es ist der Ort der Verwandlungen, der Tiefe und der Intensität.

Aus der Sicht des 8. Hauses geht es bei der Liebe um die größtmögliche Steigerung der Gefühle, des Verlangens, der Begierde, der Sehnsucht …

Aus der Sicht des 8. Hauses geht es bei der Eigenständigkeit um die Suche nach dem Ursprung des eigenen Wesens und der innersten Motivation …

Die Verbindung von Liebe und Eigenständigkeit geschieht im 8. Haus daher an dem Ort der Ekstase, der Einsgerichtetheit, des heißesten Feuers, des tiefsten Wassers, des höchsten Berges, des heftigsten Windes und des gleißendsten Lichtes.

Das 9. Haus ist der Aussichtsturm, das Planungsbüro, die Feuerwehr-Station – hier wird die Zukunft gestaltet und verwirklicht.

Aus der Sicht des 9. Hauses geht es bei der Liebe um ein Projekt, um den Blick auf die Zukunft von einem hohen Gipfel aus …

Aus der Sicht des 9. Hauses geht es bei der Eigenständigkeit um das Erkennen und Verwirklichen des eigenen Potentials …

Die Verbindung von Liebe und Eigenständigkeit geschieht im 9. Haus daher in dem Anstreben derselben Zukunft.

Das 10. Haus ist die Öffentlichkeit, das Rathaus, das Büro, der Arbeitsplatz – der Ort, an dem man zu einem Teil der Öffentlichkeit wird.

Aus der Sicht des 10. Hauses geht es bei der Liebe um einen Vertrag, um ein Abkommen, um eine Absprache, die ewig halten soll …

Aus der Sicht des 10. Hauses geht es bei der Eigenständigkeit um das Erkennen des eigenen Fundamentes und die Errichtung des Turmes des eigenen Lebens auf diesem Felsen …

Die Verbindung von Liebe und Eigenständigkeit geschieht im 10. Haus daher in der Beständigkeit der gemeinsamen Grundlagen.

Das 11. Haus ist das Vereinslokal, der Versammlungsplatz, das Meeting – hier treffen sich die Gleichgesinnten, die Wahlverwandten, um der Welt neue Impulse zu geben.

Aus der Sicht des 11. Hauses geht es bei der Liebe um das gemeinsame

Verpflichtetsein, das gemeinsame Anstreben derselben Utopie …

Aus der Sicht des 11. Hauses geht es bei der Eigenständigkeit um das Entdecken dessen, was in Wahrheit ist …

Die Verbindung von Liebe und Eigenständigkeit geschieht im 11. Haus daher in der Evolution, in der Revolution, in dem gemeinsamen Anstreben der besseren Zukunft.

Das 12. Haus ist die Kirche, die Kirmes, das Krankenhaus – alle Orte, an denen sich die Menschen ohne Absicht und aus den verschiedensten Gründen zufällig treffen.

Aus der Sicht des 12. Hauses geht es bei der Liebe um Schicksalsfügungen, um das einander-Finden, um das füreinander-bestimmt-Sein, um das Spüren der Gezeiten des Lebens und das Schwingen und Fließen mit ihnen …

Aus der Sicht des 12. Hauses geht es bei der Eigenständigkeit um die Hingabe an die Welt, an Gott, an die Bestimmung …

Die Verbindung von Liebe und Eigenständigkeit geschieht im 12. Haus daher im gemeinsamen Fließen und im gemeinsamen vom-Leben-getragen-werden.

8. d) Die Aspekte

Die Aspekte stellen die Verhältnisse zwischen den Planeten dar. Im Horoskop haben die Abstände der Planeten von 0°, 30°, 60°, 90°, 120°, 150° und 180° eine Bedeutung. Oder anderes gesagt: Wenn zwei Planeten in ihrem Tierkreiszeichen, die alle 30° groß sind (ein Zwölftel eines Kreises), an ungefähr derselben Stelle stehen (also einer z.B. bei 5° Widder und einer bei 6° Skorpion), haben sie eine Verbindung zueinander.

Die Konjunktion (0° Abstand) ist eine Verbindung, in der die beiden Bestandteile nicht mehr unterschieden werden können – sie ist wie eine Ehe.

Aus der Sicht der Konjunktion geht es bei der Liebe um die Verschmelzung von zwei Menschen zu einem einzigen Wesen …

Aus der Sicht der Konjunktion geht es bei der Eigenständigkeit um die Identität mit sich selber …

Die Verbindung von Liebe und Eigenständigkeit geschieht bei der Konjunktion daher durch das Eins-werden.

Das Trigon (120° Abstand) ist eine Verbindung, in der die beiden Bestandteile ähnlich, aber nicht gleich sind – sie ist wie eine Freundschaft.

Aus der Sicht des Trigons geht es bei der Liebe um das verläßliche, gemeinsame Miteinander …

Aus der Sicht des Trigons geht es bei der Eigenständigkeit um den Frieden und die

Kooperation zwischen allen Teilen des eigenen Wesens …

Die Verbindung von Liebe und Eigenständigkeit geschieht beim Trigon daher durch Absprachen und das Einhalten dieser Absprachen.

Das Sextil (60° Abstand) ist eine Verbindung, in der die beiden Bestandteile verschieden sind, aber eine Übereinstimmung haben – es ist wie das Verhältnis zwischen zwei guten Bekannten.

Aus der Sicht des Sextils geht es bei der Liebe um die Zugehörigkeit zu einer Gruppe von Gleichgesinnten …

Aus der Sicht des Sextils geht es bei der Eigenständigkeit um Rücksichtnahme aufeinander und um gegenseitige Förderung …

Die Verbindung von Liebe und Eigenständigkeit geschieht beim Sextil daher durch eine Vielzahl von kleinen Handlungen, die auf die Gemeinschaft bezogen sind.

Das Halbsextil (30° Abstand) ist eine Verbindung, die recht lose ist und in der es gelegentliche Anregungen gibt – es ist wie eine zufällige Begegnung.

Aus der Sicht des Halbsextils geht es bei der Liebe um die gegenseitige Anregung, um das Befolgen der Impulse, um die allmähliche Weiterentwicklung …

Aus der Sicht des Halbsextils geht es bei der Eigenständigkeit um den Kontakt zur Welt und das Aufnehmen der Impulse und um das Weitergeben von Impulsen …

Die Verbindung von Liebe und Eigenständigkeit geschieht beim Halbsextil daher durch das ständige Anregen und Angeregtwerden.

Die Opposition (180° Abstand) ist ein Ergänzungs-Gegensatz – sie ist wie eine Schaukel.

Aus der Sicht der Opposition geht es bei der Liebe um die Verbindung des Verschiedenen zu einem größeren Ganzen, das eine starke Eigendynamik hat …

Aus der Sicht der Opposition geht es bei der Eigenständigkeit um das Gleichgewicht zwischen den inneren Polen …

Die Verbindung von Liebe und Eigenständigkeit geschieht bei der Opposition daher im Schwingen zwischen den Gegensätzen.

Das Quadrat (90° Abstand) ist eine Trennung und ein aufeinander-bezogen-Sein – es ist wie eine Zeltstange.

Aus der Sicht des Quadrates geht es bei der Liebe um das Erringen von Freiheit in jeder Handlung …

Aus der Sicht des Quadrates geht es bei der Eigenständigkeit um die Unabhängigkeit von allen anderen Menschen …

Die Verbindung von Liebe und Eigenständigkeit geschieht beim Quadrat daher durch das aufeinander-bezogen-Sein und die gleichzeitige vollkommene Unabhängigkeit voneinander.

Das Quincunx (150° Abstand) ist ein ständiger Wandel und ein ständiges Pflegen – es ist wie ein Gärtner.

Aus der Sicht des Quincunxes geht es bei der Liebe um ein ständiges Verwandeln, Wachsen und Weiterentwickeln …

Aus der Sicht des Quincunxes geht es bei der Eigenständigkeit um Selbstentfaltung, wobei Altes verwelkt, Neues erblüht und das Jetzige gepflegt wird …

Die Verbindung von Liebe und Eigenständigkeit geschieht beim Quincunx daher in der Entwicklung des Potentials und in der ständigen Anpassung an das, was gerade geschieht.

Das Solo (Planet ohne Aspekte) ist ein Leben aus der Eigendynamik heraus, die durch nichts gestört oder angeregt wird – eine Pirouette um die eigene Achse.

Aus der Sicht des Solos geht es bei der Liebe um den Ausdruck des uneingeschränkten, unbeeinflußten und in keiner Weise weitergestalteten ursprünglichen Impulses …

Aus der Sicht des Solos geht es bei der Eigenständigkeit um das schlichte Sein von dem, was man ist …

Die Verbindung von Liebe und Eigenständigkeit geschieht beim Solo daher durch das „Es ist, was es ist."

8. e)   Die achte Skizzierung des heilen Zustandes

Diese Kurzdarstellungen der Liebe und der Eigenständigkeit aus der Sicht der zehn Planeten, der zwölf Tierkreiszeichen, der zwölf Häuser und der acht Aspekte läßt zumindestens ansatzweise die große Vielfalt erkennen oder zumindestens ahnen, die es aus astrologischer Sicht in der Liebe und der Eigenständigkeit gibt.

Jede Vorstellung über die Liebe und die Eigenständigkeit sollte das Wissen um diese Vielfalt miteinbeziehen, da diese Vorstellungen sonst spätestens im Alltag zum Scheitern bestimmt sind – die Welt ist bunter und der Charakter der Menschen vielfältiger, als man sich das normalerweise vorstellt …

Diese Vielfalt macht das Leben nicht unbedingt einfacher, aber sie kann auch zu einer großen Bereicherung werden.

8. f)   Heilungsansätze

Wenn Sie möchten, können Sie ja mal ein Dutzend Menschen aus Ihrem näheren Familien- und Bekanntenkreis fragen, was sie über die Liebe und die Eigenständigkeit denken.

Vergleichen Sie dann das, was Sie gehört haben, mit Ihren eigenen bisherigen Ansichten und schauen Sie, was sich aus der Kombination dieser Ansichten ergibt ...

9. Traumreisen zu den zehn Planeten

Bei einer Traumreise befindet man sich gleichzeitig im Wachbewußtsein und im Traumbewußtsein (Unterbewußtsein) – so wie morgens beim Aufwachen aus einem Traum, wenn man schon wach ist, aber den Traum trotzdem noch zehn Sekunden lang in seiner Eigendynamik weiterträumt, oder so wie bei einem lebhaften Tagtraum.

Solche Traumreisen kann man auch dafür benutzten, um über ein Thema Dinge in Erfahrung zu bringen, auf die man sonst nicht kommen würde. Insbesondere dann, wenn man Traumreisen zu Gottheiten unternimmt, legen die dabei erlangten Information die Vermutung nahe, daß das Traumbewußtsein bei diesen Traumreisen auch Telepathie benutzt.

Diese Methode läßt sich auch auf die zehn Planeten anwenden, die möglicherweise hilfreiche Kommentare zu dem Thema „Liebe und Eigenständigkeit" geben können.

Von der Methode her ist eine Traumreise sehr einfach. Man spricht die Gottheit innerlich direkt an oder stellt sich auf einer Tür ein Symbol von dem vor, worüber man etwas erfahren will. Die Art der Definition des eigenen Zieles für die Traumreise ist egal, die Definition sollte nur eindeutig sein. Dann schaut und lauscht man, was man hinter der Tür mit dem Symbol sieht oder welche Antwort man von der Gottheit erhält.

Bei den Planeten bietet sich die Benutzung einer Tür mit einem Symbol an, da es für die Planeten alte und weitverbreitete Symbole gibt.

Was man auf diesen Traumreisen findet, kann man vorher nie einschätzen – aber das ist auch genau der Grund, warum diese Traumreisen recht wertvoll sein können. Man entdeckt dabei oft Aspekte des Themas, mit dem man sich beschäftigt, an die man noch garnicht gedacht hat.

Ein großer Vorteil von Traumreisen ist auch, daß die Informationen und Einsichten, die man durch sie erlangt, die eigene Einseitigkeit, die aufgrund der eigenen Biographie und des eigenen Horoskops garnicht ganz vermieden werden kann, ein wenig abmildern kann.

Man kann sich den Inhalt der Traumreise merken und ihn anschließend aufschreiben; man kann auch alles, was man erlebt und hört, sofort aussprechen und mit einem Mikrophon aufnehmen; man kann die Traumreise auch während man sie erlebt, mitschreiben … es gibt viele Möglichkeiten.

Anfangs wird man sie in der Regel im Liegen und mit geschlossenen Augen durchführen – mit etwas Übung kann man jedoch auch im Sitzen mit offenen Augen während einer Bahnfahrt eine Traumreise machen.

9. a) Mond

Ich stelle mir eine Tür vor, auf der das Symbol des Mondes ist ... links und rechts von der Tür ist ein runder Pfosten, die Tür ist zweiflügelig, oben ist ein Querbalken, das Holz ist nicht bemalt, es sieht sehr schlicht aus ... hm, es sieht archaisch aus, es erinnert mich sowohl an germanische Tempeltore als auch an japanische Shinto-Tore ... hm ... ich gehe durch die Tür hindurch ...

Ich sehe eine Landschaft, es ist dunkel, ich sehe vor mir einen flachen Hang hinab, also ... er hat ungefähr 30°, 40° Gefälle ... es ist düster, felsig, es ist ... ja, es ist Nacht, es sind Wolken am Himmel ... ich sehe ein paar Sträucher ... hm, also, das sieht ziemlich trostlos aus ...

„Mond?"

„Ja?"

„Bin ich jetzt hier in meinem eigenen Mond, also ist das hier so wie es ist, weil es sozusagen den Mond in meinem Horoskop darstellt, oder bin ich hier in dem Mond an sich?"

„In Deinem inneren Mond."

„Hm, eigentlich möchte ich allgemein etwas wissen."

„Dann kehre zurück und frage mich dann."

Ich kehre durch die Tür zurück auf die andere Seite.

„Und nun, Mond?"

„Was möchtest Du denn wissen?"

„Ich würde gerne wissen ... ja ... was Du mir über Liebe und Eigenständigkeit sagen kannst. Ich schreibe gerade ein Buch darüber und ich würde gerne meine Einseitigkeiten, ja, zu diesem Thema ein bißchen verringern – die Einseitigkeiten meines Blickwinkels."

„Ohne Geborgenheit kann niemand leben. Ihr braucht als Kinder den Schutz der Mutter, das Ernähren, das Stillen ... und den Schutz durch den Vater. Deshalb braucht ihr Familie."

„Ja ... hm ... was bedeutet das für Eigenständigkeit und Liebe?"

„Wenn die Mutter keine Liebe zu dem Kind hat, wie soll das Kind dann gedeihen? Sie muß zumindestens soviel Liebe für das Kind haben, daß sie sich darum kümmert, es zu stillen, es zu beschützen. Wenn das nicht da ist, überlebt das Kind nicht – dann stirbt diese Linie aus. Die Liebe zu dem Kind ist notwendig, damit die Menschen als solche überhaupt existieren können."

„Hm, ja gut ... und die Liebe zwischen Mann und Frau?"

„Zunächst mal genügt der Sex."

„Hm, ja ... was ist denn dadurch anderes, daß die Liebe da ist?"

„Das Zusammensein kann erfreulicher werden. Durch die Selbstliebe ruht man in sich und durch die Liebe sieht man den anderen."

„Das klingt so, als wäre das letztlich effektiver und energiesparender."

„Ja, das ist es."

„Ist das der Grund, warum es die Liebe gibt?"

„Die Liebe hat Wirkungen im Zusammenleben der Menschen, aber die Liebe an sich, die Selbstliebe ist einfach die Wärme der Identität, die Verbundenheit aller Teile eines Menschen miteinander."

„Hm ... das heißt, die Liebe entsteht nicht durch die Notwendigkeit der Selbsterhaltung, aber die Liebe fördert das Vorgehen bei dem Versuch, sich selber und die eigene Art zu erhalten?"

„Ja."

„Hm ... und die Eigenständigkeit?"

„Ohne Eigenständigkeit bist Du nicht lebensfähig. Ohne sie bist Du kein Subjekt – sondern nur ein Objekt in dem Leben der anderen."

„Das klingt nicht sehr effektiv."

„Das ist es auch nicht."

„Hm ... gibt es da noch etwas, was Du mir sagen möchtest?"

„Etwas Allgemeines oder etwas zu Dir?"

„Erst einmal etwas Allgemeines und wenn Du danach noch etwas zu mir sagen möchtest – gerne."

...

„Achte auf den Fluß der Lebenskraft, er zeigt Dir Deine Gefühle und Deine Vorstellungen und er zeigt Dir, wohin Du Dich entwickelst. Wenn Du eigenständig bist und Dich selber liebst, kannst Du schauen, ob die Weise, wie die Lebenskraft in Dir fließt, das ist, was Du willst."

„Meinst Du mit 'wie die Lebenskraft in mir fließt', wie sie in meinen Chakren ist und in der Sushumna und so? Und wie sie von mir zu anderen fließt?"

„Ja – und wie sie von anderen zu Dir fließt."

„Hm ... ob's da Blockaden gibt und Einseitigkeiten und so?"

„Das ist ein Kriterium, nach dem Du Dir das anschauen kannst – ja."

„Hm ... klingt gut, ja ... ... und zu mir persönlich ...?"

„Laß Nähe zu und geh' mit Dir selber nicht zu hart ins Gericht. Sei aufrichtig in der Selbstbetrachtung – das ist gut. Fälle kein Urteil über Dich. Laß das, was Du bist, wachsen, sich entfalten und gedeihen."

„Das klingt gut, lieber Mond ... gibt es noch etwas, von dem Dir wichtig erscheint, daß es in meinem Buch steht?"

„Achte auf die Gewohnheiten."

„Hm ... danke, Mond."

„Bitte."

Ich kehre zurück.

„Ho!"

9. b)   Merkur

„Merkur?"

„Ja?"

„Ich würde gerne die Liebe und die Eigenständigkeit und das Verhältnis zwischen beiden besser verstehen. Kannst Du mir etwas dazu sagen?"

„Was willst Du denn da so wissen?"

„Na, wenn Du so fragst – alles!"

„Dann kann ich jetzt ja ein paar Millionen Jahre lang erzählen ..."

„Hm ... ich sehe schon, Du hast Spaß an Worte-Spielen."

„Na, klar!"

„Magst Du mir das sagen, was Dir wesentlich erscheint?"

„Daß ihr klar denkt."

„Hm ... was meinst Du mit 'klar denken'?"

„Daß ihr das, was ihr meint, klar formuliert; daß ihr seht, warum ihr das eigentlich denkt."

„Also die Gefühle, die dahinterstehen, die Absichten?"

„Ja ... daß ihr weiterdenkt und schaut, wo das hinführt, wenn ihr so handeln würdet, wenn ihr das erreichen würdet, über das ihr gerade nachdenkt."

„Hm ... Du meinst, es geht in Beziehungen auch in hohem Maße um Klarheit?"

„Natürlich – wenn der eine sich nicht über sich selber im Klaren ist, kann er garnicht sagen, was er eigentlich will, und wenn er das, was er will, nicht klar formuliert, kann der andere das nicht hören, und wenn der, der es hört, sich nicht die Mühe macht, den anderen zu verstehen, dann weiß er immer noch nicht, was der andere eigentlich will, und wenn er es verstanden hat und sich nicht die Mühe macht zu schauen, was er selber bei diesem Thema will, dann wird es zu keiner Kooperation kommen, dann kommt es nur zum Machtkampf – und diese Form der Machtkämpfe sind zu 90% Energieverschwendung ..."

„Hm ... ja ... also Gedeihen von Beziehungen durch Selbsterkenntnis?"

„Durch Selbsterkenntnis und durch eine möglichst klare Sprache und durch aufmerksames Zuhören."

„Hm ... klingt sehr stark nach den drei oberen Chakren ..."

„Ist es ja auch – aber wenn die keine Klarheit haben und Wachheit und Aufrichtigkeit und diese Zielgerichtetheit ... also Zielgerichtet in dem Sinne, daß man möglichst deutlich sagt, was man will, und daß man sich bemüht, den anderen zu verstehen, und daß man nicht einfach reflexhaft irgendwas redet, um sich zu schützen oder so ... dann kommt es in den drei unteren Chakren zu endlos viel Energieverschwendung."

„Tja ... und das Herzchakra?"

„Ohne das Herzchakra kommt es des öfteren vor, daß der eine sich zeigt und den andere das garnicht interessiert – wie soll dann etwas Erfreuliches und Tiefes *entstehen?"*

„Hm ... ich bin ja durchaus allgemein dieser Meinung, aber so deutlich habe ich das ja noch nie formuliert."

„Naja – deshalb machst Du ja auch diese Traumreisen."

„Hm ... gibt es da noch etwas?"

„Noch etwas für Fortgeschrittene ..."

„Ja gut – wenn Du meinst ...

„Für Fortgeschrittene gibt es die Zusammenarbeit mit dem Mond. Der Mond ist das Unterbewußtsein, das Traumbewußtsein, alles, was Du fühlst – und vom Mond aus kannst Du auch zu dem kollektiven Unterbewußtsein gehen, das alle Informationen hat, die die Menschen insgesamt haben, da bekommst Du Zugang zu allen Dingen, die irgendwann einmal geschehen sind ... und wenn Du den Verstand dafür öffnest so wie Du jetzt mit den Traumreisen, dann kannst Du nicht nur auf der Ebene Deiner persönlichen Bilder nachdenken, sondern auch auf der Ebene der Urbilder."

„Das klingt gut. Kannst Du mir ein Beispiel dafür sagen? Was einen Bezug zu dem Buch hat, das ich gerade am schreiben bin?"

„Wenn Du das so einengen willst ..."

„Ehm ... ne, eigentlich nicht – dann sag' mal was Allgemeines."

„Du kannst Dir anschauen, was die Konflikte der Menschheit sind, worum es da derzeit geht, wie das im Zusammenhang mit der ganzen Geschichte steht, und was da ein weises Verhalten wäre."

„Hm ... Du meinst so was wie meine Überlegung, daß wir als Menschheit gerade das Verhalten einer Familie lernen müssen, jeden ernst zu nehmen und nach dem Gesamtwohl zu gucken – einfach weil wir alle voneinander abhängen?"

„Solche Dinge, ja."

„Hm ... und kannst Du mir noch eine Sache sagen, die sich auf das Buch bezieht, das ich gerade schreibe?"

...

„Ruft die Götter um Hilfe."

„Hm ... so wie ich das in meinen Beratungen mache?"

„Ja – es wäre gut, wenn ihr die Götter einfach kennen würdet, wenn ihr Traumreisen zu ihnen machen würdet, wenn ihr sie einfach um Dinge bitten würdet ... denn die Götter sind die Urbilder. Wenn ihr die Urbilder in euer Leben miteinbezieht, dann habt ihr schon mal ein Bild oder einen Begriff von dem heilen Zustand in eurem Leben, in eurem Weltbild. Das wird dann einfacher."

„Hm, ja ... die Erfahrung habe ich schon oft gemacht. ... Was ist Dein Bild einer ... ja, ich sag mal ... gedeihenden Beziehung?"

„Mein Aspekt ist das, was ich Dir am Anfang dieses Gespräches gesagt habe, die Qualitäten, die ich Dir erzählt habe."

„Ja, das war sehr überzeugend. ... Gibt es noch etwas?"

„Es gibt noch viel, aber das Wesentliche, was jetzt gerade von Bedeutung ist, das
habe ich Dir gesagt."
„Danke, Merkur."
„Bitte."
Ich kehre zurück.
„Ho!"

9. c)   Venus

„Venus?"
„Ja?"
„Kannst Du mir etwas zu Liebe und Eigenständigkeit sagen?"
„Hmm ... Du möchtest lieben und eigenständig sein?"
„Ja, ich möchte das selber können – aber ich würde auch gerne in meinem Buch,
ja, nicht nur meine ganz persönlichen Sachen, sondern auch die eher allgemeingülti-
gen Dinge schreiben."
„Was ist mit Deinem Herz?"
„Mit meinem Herz?"
„Ja ..."
„Hm ... ist das jetzt eher das Private?"
Ich sehe sie lächeln ...
„Also gut – was ist mit meinem Herzen? ... ... Es ist da, aber es ist sehr für sich
– es leuchtet nicht so richtig. Es strahlt nicht."
„Und warum nicht?"
„Hm ..."
Ein tiefer Seufzer ...
...
„Es gibt immer wieder mal kurze, innige Treffen, bei denen ich dies Gefühl von ...
ja ... von Richtigkeit habe ... aber die sind dann auch immer bald wieder zuende ..."
„Hmm ... und Du möchtest Beständigkeit?"
„Wär' schon schön, ja."
„Und was meint Dein Herz dazu?"
...
„Hm, das möchte strahlen."
„Hat es was von Beständigkeit gesagt?"
„Nein ... hm ..."
...
„Wozu brauchst Du dann die Beständigkeit?"

...

Mein Herz: „Es ist so beständig, wie es ist."

Venus: „Und es ist so lebendig, wie Du aufrichtig bist."

Ich: „Das heißt, ich soll einfach aufrichtig und lebendig sein und dann sehe ich, wie lange etwas dauert?"

Venus: „Ja ..."

Sie lächelt ...

Ich: „Das ist dann Eigenständigkeit?"

Mein Herz: „Ja ..."

Ich: „Hm ... Das ist dann so'n bißchen wie beim Tanzen, wo man einfach das tanzt, was gerade da ist und wo man nicht unbedingt an das Ende des Tanzes oder an den nächsten Tanz denkt ..."

Venus: „Du willst doch fühlen ...?"

Ich: „Ja."

Venus: „Liebe ist ja ein Gefühl ... Wo sind Gefühle? In welcher Zeit?"

„In der Gegenwart ... hm ... Du meinst, ich sollte einfach das fühlen und aus-drücken, was eben gerade da ist?"

„Ja."

„Woher kommt denn eigentlich dieser Wunsch nach Beständigkeit?"

„Hm – hast Du mal Unbeständigkeit erlebt, wo Du Beständigkeit gebraucht hät-test?"

„Naja, als kleines Kind – da war ich'n Jahr von meinen Eltern weg."

„Und – bist Du jetzt noch ein Kind?"

„Naja, kann man eigentlich nicht sagen, ne? ... ... Hm – ich sehe das Bild, das Du mir beschreibst, ja: im Augenblick zu fühlen. ... Und was ist dann damit, daß mei-ne Liebe zu einem Menschen, ja, eigentlich nicht wieder aufhört?"

„Was ist denn, wenn Du die gerade fühlst?"

„Naja, dann fühle ich die halt ... ich kann nicht unbedingt das tun, was ich dann gern tun würde ..."

„Das heißt, bei Deinem Wunsch nach Beständigkeit geht es eigentlich darum, daß Du tun kannst, was Du tun willst?"

„Hm ... so hab' ich das noch nie betrachtet ... stimmt ... ... hm ... ... Das heißt, es geht eigentlich nicht darum, daß die anderen so beständig sind, wie ich das gerne hätte (Was ja eigentlich schon ein dreister Wunsch ist!) ... sondern darum, daß ich das tue, was ich tun will?"

„Ja."

„Hm ... Ich kann eigentlich fast alles erreichen, was nicht mit anderen Menschen zu tun hat – und Liebe bezieht sich fast immer auf andere Menschen und da will dieser andere Mensch nicht immer genaudasselbe wie ich ..."

„Was sieht denn da sinnvoll aus für Dich?"

„Naja – zeigen, was ich fühle ... tun, was ich bin ... ja ... "

„Brauchst Du dafür die Beständigkeit? "

„Hm ... die Beständigkeit ist ein Wunsch ... das ist eigentlich der Wunsch, tun zu können, was ich will – das heißt, das Beste, was ich tun kann, ist in jedem Augenblick genau das zu tun, was ich in diesem Augenblick tun will ... hm ... Ich hab' das Gefühl, die anderen Planeten werden mir noch mehr dazu sagen ... "

„Ja, das wird so sein. "

„Hm ... Möchtest Du mir noch mehr sagen? "

„Jetzt nicht – vielleicht ein andermal. "

„Danke, Venus! "

„Bitteschön. "

Ich kehre zurück.

„Ho! "

9. d)   Sonne

„Sonne? "

„Ja? "

„Kannst Du mir etwas über Liebe und Eigenständigkeit sagen? "

... ...

„Hm ... bist Du eigenständig? "

„Hm ... puh ... sagen wir so: Die Auswüchse von Sehnsucht und Liebeskummer und ähnlichen Sachen sind alle friedlicher geworden, meine Prägungen sind zum Teil aufgelöst, und zwanghafte Handlungen sind glaube ich auch keine mehr da – insofern bin ich im Laufe der Zeit der Eigenständigkeit immer näher gekommen. "

„Bist Du zufrieden mit Deiner Eigenständigkeit? "

„Hm ... ich glaube ... da fehlt noch was ...wenn ich richtig eigenständig wäre, würde sich mein Leben mehr wie ein Tanz anfühlen. ... Es wäre mehr Weite da. "

„Und wie gehst Du mit Liebe um? "

„Hm ... ich fühle sie und ich zeige sie ... tja, und meistens kriege ich dann irgendwann gesagt, daß es jetzt reicht ... und das war's dann ... hm ... Kannst Du mir da noch etwas Allgemeingültigeres sagen? "

„Da findest Du nur hin, wenn Du bei Dir selber aufrichtig bist. "

„O.k. ... ja, gut ... Wo soll ich gucken? "

... ...

Ein Seufzer ...

...

„Bist Du bereit, jetzt zu lieben? "

...

„Jaa ..."

„Das kommt ein bißchen zögerlich ..."

„Weil ich mich frage, ob ich mit dem Menschen, den ich dann lieben würde, irgendetwas teilen könnte, ob ich mit dem irgendetwas tun könnte ..."

... ...

„Merkst Du, daß Du immer auf das Tun schaust und Dich fragst, was da geht? ... Und was nicht geht?"

„Hm, das ist mir eben bei der Venus auch schon aufgefallen – ist das mein Mars, die drei unteren Chakren?"

„Ja, das ist das, aber eigentlich ist das gerade nicht wichtig, was es ist. Du schaust immer auf das, was Du tun kannst und nicht tun kannst."

„Stimmt ... und ich will was tun und kann nicht ... hm ..."

„Wie wär's, wenn Du Deine Liebe einfach leuchten läßt?"

...

„Das mach' ich meistens ... nicht immer ... aber meistens ... Und nichts tun?"

...

„Tust Du wirklich immer das, was Du tun willst?"

„Naja, ich nehm' immer sehr viel Rücksicht auf alle möglichen Beteiligten und warte bis ich mir recht sicher bin, daß ich niemandem auf die Füße trete."

„Ist das effektiv?"

„Ne ... nicht wirklich ... Willst Du mir damit sagen, ich sollte ein bißchen risikobereiter sein?"

„Wäre förderlich ... risikobereiter – so könnt' man das nennen ... Du könntest auch einfach ein bißchen hemmungsloser im Selbstausdruck sein – und Deinen Selbstausdruck bis in Deine Taten gehen lassen. ... Du handelst so, als ob der andere für Dich existentiell wichtig wäre und als ob Du vermeiden müßtest, irgendetwas zu tun, was den anderen verärgern könnte, weil der dann weggeht."

„Hm – stimmt."

„Und wenn Du Selbstliebe und Liebe klar getrennt hättest und wüßtest 'Du bis Du' und 'Du liebst Dich' und in Dir ist einfach diese Herzchakra-Wärme und Du hast den Wunsch, mit jemand anderem etwas zu tun zu haben – wie sieht es dann aus?"

„Hm ... ich glaube ... dann wäre ich etwas mutiger und forscher ... manchmal bin ich das ja auch ... und eigentlich ... ist das auch immer gut angekommen, wenn's von Herzen kam, also, wenn's wirklich aus dem Augenblick kam, echt und richtig war und nicht irgendwie halb ausgedacht oder aus einer anonymen Sehnsucht heraus ... hm ... hm ... ja ... Danke, Sonne! ... Möchtest Du mir da noch etwas sagen?"

„Nein."

„Oder etwas Allgemeingültigeres?"

„Das wäre dasselbe, was ich Dir gesagt habe: Unterscheide Deine Selbstliebe von

Deiner Liebe. Das ist ganz grundlegend wichtig. Deine Selbstliebe ist immer da, auch wenn Du sie manchmal nicht siehst – sie ist Dein innerer Zusammenhalt. Und Deine Liebe ist wie ein Erkennen von jemand anderem. Und es ist ein Wunsch nach Nähe zu dem anderen, nach Zusammensein mit dem anderen. Aber das ist ein Wunsch, das ist ein Impuls von Dir in die Welt – das bist nicht Du. Und Du hältst diesen Impuls oft für Dich selber. Und das tun auch viele andere. Da ist ein großer Irrtum. Deine Liebe zu anderen Menschen gehört nicht zu Deiner Grundsubstanz, nicht zu Deinem Zentrum. Das sind die Strahlen der Sonne – und die Sonne ist die Seele in Deinem Herzen.

Die Sonne wird nicht davon berührt, ob die Strahlen der Sonne ins weite Weltall strahlen, ob sie irgendwo auf einen Mond oder auf einen Planeten oder auf einen anderen Stern treffen. Die Sonne bleibt die Sonne – unabhängig davon, was mit ihren Strahlen geschieht."

„Hm … … … Heißt das, die Sonnenstrahlen sind der Sonne egal?"

„Nein – sonst würde sie ja nicht strahlen. … Die Strahlen der Sonne sind der Selbstausdruck. In Deinem Wunschbaum und in Deinem Thymuschakra wird die Identität aus Deinem Herzchakra zu Impulsen – im Sonnengeflecht zu Bewegungs-impulsen und im Halschakra zu Gemeinschaftswünschen. Was solltest Du hier in der Welt, wenn Dir das egal wäre?

Nur dieses Erleben, Dich-Ausdrücken, Deine-Vision-verwirklichen – das ist etwas anderes als Du selber. Das ist wichtig zu sehen. Du bist nicht Dein Selbstausdruck. Du bist Du. Dein Selbstausdruck ist Deine Begegnung mit der Welt. Du erlebst die Welt und Du erlebst Dich dadurch, daß Du Dich selber ausdrückst. Wenn Du das nicht tun würdest, würde nichts geschehen."

„Hm … sieht aus wie ein ziemlich grundlegender Fehler, oder?"

„Wenn ihr das nicht unterschiedet, ja. Aber es gibt noch viele andere Fehler – Dominanz ist zum Beispiel einer."

„Hm … möchtest Du noch etwas sagen, Sonne?"

…

„Bleib' bei der Selbstliebe, egal, was Du tust. Achte drauf, daß die Selbstliebe da ist – dann hast Du ein Fundament. Wenn die fehlt, baust Du auf Sand – und das kann sehr unangenehm werden …"

„O.k. … ja … gut … Danke, Sonne!"

„Bitte."

Ich kehre zurück.

„Ho!"

9. e)　Mars

„Mars?"

„Ja?"

„Möchtest Du mir etwas über Liebe und Eigenständigkeit sagen?"

„Hm ... über Liebe und Eigenständigkeit etwas sagen, ohne etwas über Sex zu sagen? Das funktioniert nicht."

„Ja, gut. ... Was kannst Du da denn sagen?"

...

„Selbstausdruck heißt, etwas in der Welt zu wollen. Wollen reicht nicht – erreichen ist besser. Wenn Du Dein Überleben nur willst, aber nicht erreichst, bist Du weg vom Fenster ... Wenn ihr Menschen euch als Menschheit nicht erhaltet, seid ihr weg, dann seid ihr kein Thema mehr in der Welt ..."

„Hm ... hm ... ja ... ja ... noch klarer und direkter kann man das wohl garnicht sagen ... Was hat die Liebe damit zu tun?"

„Die Selbstliebe gibt Dir die Kraft, egoistisch zu sein. Die gibt Dir die Kraft, das zu tun, was Dir als richtig erscheint und als förderlich. Es kann durchaus sein, daß Du etwas für die Gemeinschaft tust, wenn Du das als richtig erkennst, aber diese Selbstliebe, diese Selbstgewißheit, dieses Selbsterleben, das Gespräch mit Deiner Seele – das ist das, was das Fundament ist."

„Hm ... das ist die Eigenständigkeit, nicht wahr?"

„Ja, das ist sie. Man könnte auch sagen, sie entsteht dadurch. Die Eigenständigkeit beinhaltet auch, daß Du Dich selber von Deinem Selbstausdruck unterscheiden kannst – und daß Du den Impuls zum Selbstausdruck auch von Deinem konkreten Handeln unterscheiden kannst."

„Ja, das ist schlüssig, ja. ... Was gibt es da zum Handeln zu sagen?"

„Nun – sei mutig! Sei bereit für Auseinandersetzung, sei bereit für Streit. Und vertrau' drauf, daß die Verhältnisse zwischen Dir und anderen Menschen, die wirklich Substanz haben, daß die nicht durch 'ne kleine Auseinandersetzung, durch ein falsches Wort und ähnliches zerbrechen oder zuendegehen. Die Dinge, die Substanz haben, sind stoßfester ... Und wenn Du nicht zeigst und tust, was Du willst, bist Du für andere stinklangweilig. Und dann kann auch garnicht das entstehen, was Du mit Deinem Tun und Wollen erreichen willst. Und dann kann das, was in Deinem Herzen strahlt, in der Welt nicht Wirklichkeit werden."

„Hm ... so hab' ich das Handeln ja noch nie betrachtet. ... Ich bin konfliktscheu, nicht wahr?"

„Hm, ist vielleicht'n bißchen hart gesagt ... Du hast des öfteren erlebt, daß man Dich platt macht – ziemlich lange und ziemlich gründlich ... das hat Dich vorsichtig gemacht ... ein bißchen schüchtern und ein bißchen zurückhaltend ... mehr als Dir guttut ..."

„Das heißt, es wäre gut, direkter zu werden?"
„Ja."
„Kraftvoller zu werden?"
„Ja."
„Auch in Konkurrenz mit anderen zu treten?"
„Auch das."
...
„Hm ... puh ... Hilfst Du mir dabei?"
„Wenn Du möchtest."
„Ja, möchte ich – aber wenn es geht, mach die Schritte nicht zu groß und zu heftig, damit ich die Gelegenheit hab', das zu verdauen und zu integrieren."
„O.k."
„Gibt es da noch etwas, was Du allgemein sagen kannst?"
„Das Allgemeine, was ich sagen kann, steht schon in Deinem Buch. Es reicht nicht, zu lieben und eigenständig zu sein. ... Du mußt tun!"
...
„Ja ... das war's?"
„Das war's."
„O.k. Danke, Mars!"
„Bitte."
Ich kehre zurück.
„Ho!"

9. f)   Jupiter

„Jupiter?"
...
„Ja?"
„Kannst Du mir etwas zur Liebe und zur Eigenständigkeit sagen?"
...
„Effektivität erfordert Koordination. Koordination braucht die drei oberen Chakren. Also: Wenn Du gelernt hast zu tun wie es der Mars Dir gezeigt hat, dann kannst Du anfangen zu koordinieren – nicht vorher."
Hm ... da wird mein Herz ganz heiß, also das Herzchakra ...
„Ja ... also erst erkennen, was ich will; sagen, was ich will; tun, was ich will ..."
„Mutig sein, konfliktbereit ..."
„Klingt gut ... und dann kann ich sehen, was der andere will, und der andere kann sehen, was ich will, weil ich es zeige."

„Ja, das braucht man als Grundlage – sonst läßt sich nichts koordinieren. Dann kann das effektiv sein. Was willst Du von den Menschen, die Du liebst? Was willst Du mit denen tun? Wenn Du das nicht klar hast, gibt's keine Koordination. Wenn Du einfach nur deren Nähe willst und fertig – kannst Du mal Glück haben, daß der andere das auch will. In der Regel reicht das nicht."

„Hm ... ... ja ... das kann ich sehen ... das Wollen und Tun ist offenbar richtig wichtig. Wieso ist da bei mir so wenig?"

„Du traust Dich erst garnicht, es zu sehen ..."

...

„Und wenn ich's sehe?"

„Dann mußt Du's zeigen."

„Und dann?"

„Ja ... und dann macht der andere mit oder er macht nicht mit – aber Du wirst auf jeden Fall Klarheit haben ... Ohne das zu zeigen, gibt's keine Klarheit."

...

„Hm ... da sehe ich noch'n Aspekt der Eigenständigkeit: Wenn einer so diffus bleibt und einfach immer nur fühlt, dann kann man das jahrelang fühlen, aber man kommt nicht dahin, daß man sieht, das geht oder das geht nicht."

„Ja ... und dann passiert auch nix."

„Ja, stimmt ... Wenn ich klar zeige, was ich will, und weiß, was ich will, dann kann es sein, daß der andere mitmachen will und man macht es gemeinsam, oder der andere sagt: 'Ne, will ich nicht.'"

„Und dann weißt Du auch, daß er das nicht will. Kann sein, daß der oder die andere ganz andere Sachen will."

„Das heißt, diese Klarheit und Direktheit und dies Tun hält das Leben im Fluß."

„Und es gibt die Möglichkeit, ein reiches Leben zu führen, weil Du dann dorthin kommst, wo Menschen dasselbe wollen wie Du."

„Das ist dann primär Ich-bezogen und nicht Du-bezogen, stimmt das?"

„Ja – Du hast da die 'Waage-Krankheit' durch Deinen Waage-Aszendenten. Du schaust mehr auf's 'Du' als auf's 'Ich'."

„Hm ... hm ... und wie sieht das gesund aus?"

„Naja, Du siehst Dich und Du siehst das, was Du willst, und Du schaust, mit wem das geht. Und dabei hast Du viel Fingerspitzengefühl und viel Talent zu kreativer Kooperation (durch meinen Waage-Aszendenten)."

...

„Hm ... ... ja, so sieht Eigenständigkeit noch mal anderes aus ... Ich hab' immer die Liebe drinnen vermutet und die Eigenständigkeit draußen, aber eigentlich ist die Eigenständigkeit ein Aspekt meines Herzchakras und die Liebe sind Gefühle im Sonnengeflecht und im Halschakra – die sind draußen. Die Eigenständigkeit ist drinnen. Da hab' ich wohl was verdreht."

„Du hast es Dir nie genau genug angeguckt."

„Ich bin noch nie auf die Idee gekommen, euch danach zu fragen – euch Planeten."

„Ja ... unterschätz' nicht den Anteil Deines Buches – der Teil, den Du selbst geschrieben und über den Du nachgedacht hast, der ist auch viel wert."

„O.k. ... Danke ..."

Ein dicker Seufzer von mir ...

„Gibt's da noch etwas zu sagen?"

„Schau Dir an, was Du willst im Leben ... Wie willst Du leben? Wenn Du Dir das nicht anschaust, wenn Du nicht hemmungslos wünschst – dann passiert nichts ..."

„O.k. ... hemmungslos wünschen, ja ... das ist auch wieder Sonnengeflecht und Halschakra, nicht wahr?"

„Ja, wenn die nicht durch das hemmungslose Wünschen richtig strahlen, hast Du keine Ausstrahlung. Dann hat Deine Liebe nicht wirklich Kraft."

„Dann finden die anderen mich langweilig, oder?"

„Dann finden die, daß Du ein guter Berater oder Meditationslehrer oder sonst etwas bist – aber dann will Dich keine Frau in ihrem Bett haben ..."

„Hm ... hm ... hm ... das ist auch die Krieger-Haltung, oder?"

„Ja ... damit bist Du viel näher an der Krieger-Haltung als bisher."

„Ja, so wie ihr Planeten mir das jetzt gerade erklärt, hab' ich die Krieger-Haltung auch noch nie gesehen. ... Danke."

„Bitteschön."

„Gibt's noch etwas?"

„Setzt das erst mal um, dann können wir uns irgendwann nochmal Feinheiten anschauen."

„O.k. ... Danke sehr!"

„Bitteschön."

Ich kehre zurück.

„Ho!"

9. g)   Saturn

„Saturn?"

„Ja?"

„Kannst Du mir auch noch etwas zur Liebe und zur Eigenständigkeit sagen?"

„Ja."

„Hm ... und was ist das?"

„Dein Leben ist begrenzt."

„Ja ...?"

„*Das heißt, es ist begrenzt, was Du erleben kannst.*"

„*Hm ... ja ...*"

„*Also prüfe genau, was Du erleben willst.*"

„*Hm ... ja ...*"

„*Und prüfe es ruhig mehrmals. ... Lerne Ja-sagen und lerne Nein-sagen. Lerne Dir selber treu zu sein – wie immer das auch aussehen mag.*"

... ...

„*Ich hätte jetzt erwartet, von Dir etwas zur Beständigkeit zu hören ...*"

„*Ja, sag' ich doch: Du mußt Dich erkennen und Dir dann treu sein – das ist die Beständigkeit. Die Beständigkeit liegt in Dir als Schöpfer Deines Lebens und nicht um Dich herum in dem, was Du erschaffst, in Deiner Schöpfung.*"

„*Hm ... o.k. ... Das habe ich nicht wirklich klar auseinandergehalten.*"

... ...

Ein sehr tiefer Seufzer ...

...

„*Hm ... gibt es da noch etwas?*"

„*Es gibt noch viel. Aber das ist das, was wichtig ist für Dich und für Dein Buch.*"

„*Danke, Saturn!*"

„*Bitte.*"

Ich kehre zurück.

„*Ho!*"

9. h) Uranus

„*Uranus?*"

„*Ja?*"

„*Möchtest Du auch etwas zur Liebe und zur Beständigkeit sagen?*"

Er lacht.

„*Na klar! Du kannst planen so wie der Saturn das sagt – das ist auch gut so, denn sonst bist Du nicht wirklich da im Leben. Sonst spielt das Leben ohne Dich und Du bist nur 'ne Spielfigur, die ein anderer zieht. Aber komm' bloß nicht auf die Idee, daß Du alles weißt über Dich, daß Du alles weißt über die Welt, daß Du alles weißt, was Du willst! Die Welt ist so groß und so vielfältig und so bunt und es gibt so viele Möglichkeiten – sei bereit für Überraschungen!*"

„*O.k. ... Was bedeutet das für die Liebe und was bedeutet das für die Eigenständigkeit?*"

„*Es kann Dir immer passieren, daß Du Dich in jemanden verliebst, daß Du jemanden liebst ... und es wäre sehr unweise zu glauben, daß das, was Du schon erlebt*

98

*hast, egal wie intensiv und innig und bereichernd es gewesen ist, schon das Größt-
mögliche gewesen ist, was Du erleben kannst. Es gibt immer neue Tore, die Du öffnen
kannst."*

...

„Das fällt meiner Krebs-Venus nicht leicht zu hören ..."

Uranus: „Und, liebe Krebs-Venus – kannst Du sehen, daß es stimmt?"

Krebs-Venus: „Ja, schon ... ja ..."

*Uranus: „Dein Problem ist, daß Du die Schöpfung für das Beständige hältst. Du
willst auf krebsige Weise eine Familie, eine Sicherheit, eine Geborgenheit, ein Innen
und einen Schutz vor der Welt – das ist aber Teil Deiner Lebens-Schöpfung. Diese
Qualitäten sind letztlich in Dir, in dem Strahlen Deines Herzens, in der Liebe Deines
Herzens, in der Wärme in Deinem Herzen, in Deiner Seele."*

Krebs-Venus: „Und was soll ich im Außen denn tun?"

*Uranus: „Nun, Strebe nach Innigkeit, Geborgenheit, nach Kuscheln, nach Wärme,
nach Zusammengehörigkeit, nach allem, was Du suchst – aber vergiß nicht: Du bist
etwas am erschaffen! Das bist nicht Du. Das ist Deine Schöpfung. Unterscheide
das!"*

*Ich: „O.k. ... hm ... Jetzt hast Du viel zur Liebe gesagt – wie ist das mit der
Eigenständigkeit?"*

Uranus: „Nun – glaubst Du, Du hast Dich schon ganz erkannt?"

*„Naja, manchmal neige ich dazu, das zu denken, vor allem, wenn ich gerade ein
größeres 'Aha' hatte, aber wenn ich sehe, wie oft ich schon wieder etwas neu begrif-
fen habe, was ich eigentlich bin oder wie mein Horoskop zu verstehen ist oder welche
Handlungsmöglichkeiten ich habe oder wer ich eigentlich selber bin, wie ich mich
noch verwandeln kann, dann kann ich eigentlich nicht sagen, daß ich schon vollständig wüßte, wer ich bin."*

„Ja ... und da setzt der Uranus an: Ab und zu mal was Neues!"

...

„Hm ... das Neue ist Erweiterung, nicht wahr?"

*„In Deinem Fall schon – bei anderen sieht das anders aus. Da gibt's wieder viele
Möglichkeiten."*

„O.k. ... Das ist mir geläufig ... Möchtest Du noch etwas sagen?"

Er lacht ...

„Freu' Dich auf die Überraschungen, die ich Dir noch bereiten werde!"

„Hm ... o.k. ... das sind Überraschungen ... die mir Freude bereiten?"

*„Ja. ... Sei bereit, sie anzunehmen. ... Und wünsch' Dir nichts weniger als den
Himmel auf Erden! ... Sonst wird da nichts draus ..."*

„Wodraus?"

Er lacht ...

„Aus Deinem Strahlen ... Du erklärst das doch auch den anderen: hemmungslos

wünschen! ... Das ist der Schlüssel: Hemmungslos wünschen und zugleich wissen, daß es Deine Schöpfung ist und nicht Du. Dann strahlst Du mit aller Kraft, erschaffst das Größtmögliche und bist unabhängig von Deiner Schöpfung."

„Hm ... das ist dann Eigenständigkeit und ... gleichzeitig Liebe zu meiner Schöpfung ..."

„Ja ... und zu den anderen Menschen ..."

„Ja, klar."

Jetzt lache auch ich vor Freude still vor mich hin ...

„Danke, Uranus!"

„Bitteschön!"

9. i)   Neptun

„Neptun?"

„Ja?"

„Möchtest Du auch etwas zu Liebe und Eigenständigkeit sagen?"

„Hm ... Du suchst die möglichst innige Verbindung, nicht wahr?"

„Naja, Waage-Aszendent und ein Neptun in der Waage im ersten Haus und da hängt da noch an dem Neptun gradgenau der Pluto mit einem Sextil dran ... ja ... das suche ich ... hm ... Und? ..."

Er lacht leise und freundlich-schmunzelnd ... und wartet, daß ich etwas sage ...

„Naja ... ich habe auch schon etwas davon gefunden, aber irgendwie ist es nicht für immer ..."

„Tja, da unterscheidest Du wieder nicht zwischen Dir und Deiner Schöpfung, zwischen Dir und Deinem Leben, zwischen Deiner Seele und Dir als Harry, der hier inkarniert ist."

...

Ein Seufzer ...

...

„Was willst Du mir damit sagen?"

„Naja, Du denkst oft, daß Du nicht erreichen kannst, was Du erreichen willst, aber Dein Problem ist eigentlich, daß Du immer die Beständigkeit suchst und nicht die Wahrheit oder die Intensität oder das, was jetzt gerade wichtig ist."

...

„Ja, ich gebe zu, daß ich das noch nicht so richtig klar unterschieden habe in meinem Leben."

...

„Schaff' Dir Weite ... gib' allem Platz ... gib' allem Platz, was in Dir ist ... Du hast

doch auch schon öfter gesagt, Du bist treu in der Beständigkeit zu jemandem, aber Du bist nicht treu in der Ausschließlichkeit. Läßt sich das noch etwas genauer formulieren?"

...

„Hm ... ich will mit jedem Menschen genau das leben, was da richtig ist. Und das geht, wenn ich mich in jeder Begegnung mit all meiner Kraft und Innigkeit hemmungslos zeige ... und wenn ich dabei wirklich dies klare Gespür für die Richtigkeit habe, also Richtigkeit in dem Sinne, daß ich nichts dazutue, was eigentlich nicht da ist, und daß ich nichts weglasse, was eigentlich da ist, und nichts verdrehe."

„Nun, das klingt doch schon ganz gut ..."

„Hm ... ist es das, was Du mir zeigen wolltest, Neptun?"

„Da gibt es noch was Allgemeines. ... Lauscht in euch, geht in euer Traumbewußtsein durch Traumreisen oder Meditationen oder durch Gespräche mit den Planeten in eurem Horoskop oder durch was auch immer ... aber bleibt nicht dabei stehen, geht weiter ... sprecht mit den Planeten an sich – so wie Du das jetzt tust ... sprecht mit den Göttern ... sprecht mit den Urbildern ... das gibt euch weit mehr Klarheit, weit mehr Erdung und letztlich Weisheit. Dann wird es für euch einfach, euch selber und das Leben zu verstehen ... und auch die ganzen Möglichkeiten zu sehen, die ihr habt ... und die ihr kaum nutzt ..."

„Hm ... gibt es da etwas, was Dir besonders wichtig erscheint?"

„Tut es einfach – dann findet ihr das, was ihr das 'kollektive Unterbewußtsein' nennt. ... Das ist der erste Schritt – dann erkennt ihr, daß ihr verbunden seid, daß ihr eine große, gemeinsame Psyche habt, die noch hinter und unter eurer eigenen Psyche steht. Ihr habt als Menschen so etwas (eine gemeinsame Psyche) ... und auch die ganze Erde hat so etwas ... Da drin könnt ihr wie Lebewesen die Gottheiten finden ... und die sind noch mehr als nur eure kollektive Erinnerung ... die sind wie Kristallisationspunkte ... die sind wie Stellen, an denen sich die Weisheit sammelt ... und sie sind noch weit mehr ... Aber übt das einfach ... und geht auf Entdeckungsreise ..."

„Danke, Neptun! ... Ja, diese Reisen zu den Göttern, die haben mich schon sehr bereichert! ... Danke."

„Bitteschön."

Ich kehre zurück.

„Ho!"

9. j) Pluto

„Pluto?"

„Ja?"

„Möchtest Du mir auch noch etwas über Liebe und Eigenständigkeit sagen?"

...

„Sei!"

...

„Sei? Ich soll sein?"
„Ja. ... Sei!"

...

„Ehm ... was heißt das?"

„Nun, oft denkst Du nach, bereitest etwas vor, planst etwas, organisierst etwas, aber Du lebst nicht richtig, Du erlebst nicht. Organisieren und Planen und Denken – das ist gut, das ist sehr nützlich ... aber wenn Du damit 95% Deiner Zeit füllst, dann ist da was falsch."

„Wieviel Zeit sollte das denn haben?"

„Naja, 10-20% sieht o.k. aus ... aber 5% leben und 95% Leben vorbereiten ... nicht sehr effektiv ..."

„Ehm ... was heißt 'leben'?"

„Das tun, was Du tun willst. ... Eine Frau, die Du liebst, küssen. ... Schwimmen gehen, Dich mit Freunden treffen, Musik spielen, einfach am Bach sitzen und dem Plätschern zuhören ... was auch immer ... Himbeereis essen gehen ... das tun, wonach es Dich verlangt ..."

„Sind das jetzt die unteren drei Chakren?"

„Alle sieben ... sonst hat das keinen Wert ..."

...

„Hm ... ... und wenn ich lebe – in jedem Augenblick einsgerichtet sein?"

„Dann ist es am effektivsten. Dann erlebst Du wirklich das, was Du gerade erlebst. Und dafür hast Du einen Körper. Durch den Körper bist Du in der Welt, durch den Körper kannst Du Dinge tun, durch den Körper kannst Du Dinge erleben – und das solltest Du Dir so aufregend, anregend, interessant, unterhaltsam, erotisch, bereichernd, schmackhaft, genußvoll wie möglich gestalten."

...

„Hm ... ... das erinnert mich an die Hedonisten bei den Griechen: ... 'Wahr ist das, was Du von Herzen genießen kannst.' ..."

„Ja ... darum geht's ... und darum, daß Du Dein Leben genau so gestaltest, daß das da ist ..."

„O.k., Pluto ... das ist dann so richtig eigenständig, nicht wahr?"
„Ja."

„Das ist auch voller Liebe, weil ich ja immer genau dahin gehe, zu dem gehe, was ich am meisten genießen kann – und das liebe ich dann auch ..."

„Ja, so einfach ist das ..."

„Hm ... Danke, Pluto! ... Gibt es da noch etwas?"

„Nö ... Tu was – dann merkst Du, was wesentlich ist."
„O.k., Danke."
„Bitteschön."
Ich kehre zurück.
„Ho!"

9. k)   Die neunte Skizzierung des heilen Zustandes

Die Planeten beschreiben ein recht einheitliches und schlüssiges Bild des heilen Zustandes:

Die Grundlage ist die Geborgenheit in der Herkunftsfamilie, die dem Kind Rückhalt und somit letztlich auch Eigenständigkeit (durch Sicherheit) und die Fähigkeit zu lieben (durch das Angenommenwerden) gibt.

Man sollte auf den Fluß der Lebenskraft achten, den man u.a. an den eigenen Gewohnheiten erkennen kann. Dadurch kann man sich selber erkennen.

Durch die Liebe sieht man sich selber und die anderen. Sex sichert das Überleben – Liebe macht das Zusammenleben deutlich effektiver und angenehmer.

Sich selber klar anschauen, sich verstehen, das dann aussprechen, dem anderen zuhören und den anderen verstehen macht das Zusammensein ebenfalls deutlich effektiver und schützt vor Energievergeudung.

Es ist förderlich, stets aufrichtig zu sein und nicht primär nach Beständigkeit zu streben, sondern nach Lebendigkeit. Die Beständigkeit ist der Wunsch stets tun (und haben) zu können was man will – man sollte sich jedoch nicht auf diesen Allmachts-Wunsch konzentrieren, sondern auf die eigenen konkreten Wünsche.

Die Beständigkeit liegt in dem Schöpfer, nicht in der Schöpfung. Man sollte daher sich selber treu sein und stets das Wahre, Intensive und Richtige suchen und nicht die Beständigkeit.

Koordination mit den anderen macht das eigene Streben und Handeln effektiver. Dabei sollte man jedoch stets den eigenen Wünschen treu bleiben – dann trifft man die Menschen, die dasselbe wollen, sodaß man gemeinsam die übereinstimmenden Ziele erreichen kann. Die Menschen mit anderen Zielen treten in den Hintergrund oder gehen aus dem eigenen Leben fort.

Es ist notwendig, die Selbstliebe (der Seele) von der Liebe (in der Psyche) zu unterscheiden. Die Selbstliebe ist die Wärme der Identität, die alle Teile der Psyche zusammenhält. Die Liebe zu einem anderen ist ein Wunsch und daher Teil des eigenen Selbstausdrucks.

Man sollte seine Liebe einfach leuchten lassen und hemmungslos im eigenen Selbstausdruck sein. Dazu gehört ein gewisses Maß an Risikobereitschaft – man ist vollkommen aufrichtig. Dabei hilft es, zu erkennen, daß kein Mensch für das eigene Leben existentiell wichtig ist.

Es ist förderlich, immer mit aller Kraft das Erreichen dessen anzustreben, was man will, aber stets unabhängig vom Erreichen dieses Zieles zu bleiben – auch wenn das Erreichen oder Nicht-Erreichen über den Verlauf des weiteren Lebens entscheidet.

Sei bereit für Streit.

Nur das hemmungslose Wünsche gibt dem eigenen Selbstausdruck und somit auch der eigenen Liebe Kraft. Das ist die Krieger-Haltung.

Das Leben ist begrenzt – konzentriere Dich daher auf das Wesentliche, auf das, was Du am meisten genießen kannst. Um so leben zu können, muß Du „Ja" und „Nein" sagen können.

Das Leben ist jedoch nicht nur Planung – es gibt stets vieles, was man noch nicht kennt – das Leben ist voller Überraschungen. Schaffe Dir Weite und Raum um Dich her, damit alles geschehen kann.

Selbstliebe ermöglicht den Egoismus – das ist dann die Eigenständigkeit.

Die Eigenständigkeit macht einen Menschen zum Subjekt – statt zum Objekt der anderen.

Die Eigenständigkeit ist drinnen – sie ist der Same. Die Liebe ist draußen – sie ist die Pflanze.

Man sollte zudem über die Traumreisen o.ä. in das kollektive Unterbewußtsein gehen und die Götter in das eigene Leben miteinbeziehen, denn sie zeigen den heilen Zustand.

Lebe! Und verwende nur so viel Zeit, wie unbedingt nötig darauf, Dein Leben vorzubereiten. Sei einsgerichtet! Sei in Deinem eigenen Körper präsent!

9. l) Heilungsansätze

Im Grunde kann man jede der Aussagen der zehn Planeten auswählen und in Ruhe über sie nachdenken und über die betreffende Qualität meditieren, damit sie deutlicher wird und sich im eigenen Leben verankert.

Am wichtigsten ist vermutlich die Unterscheidung von Selbstliebe und Liebe zu anderen Menschen, da die Eigenständigkeit auf dieser Unterscheidung beruht.

Sie können auch einen der Planeten auswählen und selber einmal eine Traumreise zu ihm unternehmen und ihm die Fragen stellen, die für Sie wirklich wichtig sind.

Traumreisen sind nichts Exotisches oder Besonderes – sie sind lediglich derzeit nicht in unsere Kultur integriert.

10. Prägungen und ihre Auflösung

Die eigenen Erlebnisse und die Ereignisse im Leben von anderen Menschen zeigen, daß Menschen dazu neigen, dieselben Dinge mehrfach zu erleben.

10. a) Prägungen

Aus der Psychologie ist der „Wiederholungszwang" gut bekannt – manche Menschen haben immer wieder dieselben Erlebnisse und haben immer wieder mit demselben Menschentyp eher leidvolle Beziehungen.

Diese Wiederholungen lassen sich damit erklären, daß die Betreffenden noch immer in demselben Beziehungs-Mandala leben und noch nicht viel an ihren beiden polarisierten Frauenbildern und an ihren beiden polarisierten Männerbildern geändert haben.

Eine andere Erklärung ist das Horoskop, das ja bestimmte Verhaltensmuster beschreibt. Ein Horoskop sagt nichts über das Niveau aus, auf dem man seine Planeten-Konstellationen lebt, aber solange man sein Niveau nicht verändert, bleiben auch die astrologisch beschreibbaren Ereignisse dieselben.

Es gibt jedoch auch Prägungen, die deutlich über ein Bild im Beziehungs-Mandala oder über die Entsprechungen zu einer Planeten-Konstellation im Horoskop hinausgehen. So habe ich mehrmals nacheinander eine Britta kennengelernt, die zu meiner besten Freundin geworden ist und jedesmal hatte sie einen Markus als Freund bzw. Mann. Mehrere Frauen, mit denen ich nacheinander zusammen gewesen bin, haben fast denselben Namen gehabt. Und meine Frau trug denselben Namen wie meine Schwester.

In diesen Fällen wiederholt sich keine Struktur wie sie das Beziehungs-Mandala, das Horoskop oder die Psychologie beschreibt, sondern ganz konkrete Namen.

Dasselbe gibt es auch mit ganz markanten Verhaltensweisen, die sich jedoch auch durch das Horoskop als allgemeine Struktur beschreiben lassen. So habe ich es oft erlebt, daß Frauen, mit denen ich eine Beziehung gehabt habe, sich ganz plötzlich von mir verabschiedet haben (eine Trennung hat nur knapp 30 Sekunden gedauert) oder einfach ohne ein Wort zu sagen plötzlich fort waren.

Ein anderes Beispiel für diese Art von Prägungen ist der Gruß „wir sehen uns", nach dem ich (weil ich dazu neige, alles wortwörtlich zu nehmen) den betreffenden Menschen dauernd getroffen habe. Als das der Betreffenden das dann lästig wurde und sie es mir gesagt hat, haben diese „zufälligen" Treffen auch sofort geendet. Das ist mir schon mehrmals passiert.

Einige der angeführten Prägungen sind offenbar deutlich mehr als die Wiederholung von Strukturen, sondern eher so etwas wie „Bilder in der Lebenskraft", die sich solange als Ereignisse immer wieder erneut „erden", wie sie weiterbestehen. Diese Prägungen (ob nur strukturell oder konkret) sind offensichtlich etwas, was auch Beziehungen und somit ebenso die Liebe und die Eigenständigkeit beeinflussen – solange sie bestehen, wird ein freies und uneingeschränktes und unbehindertes Leben der eigenen Liebe ausgesprochen schwierig sein.

10. b) Auflösungen

Um eine solche Prägung aufzulösen, muß man zunächst ihre Wurzel erkennen oder zumindestens mit den Gefühlen an ihrer Wurzel in Kontakt kommen. Als nächstes müssen sich diese Gefühle zeigen und verwandeln können. Wenn dies geschehen ist, ist der Druck aus dem Bild, das man ständig wiederholt, entwichen – dann ist dieses Bild nur noch eine Erinnerung, aber kein innerer Antrieb mehr.

Solch eine Heilung kann eher dramatisch, aber genausogut auch still und leise vor sich gehen. Vermutlich ist hier ein Beispiel am anschaulichsten:

Ich habe mit 3 Jahren in einem Streit mit meiner Schwester und meiner Mutter aufgegeben, mich jemals zu wehren, und habe mich allen anderen stets untergeordnet. Das haben die anderen natürlich gespürt, sodaß ich elf Jahre lang der Prügelknabe der ganzen Schule gewesen und jede Woche mehrmals verprügelt worden bin. Danach hat sich das dann in „psychische Prügel" umgewandelt – eine Freundin hat mal wütend zu mir gesagt: „Wenn Du schon nichts anderes als ein Sklave sein kannst, dann sei wenigstens ein guter Sklave!" Mit dieser Grundlage wird das eigene Leben in weiten Teile nicht allzu erfreulich …

Schließlich hat das Schicksal es mit vielen geradezu absurden Wendungen so gefügt, daß ich gemeinsam mit einem Mann in einer GbR gewesen und ein Unternehmen geführt habe, der mich regelmäßig derart fertig gemacht hat, daß ich physisch umgefallen bin und nichts mehr gesagt habe. Nach zehn Jahren ist dann diese „Folter" endlich so schmerzhaft geworden, daß bei mir der Knoten des alten „mich nicht wehren"-Musters geplatzt ist und ich im Laufe eines Monats ein Dutzend Wutanfälle bekommen habe und ihn angebrüllt habe.

Anfangs habe ich mich wie Surfer auf einer Riesenwoge gefühlt, der das erste mal auf einem Surfbrett steht, aber die Wut wurde bei jedem Wutanfall etwas ruhiger und wurde mehr zu Kraft, sodaß ich bei unserem letzten Streit völlig gelassen und souverän getan habe, was ich wollte, und mich selbst durch seinen physischen Angriff vor den Kunden in unserem Laden und seinem lautstarken Gebrüll, mich von der Polizei abführen zu lassen, nicht im Geringsten aus der Ruhe habe bringen lassen.

Seitdem gibt es in meinem Leben keine Menschen mehr, die mich physisch oder psychisch verprügeln …

10. c) Die zehnte Skizzierung des heilen Zustandes

Der Weg zu dem heilen Zustand ist für jeden Menschen verschieden. Er läßt sich hier daher nur andeuten, aber nicht im Detail beschreiben.

Generell kann man sagen, daß der heile Zustand u.a. darin besteht, daß man alle Prägungen, die das eigene Leben behindern, aufgelöst hat. Nicht alle Prägungen sind schlecht: Man kann z.B. jegliche handwerklichen Fähigkeiten als „freiwillige Prägungen" auffassen – man weiß, wie man einen Ring sägen, schweißen, feilen, schmirgeln und polieren muß, damit er so aussieht, wie man ihn haben will.

Erst wenn die eigenen ungewollten und Leid-verursachenden Prägungen aufgelöst sind, kann man sich selber treu sein und wirklich strahlen.

10. d) Heilungsansätze

Wenn Sie wollen, können Sie die Heilung für eine Ihrer Prägungen in Ihr Leben einladen. Wie diese Heilung dann aussehen wird, läßt sich jedoch nicht vorhersehen ...

Die Medizinmänner der Yaqui-Indianer in Mexiko sagen, daß man zur Heilung drei Menschen braucht: einen Lehrer, der einem sagt, was man machen muß; einen Ratgeber, an den man sich wenden kann, wenn man über die Anweisungen des Lehrers verzweifelt; und einen Peiniger (der in der Regel nichts von seiner Rolle weiß), der erbarmungslos in die eigenen Wunden sticht.

Es gibt natürlich auch andere Formen der Heilung, da die Welt eine unüberschaubare Vielfalt an Möglichkeiten enthält – manche Yogis, Heilige, Sufis, Schamanen usw. haben auch Kranke durch ein Wunder geheilt. Man kann also auch ein Wunder in das eigene Leben einladen ...

11. Traumreisen zu den Göttern

Bei den Traumreisen zu den zehn Planeten gab es die Möglichkeit, systematisch vorzugehen – eben vom Mond (kürzeste Umlaufzeit) bis hin zum Pluto (längste Umlaufzeit). Sie bilden ein in sich logisches System mit einer festen Reihenfolge.

Bei den Göttern gibt es kein solches System, weshalb die Auswahl ein wenig schwierig ist. Welche Gottheit ist für dieses Thema wichtig? Welche Gottheit kann mir welche Aspekte näherbringen? Sollten es Gottheiten aus möglichst vielen verschiedenen Kulturen sein oder eher möglichst verschiedene Gottheiten?

Zudem gibt es kaum eine Gottheit, die nicht entweder mit der Liebe oder mit der Eigenständigkeit zu tun …

11. a) Aphrodite

Aphrodite ist eine griechische Liebesgöttin. Sie ist ursprünglich eine mesopotamische Muttergöttin gewesen und hat wie z.B. auch Astarte und Isis ihren Ursprung in der früh-jungsteinzeitlichen Göttin aus den Tempeln von Göbekli Tepe.

„Aphrodite?"

„Ja?"

„Ich würde gerne die Liebe und die Eigenständigkeit besser verstehen."

„Du möchtest das Leben genießen?"

„Hm ... so könnte man's auch sagen."

„Dann gehe vor allem raus und genieße – und denk' nicht so viel nach."

„Ehm ... und wenn das mit dem Genießen so oft schiefgeht? ... Was wäre dann sinnvoll zu tun?"

„Tanzen. ... Es geht schief, wenn Du's festhalten willst, und es geht gut, wenn Du es fließen läßt."

„Hm ... ... ehm ... ... ja ... klingt ... ziemlich überzeugend ... warum halte ich fest oder ... ja, warum machen das so viele Menschen?"

„Sie suchen die Sicherheit – sie suchen die Sicherheit und die Beständigkeit draußen. Dabei ist sie nur drinnen."

„Hm – so einfach?"

„So einfach ... Du hast das doch auch schon mit Anfang Zwanzig irgendwann mal gesagt: Die Beständigkeit findest Du nur, wenn Du nach innen schaust, zu Gott hin – wenn Du nach außen auf die Welt blickst, siehst Du Wandel. Das sind die beiden ganz schlichten Pole. Wenn Du zur Quelle des Bewußtseins gehst, findest Du Beständigkeit

109

– und wenn Du in die Vielfalt der Welt hinausgehst, dann findest Du Wandel."

„Hm ... die Liebe, ja ... die zieht einen ja zu dem Menschen hin, den man liebt ... "

„Ja, sonst hätte Dein Tanz keine Richtung."

„Hm ... heißt das, Liebe ist im Grunde die Orientierung bei meinem Tanz?"

„So kann man das sagen. ... Deine Liebe zeigt Dir, welche Schritte Du machen möchtest."

...

„Hm ... das klingt so, als sei es wichtig, diese Schritte machen zu wollen und zu dem geliebten Menschen hinkommen zu wollen, aber gleichzeitig unabhängig davon zu sein, ob man das erreicht oder nicht."

„Du hast halt zwei Seiten: Dein Innen – da kannst Du die Beständigkeit finden; und Dein Außen – da wirst Du den Wandel finden. Und beides ist natürlich miteinander verbunden – und das macht es unterhaltsam ...

„Hm ... Ist das: 'Da, wo Gegensätze aufeinandertreffen, passiert viel.'?"

„Ja ... und den größten Gegensatz, den ihr in eurem Leben habt, ist euer Innen und euer Außen."

„Hm ... ... Das ist jetzt so schlicht und überzeugend, das macht mich ein bißchen platt ... also ... ich weiß da garnichts mehr zu fragen ... innen ruhen, außen den Fluß akzeptieren, mit aller Kraft wollen, aber nicht am Ergebnis hängen – kann man das so sagen?"

„Ja – so geht Tanz."

... ...

„Hm ... möchtest Du mir noch etwas sagen?"

„Möchtest Du noch etwas fragen?"

„Also, im Moment fällt mir nichts mehr ein, aber ich dachte, vielleicht gibt es etwas, was Du siehst, wozu mir nicht einmal die Frage einfällt."

...

„Sei freundlich zu Dir – und zwar nicht zu Dir, wie Du denkst, daß Du sein müßtest, sondern zu Dir, so wie Du bist ... und laß das Leben fließen."

„O.k. ... Danke, Aphrodite!"

„Bitte."

Sie lächelt.

Ich kehre zurück.

„Ho!"

11. b) Hera

Hera ist die griechische Muttergöttin. In den älteren Texten ist sie noch nicht die eifersüchtige Gattin des Zeus wie in den neueren Texten.

„Hera?"

„Was möchtest Du?"

„Ich möchte gerne mehr über die Liebe und die Eigenständigkeit erfahren. Gibt es da etwas, das Du mir sagen oder zeigen kannst?"

... ...

Ich sehe Hera in einem großen Raum mit Marmorsäulen ... also, das ist kein Tempel, das ist so ein Mittelding zwischen Wohnraum und Tempel und Empfangssaal oder Thronsaal – das ist ja bei einer Gottheit alles ungefähr dasselbe.

Sie sitzt auf einem Thron ... trägt einen langen Rock aus weißem Stoff, kein Oberteil ... sie ... sie strahlt eine sehr große Freundlichkeit aus ... sie hat irgendwie alle Alter gleichzeitig ... mal fühlt sie sich an wie ein Mädchen, dann wie 'ne Jugendliche, dann wie eine Frau, eine Mutter, gleichzeitig auch ganz alt ...

„Was möchtest Du mir zeigen, Hera?"

„Mich."

„Dich? ... Wenn ich Dich sehe, kann ich besser verstehen, wie das mit der Liebe und der Eigenständigkeit ist?"

„Versuch's ..."

... ...

... ...

... ...

Es zieht mich zu ihr ... so wie ein kleines Kind zu seiner Mutter gezogen wird ...

„Darf ich zu Dir kommen?"

Sie lächelt ...

Sie streckt mir die Hände entgegen ... ich geh' zu ihr ... ich werde ein kleines Kind ... sie hebt mich auf ihren Schoß ... ich sitze da so seitwärts und ... lehne mich an sie ... den Kopf zwischen ihren Brüsten ... ich, ja ... die Anstrengung fällt weg ... da ist Geborgenheit ...

... ...

... ...

... ...

Am andern Ende des Raumes gehen andere Götter vorbei ... ich habe Zeus und Apollo gesehen ... sie lächeln zu uns rüber ... und gehen dann weiter ...

... ...

Ein entspannender Seufzer ...

... ...

... ...

... ...

„Das ist das, was Dir fehlt ... "

„Ja ... ja, das stimmt ... "

... ...

... ...

... ...

Noch ein entspannender Seufzer ...

... ...

... ...

... ...

Ich sitze da einfach auf ihrem Schoß und werde von ihr gehalten ... und es ist gut so
... ...

„Kann ich das mitnehmen, Hera? "

„Wo Du auch bist – ich bin auch da. "

Ich muß leise vor mich hin lachen ...

„Danke! ... ... Danke, Hera! "

Sie streicht mir über die Haare ...

... ...

Noch ein entspannender Seufzer ...

... ...

... ...

... ...

Ich kehre zurück und gleichzeitig bleibe ich da ... das fühlt sich richtig an, das so
zu machen ...

„Ho! "

11. c)   Zeus

Zeus ist der griechische Göttervater. Er entspricht dem germanischen Tyr, dem kel-
tischen Dagda, dem indischen Dhyaus usw. Alle diese Göttervater sind ursprünglich
der indogermanische Sonnengott-Göttervater Dhyaus gewesen.

„Zeus? "

„Ja? "

Er hat eine kräftige Stimme ...

„Ich würde gerne mehr über Liebe und Eigenständigkeit lernen. "

„Da hast Du Dir aber was vorgenommen ... "

„Wieso?"

„Das ist nicht gerade das, was den Menschen am leichtesten fällt."

„Und den Göttern?"

„Da ist es etwas anderes, aber einfach ist es auch für die nicht. ... Es ist anders, weil wir ewig leben."

(Das scheint sich auf die griechische Mythologie zu beziehen, in denen die Götter ziemlich menschlich dargestellt werden.)

...

„Was kannst Du mir dazu denn sagen?"

...

„Mache die Liebe nicht zu Deinem roten Faden, sondern Dich selber. ... Schau, was Du leben willst, und dann schau, mit wem das am besten geht."

„Hm ... also: 'Erst Eigenständigkeit, dann Liebe.'?"

„So könnte man das sagen. ... Man könnte auch sagen: 'Erst Strahlen, dann Nähe.'"

... ...

„Hm ... gibt es da noch etwas, was Du dazu sagen möchtest?"

„Nein. Das ist das Wesentliche daran."

„Danke, Zeus!"

„Bitteschön."

Ich kehre zurück.

„Ho!"

11. d) Ares

Ares ist der griechische Kriegsgott – er ist aus der Verselbständigung des Schwertgott-Aspektes des Göttervaters bei den West-Indogermanen entstanden. Er hieß ursprünglich „Mares" – daraus ist dann durch das Weglassen von jeweils einem Buchstaben bei den Griechen „Ares" (ohne das „M" am Anfang) und bei den Römern „Mars" (ohne das „e" am Ende) entstanden.

„Ares?"

„Ja?"

„Magst Du mir etwas über Liebe und Eigenständigkeit sagen?"

„Das fragst Du mich, den Krieger?"

„Ehm ... ja ...?"

„Du bist kein Krieger."

„Hm ... und wie handelt ein Krieger?"

„Er liebt sich selber. Und dann schaut er, was ihm die größte Freude, den größten Spaß, die größte Lust, das größte Glück bereitet. Das strebt er an mit all seiner Kraft. Das ist das, was ein Krieger macht. Und er läßt sich durch Hindernisse nicht einschüchtern, sondern kämpft. Und wenn andere dasselbe wollen, kämpft er noch mehr."

...

„Hm ... das klingt als wäre die Liebe eine Blüte am Baum des Egoismus."

„Was sollte sie sonst sein? Deine Selbstliebe ist der Same dieses Baumes. Die Liebe zu anderen Menschen – das sind Blüten an diesem Baum."

„Und der Baum?"

„Das ist Dein Selbstausdruck – Dein Kampf, Dein Streben, Dein Strahlen, Dein Tun."

„Hm ... kann das im Prinzip jeder?"

„Ja, klar."

„Aber es sieht bei jedem wieder ziemlich anders aus?"

„Ja, das auch."

... ...

„Und es kann jeder auf seine Art glücklich werden?"

„Ja."

„Hm ... ... gibt es da noch etwas, was Du dazu sagen kannst und möchtest?"

...

„Die Liebe muß geerdet werden – und das macht die Lust. Deshalb achte auf die Lust."

„Hm ... ja ... Was passiert, wenn die Liebe nicht geerdet wird?"

„Dann verwelkt die Blüte irgendwann. ... Oder sie bleibt immer Blüte und wird nie zur Frucht."

„Hm ... ... Danke, Ares!"

„Bitte."

Ich kehre zurück.

„Ho!"

11. e) Freya

Sie ist die germanische Muttergöttin. Sie entspricht u.a. der griechischen Muttergöttin Hera.

„Freya?"

„Ja? Was möchtest Du?"

„Hm ... diesmal würde ich gerne hören, was Du mir zur Liebe und Eigenständigkeit sagen kannst."

„Faß' es weiter ..."

„Auf welche Weise?"

„Ja ... die Lust gehört mit dazu ... das gemeinsame Leben gehört mit dazu ... Kinder gehören mit dazu ... die Familie, zu der Du gehörst, gehört mit dazu ... das Dorf oder die Sippe gehört mit dazu ..."

„Hm ... ... und was kannst Du mir dazu sagen?"

...

„Erforsche Deine Wünsche."

...

„Ja ...?"

„Und dann laß' diese Wünsche strahlen."

...

„Gehört zu dem Wünschen auch, daß ich einen bestimmten Menschen wähle, mit dem ich das will?"

„Das gehört dazu, aber das sollte beweglich bleiben. Wenn Du Dir das mit einem bestimmten Menschen wünschst und dieser Mensch will das auch und ihr findet eine Form, die euer beider Leben bereichert, dann ist das gut, dann gibt es keinen Grund, etwas anders zu tun. Aber wenn der andere Mensch nicht will oder euer gemeinsames Leben einfach nicht gedeihlich ist, dann wähle jemand neues."

„Hm ... ... gibt es da noch etwas, was Du mir sagen möchtest?"

„Das ist das Wichtigste."

„Hm ... mir scheint, daß ich zur Liebe und Eigenständigkeit immer dasselbe zu hören bekomme – es sind nur immer wieder etwas andere Nuancen ..."

„Nunja, wir sagen Dir, wie es ist."

„Hm ... ja, gut ... Danke, Freya!"

„Ja, bitte."

Ich kehre zurück.

„Ho!"

11. f) Freyr

Er ist das Urbild des Toten bzw. des toten (Sonnen-)Gottes im Jenseits, der sich mit der Jenseitsgöttin wiedergezeugt hat, von ihr wiedergeboren worden ist und dann von ihr wiedergestillt worden ist.

„Freyr?"

„Ja? Du möchtest von mir dasselbe wissen wie von meiner Schwester-Frau?"

„Ja – gibt es etwas, was Du zu dem, was Freya gesagt hat, dazutun möchtest?"

„Lebe wild."

„Wild?"

„Ja – mutig, hemmungslos, kühn ... Probier was aus! Tu was!"

„Hm ... das ist wieder ein Aspekt des Strahlens, oder?"

„Denk' nicht so viel – tu etwas!"

„Hm ... gut ... gibt es da noch etwas, was Du sagen möchtest?"

„Nein ... aber sieh' mal zu, daß Du meinen Rat befolgst – das wäre gut für Dich."

„O.k. ... Danke, Freyr!"

„Bitte."

Ich kehre zurück.

„Ho!"

11. g)   Vishnu

Vishnu wird im Hindhuismus vor allem als der Erhalter der Welt angesehen, aber er hat auch Schöpfer- und Zerstörer-Aspekte. Von seiner Stellung in den Mythen und im Kult her ist er wie Zeus ein Göttervater.

„Vishnu?"

...

Ich sehe ihn vor mir ... er sitzt im Lotussitz ... ich sehe ein doppeltes Bild ... ich sehe ihn auf der Schlange im Urozean ruhen vor der Schöpfung der Welt ... und ich seh' ihn wie ... ja, auf der Erde sitzend, in der Welt, die Welt seiend, als die Schöpfung selber ... es ist ein doppeltes Bild ...

„Vishnu?"

...

Ich höre keine Antwort, aber ich spüre, daß ich schauen soll ... daß ich dieses doppelte Bild, das ich ja aus den Mythen kenne, spüren soll ... da hineinspüren soll ... ... Das ist Potential und Entfaltung – das ist beides gleichzeitig ... ...

Vishnu: „Ich erschaffe die Welt und werde dadurch nicht weniger. Ich löse die Welt wieder auf und ich werde dadurch nicht weniger."

... ...

„Hast Du Freude an der Schöpfung?"

„Sonst würde ich es nicht tun ..."

„Und Du kannst Deine Schöpfung wieder loslassen?"

„Sonst würde ich meine Schöpfung nicht wieder auflösen."

„Hm ... und das, was Du im ganz Großen machst, ist das, was ich mit meinem Leben machen sollte?"

„Ja, das ist das, was ich Dir zeigen will."

„Hm ... mein Leben erschaffen ... aus Freude an der Schöpfung und am Erleben ... und sie auch wieder loslassen können ... hm ... das dürfte jetzt wohl das größtmögliche Gleichnis dafür sein ..."

„Ja, und da Du große Bilder brauchst, astronomische oder kosmische oder religiöse, habe ich Dir dieses Bild gezeigt."

„Hm ... Danke, Vishnu!"

„Bitte."

„Gibt es da noch etwas?"

„Nein."

„Danke."

Ich kehre zurück.

„Ho!"

11. h)   Lakshmi

Lakshmi ist wie Hera und Freya eine Muttergöttin.

„Lakshmi? Möchtest Du mir etwas zeigen? Etwas zu Liebe und Eigenständigkeit sagen?"

...

Ich sehe sie ... sie sitzt an der Quelle des Indus ... sie spielt auf einer Vina ... auf so 'ner einfachen Form der Sitar ... sie trägt kostbare Kleider ...

... ...

... ...

... ...

Ich glaube, ich soll still werden und spüren ...

Sie lächelt ...

... ...

Ich spüre Wärme und Geborgenheit von ihr ausgehen ... ich kann spüren, daß diese Wärme und Geborgenheit in allen Dingen ist ... in allem, was mir begegnet ... daß sie mir in allen Dingen begegnet, wenn ich ... bereit bin, das zu spüren ...

...

Ein tiefer Seufzer ...

... ...

... ...
... ...
... ...
... ...
... ...

„Ist es das, was Du mir zeigen willst, Lakshmi?"
Sie lächelt ...
„Danke, Lakshmi!"
Ich kehre zurück.
„Ho!"

11. i)   Dakini

Eine Dakini könnte man als „Engel, der in Frauengestalt einem Menschen erscheint, um ihm zu helfen" umschreiben. Sie erscheinen oft den Yogis in den Krisenzeiten bei ihren Meditationen.

„Dakini?"
„Ja?"
„Kannst Du mir etwas zur Liebe und zur Eigenständigkeit sagen oder zeigen?"
„Das tue ich ja schon. ... Ich erscheine Dir in der Gestalt mancher Freundinnen ... die Dir durch ihre Art zeigen, was Du suchst und wie Du dahinfindest."
„Diese Begegnungen sind nicht immer gerade einfach ..."
„Nunja, sie zeigen Dir unter anderem, wo Deine Irrtümer sind ... die Dinge, an denen Du Dich festklammerst ... das ist nicht immer einfach, nein."
„Hm ... ... gibt es denn etwas, was Du mir noch sagen kannst?"
...
„Lebe."
...
„Ja ... gut ... und Du hilfst mir dadurch weiter, daß ich manchmal eine Frau treffe, die mir etwas deutlich macht?"
„Ja."
„Danke, Dakini!"
„Bitte. ... Wenn Du darum bittest, komme ich – in vielerlei Gestalt."
„Danke!"
Ich kehre zurück.
„Ho!"

11. j) Hathor

Hathor ist eine der ägyptischen Muttergöttinnen.
„Hathor?"

...

Ich sehe sie als eine große Kuh im Papyrusdickicht am Rand des Nils ... sie trägt zwischen ihren Hörnern die Morgensonne ...

Jetzt wechselt das Bild ... jetzt sehe ich sie als Frau in ihrem Tempel in Dendera ...

„Hathor?"

...

Sie streckt ihre Arme zu mir aus ... ich soll zu ihr kommen ... ich werde wieder zu dem kleinen Kind ... sie nimmt mich auf ihren Schoß ...

Ein tiefer Seufzer ...

Das ist zuhause ...

Ich lehne an ihrer Brust ...

Hathor: „Komm' ruhig öfter zu mir, einfach, wenn Du sitzen möchtest, wenn Du gehalten werden möchtest, gestillt werden willst ..."

„Ja ... das werde ich tun ... ... ohne diese Geborgenheit bei Dir ist Eigenständigkeit kaum möglich, oder?"

...

„Es ist sehr schwer ... und letztlich findest Du immer zu dieser Geborgenheit ... auf welchem Weg und in welcher Form auch immer ... und das ist die Wurzel der Eigenständigkeit: daß Du weißt, Du kannst nichts verlieren ... Du gehst nie verloren und Du wirst nie einsam sein ..."

...

Ein weiterer Seufzer ...

„Das tut gut, Hathor!

... ...

... ...

... ...

„Danke, Hathor!"

„Bitte."

Auch hier kehre ich wieder zurück und bleibe gleichzeitig da wie bei Hera.

„Ho!"

11. k) Inanna

Sie ist die wichtigste sumerische Muttergöttin.

„Inanna?"

...

Ich werde nach Mesopotamien gezogen ... ich sehe die alten Städte mit den großen Stadtmauern ... den Tempeln ... den Stufenpyramiden ...
„Inanna?"

> *„Ich bin das Land und die Flüsse und der Himmel,*
> *Ich bin die Mutter aller Menschen, aller Tiere, aller Pflanzen;*
> *Laß' Dich nieder, mein Kind,*
> *Ich trage Dich, wohin Du auch gehst –*
> *Ich bin die Erde unter Deinen Füßen,*
> *Ich bin die Luft, die Du atmest,*
> *Ich bin das Wasser, das Du trinkst,*
> *Ich bin das Licht der Sonne, das Dich wärmt,*
> *Ich bin das Getreide, das Du ißt,*
> *Ich bin in den anderen Menschen, die Du triffst,*
> *Ich bin die zärtliche Berührung durch die Hand Deiner Geliebten,*
> *Ich bin der feste Schritt Deines Freundes neben Dir,*
> *Ich bin das Lachen Deiner Kinder,*
> *Ich bin Deine Mutter."*

... ...
... ...
... ...
„Danke, Inanna!"
Sie lächelt ...
Ich kehre zurück.
„Ho!"

11. l) Oshun

Sie ist eine der Muttergöttinnen der Yoruba, die in Westafrika im mittleren Bereich des Nigers leben.

„Oshun?"

„Ja?"

„Kannst Du mir etwas über Liebe und Eigenständigkeit sagen?"

Sie lacht leise und freundlich ...

„Komm' her und laß' Dich berühren ..."

...

Ich bin am Niger ... an seinem Oberlauf ... ich sehe Oshun dort sitzen ... sie legt ihre Hände auf meine Brust ... ich sitze vor ihr ... es kommen noch andere Frauen ... junge Frauen, Mütter, ältere Frauen ... sie legen die Hände so auf meinen Körper, daß überall Hände sind ... warme Hände ... warme Hände, freundliche Hände ...

Ein sehr tiefer Seufzer ...

Das ist wie im Bauch der Mutter zu sein ... vor der Geburt ...

Oshun lächelt ...

„Das ist unsere Form der Schwitzhütte ... die haben wir in Afrika nicht, die habt ihr oben im Norden erfunden ... aber wir haben auch eine Möglichkeit ..."

(Die Schwitzhütte wurde vermutlich vor 600.000 Jahren vom Homo erectus während der Eiszeit im kalten Nordeurasien „erfunden"; der Homo sapiens ist erst vor 50.000 Jahren von Afrika aus in Eurasien eingewandert und hat die Schwitzhütte vom Homo erectus übernommen.)

„Mmm ..."

Ich höre auf, mich aufrecht zu halten ... ich lehne mich an ... die Hände halten mich mühelos ... ...

Noch ein entspannender Seufzer ...

... ...

... ...

... ...

So viel Freundlichkeit und Wärme und Gemeinschaft ...

... ...

... ...

... ...

„Kann ich auch das bei mir behalten? Daß ich zurückkehre und gleichzeitig hier bin?"

„Natürlich ..."

Ich muß leise vor mich hin lachen ...

„Danke Oshun! Und Danke euch allen!"

„Bitte."

Ich muß leise und genießend vor mich hin lachen ...

Ich kehre zurück und bleibe gleichzeitig dort.

„Ho!"

11. m)   Djanggao und Djunkgao

Diese beiden Göttinnen sind die Muttergöttin, die bereits in den Höhlenmalereien als zweifache Göttin dargestellt worden ist – als die Geburts-Mutter der Lebenden im Diesseits und als die Wiedergeburts-Mutter der Toten im Jenseits.

„Djanggao und Djunkgao – ich kenne euch beide noch garnicht ... mögt ihr mir etwas über Liebe und Eigenständigkeit sagen?"
„Die Wurzel von beidem ist die Gemeinschaft, die Sippe, der Stamm, die Familie ..."
...
„Könnt ihr mir dazu noch etwas sagen?"
...
„Wenn Du zu einer Familie, einer Sippe, einem Stamm gehörst, dann bist Du in der Geborgenheit – ein Leben lang ... dann kannst Du eigenständig sein, denn Du weißt, Du wirst nie alleine sein ... und dann kannst Du lieben ... und Du kannst Dein Lager mit einem anderen teilen ... und ihr könnt auch wieder getrennte Wege gehen, aber ihr gehört trotzdem zum selben Stamm, zur selben Sippe ... es geht niemand verloren ... und Du bleibst Teil der Gemeinschaft ..."
„Hm ... so hab' ich Gemeinschaft noch garnicht betrachtet ...das klingt gut ... ... das heißt, es wäre gut, wenn wir wieder solche Gemeinschaften hätten?"
„Ja ... ihr habt ja schon angefangen, danach zu suchen, WGs und Dorfgemeinschaften zu gründen ... Lebensgemeinschaften ... das ist noch nicht ausgereift, aber die Richtung ist gut ..."
„Hm ... Danke, Djanggao und Djunkgao."
„Bitte."
Ich kehre zurück.
„Ho!"

11. n)   Pte-san-win

Sie ist die Muttergöttin das Dakota-Indianer.

„Pte-san-win, Weiße Büffelfrau, magst Du mir etwas zur Liebe und zur Eigenständigkeit sagen?"

„Hm ... warum rufst Du nicht auch den Großen Bären?"

„Hm ... stimmt ... weiß ich nicht, warum ich nicht dran gedacht hab' ...der zeigt ja auch in der Schwitzhütte die Eigenständigkeit ... und Du die Gemeinschaft ..."

„Ja, das ist beides da ... der Bär im Norden und ich im Süden."

„Gehören die Schlange im Westen und der Adler im Osten auch dazu?"

„Nicht direkt ..."

„Und Großvater Himmel oben und Großmutter Erde unten?"

„Die zeigen andere Aspekte – da sind schon ich und der Große Bär die wichtigen ..."

(Ich habe hier ganz vergessen, nach dem Großen Geheimnis („Wakan tanka") in der Mitte zu fragen.)

„Hm ... was könnt ihr mir denn zeigen?"

Pte-san-win: „Du bist Teil der Gemeinschaft und Du bist eigenständig. Das sind zwei Pole. Und die Liebe verbindet beides – die Liebe zu der Gemeinschaft, zu Deinen Eltern, Kindern, Geschwistern ... zu Deiner Frau, zu Deinem Mann, zu Deinen Freunden ..."

„Hm ... so klingt die Liebe viel allgemeiner ... und ... sie fühlt sich nach sehr viel mehr Fülle an ..."

„Ja ... wenn Du die Gemeinschaft siehst und den Einzelnen, die Geborgenheit und die Eigenständigkeit, diese beiden Dinge, die durch die Liebe miteinander verbunden sind ... also Du, so wie Du bist, und die Gemeinschaft, zu der Du gehörst, die Du gewählt hast ... dann ist das Lebendigsein einfacher."

„Hm ... ich glaube, da gibt es noch viel zu entdecken für mich ..."

„Ja ... von Gemeinschaft weißt Du noch nicht sehr viel ..."

„Hm ... magst Du mir da persönlich einen Rat geben?"

„Halte Herz und Hände und Augen offen für das, was kommt."

„Danke ... das klingt wie ein Rat, der auch allgemein so gilt?"

„Ja."

„Möchtest Du mir noch etwas sagen?"

„Frag noch den Großen Bären."

„O.k. ... Großer Bär, möchtest Du mir etwas sagen?"

Großer Bär: „Feuer im Sonnengeflecht – das ist das, was Du brauchst."

„Hm ... ja, gut ... wie komme ich dazu?"

„Das Mantren-Singen, das Du da mit den anderen machst – das ist schon gut."

„Noch etwas?"

„Die Vajra-Meditation ist auch ganz sinnvoll."

„Fehlt denn etwas?"

...

„Du hast Dich zurückgezogen ... Du stehst nicht mehr im Leben und willst nichts mehr vom Leben ... forsche da nach ... forsche, was Du eigentlich willst ... und dann strebe das an."
„O.k. ... Danke, Großer Bär! Danke, Weiße Büffelfrau!"
Ich kehre zurück.
„Ho!"

11. o) Pacha Mama

Sie ist eine der Muttergöttinnen der Quetchua-Indianer, die meistens fälschlicherweise als „Inkas" bezeichnet werden, obwohl „Inka" die Bedeutung „König (der Quetchua)" hat.

„Pacha Mama?"
„Ja?"
„Möchtest Du mir noch etwas sagen oder zeigen? Zur Liebe und Eigenständigkeit?"
Ich spüre die Erde ... hm ... Du bist ja auch die Erdgöttin ...
„Und was spürst Du?"
Ich muß leise, genießend vor mich hin lachen ...
„Getragenwerden, Genährtwerden ... das ist wieder die Geborgenheit, nicht wahr?"
„Ja ... das ist Mutter Erde ... das ist das, was mein Name bedeutet ... Pacha-Mama ..."
Ein entspannender Seufzer ...
„Danke!"
„Bitteschön."
Ich kehre zurück.
„Ho!"

11. p) Wakan tanka

„Wakan tanka" ist bei den Dakotas der Name für das Leben, das Lebensgeheimnis, die Lebenskraft, Gott ...

„Wakan tanka, Großes Geheimnis? Möchtest Du mir noch etwas sagen oder zeigen – zur Liebe und zur Eigenständigkeit?"

... ...

„Laß' Dich von Deiner Intuition führen."

... ...

„Hm ... möchtest Du noch etwas sagen?"
„Laß' Dich von Deiner Intuition führen."

...

„Hm ... na, gut ... Danke!"
Ich kehre zurück.
„Ho!"

11. q)   Maruti

Der Name „Maruti" ist nicht schriftlich überliefert, sondern eine Rekonstruktion des Namens der Muttergöttin zum Beginn der Jungsteinzeit nach dem Ende der Eiszeit um 10.500 v.Chr. im nördlichen Mesopotamien. Er bedeutet „Mutter (ma) der beiden (i) Panther (ru)". Das „t" am Ende dieses Namens ist die Feminin-Endung ist.

Diese Traumreise habe ich begonnen, indem ich mir innerlich vorgestellt habe, zu einem ihrer Tempel in Göbekli Tepe zu reisen und dann dort in den Tempel zu gehen.

Die Traumreisen zu Maruti sind in der Regel deutlich archaischer als die Traumreisen zu anderen Gottheiten.

Ich fliege innerlich nach Mesopotamien vor 12.000 Jahren zum Beginn der Jungsteinzeit direkt nach dem Ende der letzten Eiszeit. Vom Euphrat aus fliege ich seinen Nebenfluß Chabur entlang durch die damals fruchtbare Ebene südlich von Sanliurfa und komme schließlich zu der Bergkette im Norden dieser Ebene, deren höchste Erhebung der Göbekli Tepe („Bauchberg") ist.

Dort gehe ich zu einem der Tempel, die ungefähr wir große Iglus aussehen, deren unterer Teil aus einer Steinmauer besteht und deren obere Kuppel aus Ästen und Fellen hergestellt worden ist. Ich stehe vor dem Röhren-Gang, der zu der Halbkugel des eigentlichen Tempels führt, der einen Durchmesser von ungefähr 10m hat. Am Anfang der Röhre steht eine Steinplatte, mit einem Loch, der der Eingang zu dem Tempel ist. Links und rechts von der Lochplatte steht je ein kleiner steinerner Panther.

Ich krieche durch das Loch im Stein in den Gang, der zu der „Schwitzhütte mit steinerner Grundmauer" führt. Dieser Stein ist das äußere Ende der Gebärmutter der Muttergöttin; der Gang, durch den ich dann krieche, ist ihre Vagina. In der Kuppel steht eine zweite Mauer mit einem Kuppeldach aus Holz und Fellen – die äußere

Kuppel ist der Bauch der Muttergöttin und die innere Kuppel das Kind in ihr. Von der Wand der äußeren Kuppel führt eine Steinmauer zu der inneren Kuppel – die Nabelschnur. Mit einer kurzen Leiter steige ich zu einer Öffnung oberhalb der Mauer der inneren Kuppel hinauf und dann mit einer zweiten Leiter in das Innere der inneren Kuppel hinab. Nun bin ich ein Kind der Muttergöttin.

Das Innere dieses Schwitzhütten-Tempels wird von einigen Öllampen erleuchtet. Am Rand des Mauerkreises führt eine Bank aus Steinen rings um den Tempel. In der Mauer stehen acht Pfeiler aus Stein mit stark stilisierten Köpfen – die Ahnen. Auf ihnen sind viele Tiere eingraviert. In der Mitte stehen mit ungefähr zwei Metern Abstand zwei größere Pfeiler, auf denen je ein großer Panther eingraviert ist, der zu dem jeweils anderen Panther blickt.

(An dieser Stelle geht die absichtliche Vorstellung („Imagination") nun in eine Wahrnehmung über.)

Auf der Steinbank, die innen rings um die Tempelmauer führt, sehe ich schemenhaft einige Männer, Frauen und Kinder sitzen. Es ist still in dem Tempel – niemand spricht, singt oder trommelt.

„Maruti?"

„Ja."

Ich stehe noch bei der Eingangs-Leiter und blicke zwischen den beiden Mittelpfeilern hindurch und sehe sie auf der anderen Seite des Tempels stehen. Ihre Einsgerichtetheit ist überwältigend. Ihre Kraft ist vollkommen auf ihr Ziel ausgerichtet – wie ein Panther vor dem Sprung. Sie ist unbekleidet, sie ist eine Jägerin mit einem langem Speer in ihrer linken Hand. Die beiden Panther auf den Mittelpfeilern sind ihre beiden Tiere, ihre Kraft, ihr Geschenk an die Jäger, die diese Tempel errichtet haben.

Maruti blickt mich an. Sie weiß, warum ich hier bin.

„Du hast Angst vor Blut. Du bist kein Jäger, kein Kämpfer. Warum?"

„Das habe ich im Alter von drei Jahren aufgegeben – Streiten kann ich inzwischen wieder."

„Und Dir nehmen, was Du haben willst?"

„Eher nicht ... nur selten ..."

„Du hast Angst vor Blut."

„Wie kann ich das ändern?"

„Beiße."

„Beißen? Wie?"

„Komm' her."

Sie legt ihre rechte Hand auf meinen Penis – ich sehe, daß auch ich nackt bin. Ihre einsgerichtete Kraft wirft mich fast um. Ihre linke Hand legt sie auf mein Herzchakra.

„Brenne!"

„Wie?"

„Was willst Du denn? ... Deinen Penis im Schoß einer Frau – also tu es!"

„Und die Liebe?"

„Tu das, was Du gerade willst! Werde ein Panthertänzer! Werde ein Pantherjäger! Werde ein Panthermann!"

„Gut ... mit wem?"

„Frag nicht – wähle!"

„Jetzt?"

„Jetzt."

„Da ist noch eine Sperre, eine Angst ..."

„Angst, erscheine hier!"

Ich sehe mich zwischen uns als kleines, weinendes, verletztes Kind. Es beginnt zu schreien, es schlägt um sich, es spuckt und brüllt.

Maruti: „Kleiner Kämpfer, wie heißt Du? ... Pantherklaue? ... Das soll Dein Name sein."

Die beiden Pantherreliefs auf den beiden Mittelpfeilern links und rechts von uns werden zu echten, lebendigen Panthern und erfüllen den Raum mit ihrer Kraft.

Maruti: „Geh' in das Kind."

Das tue ich.

Maruti: „Willst Du trinken?"

„Ja! Nein! Ja! Nein! Nein! Ja! ..."

Sie setzt sich vor mich als Kind und wartet ...

Ich stampfe, brülle, schreie, dann stürze ich zu Maruti und sauge wie wild an ihren Brüsten und trinke ihre Milch ... ich pupse und scheiße und rülpse und halte ihre Brüste mit meinen Kinderhänden ... Gier! Trinken wollen! Alles für mich! Satt werden ...

Sie lächelt ... ich schlafe an ihren Brüsten, in ihren Armen ein ...

Ich träume von einer Jagd, trinke Blut, fresse Fleisch, lebe ...

Ich wache wieder auf, bin ganz entspannt, liege in Marutis Schoß ... ich werde langsam wieder zum Erwachsenen ... ich fühle mich stark, geerdet, eigenständig ...

„Ich will! Ich will essen, trinken, schlafen, Nächte voller Lust mit einer Frau, Fülle ... jetzt, direkt ..."

Maruti: „Tu's!"

„Mit Dir!"

...

Sie ist beim Sex genauso einsgerichtet wie bei der Jagd ... die Details behalte ich für mich ...

...

Ich sehe eine junge Frau auf der Bank sitzen ...

„Ich will Dich!"

Sie lacht und umarmt und küßt mich und wir lieben uns.
„Und auch Dich!"
Eine zweite, etwas ältere Frau auf der Bank ...
Sie antwortet: „Nicht jetzt."
Ich lache, umarme sie kurz ...

Ich stehe zusammen mit Maruti zwischen den Mittelpfeilern. Ich hebe meine Arme, halte meine Hände auf Brusthöhe, die Handflächen weisen nach vorn. Maruti macht dasselbe und legt ihre Handflächen gegen meine. Wir kommen näher zueinander ... ihre Stirn berührt meine ... ihre Brust berührt meine ... ihr Bauch berührt meinen ... wir umarmen uns lange ...

Wir sitzen voreinander.
Ich: „Liebe?"
„Was fühlst Du?"
„Liebe zu Dir."

Ich habe keine Fragen mehr – Leben ist einfach hier ... Leben ist Tun ... Worte wie 'Liebe', 'Eigenständigkeit', 'Sex' und ähnliches sind hier überflüssig ... ich bin ... das ist es ... wir sind ... Du bist, Maruti ... da sein ...

Ich: „Ich will mit euch tanzen!"

Wir sind draußen, es ist Nacht, ein Feuer brennt, einige trommeln, wir sind alle nackt, unsere Körper sind mit Lehm bemalt ... Alte, Junge, Kinder ... Maruti steht in dem Kreis der Menschen rings um die Tänzer ... einige blasen auf Flöten aus Geierknochen ... zum Teil schrilles Pfeifen, zum Teil einfache, sich wiederholende Melodien im Rhythmus der Trommeln ... stampfendes Tanzen ...

Manchmal gehen ein Tänzer und eine Tänzerin aus dem Kreis fort und kommen nach einer Weile lachend und strahlend wieder zurück ...

Wie liegen alle rings um das Feuer aneinandergeschmiegt und schlafen ... keiner liegt alleine ... einige wachen am Rand des Kreises, einer am Feuer ...

„Danke Maruti! Danke euch allen!"
Ich kehre zurück.
„Ho!"

11. r)   Die elfte Skizzierung des heilen Zustandes

Das, was die Götter in diesen Traumreisen gesagt haben, ist dem, was die Planeten geraten haben, sehr ähnlich.

Tue, was Du willst. Sprich alles aus und tue es. Tue es ohne jede Scham. Sei Dein eigener roter Faden. Sei einsgerichtet. Handle einsgerichtet. Liebe – und tue.

Genieße das Leben. Strebe immer den größten Genuß an. Tanze.

Sei in der Gemeinschaft. Liebe verbindet den Einzelnen mit der Gemeinschaft. Die Geborgenheit bei der Mutter ist das Fundament – und die Wärme und Geborgenheit in der Muttergöttin. Sie ist die Beständigkeit im Innen.

Liebe ist die Orientierung beim Tanz. Liebe ist eine Blüte am Baum des Egoismus. Lust erdet die Liebe – ohne sie wird die Liebe nie zur Frucht und verwelkt meist. Wähle einen Menschen, aber lasse ihn auch wieder los, wenn es an der Zeit ist.

Du bist der Schöpfer Deines Lebens. Die Liebe ist ein Teil Deiner Schöpfung.

Und das Leben zeigt Dir Deine Irrtümer.

11. s) Heilungsansätze

Das Wiederfinden der Geborgenheit ist ein wesentlicher Schritt auf dem Weg zu Liebe und Eigenständigkeit. Dieser Weg kann viele verschiedene Gestalten haben – die Begegnung mit einem Menschen, eine Schwitzhütten-Zeremonie, eine Familienaufstellung, die Anrufung einer Muttergöttin, eine Traumreise, eine Meditation, eine Therapie ...

Es gibt nicht den einen Weg ... den eigenen Weg muß jeder für sich selber finden ... aber es sind viel Dinge wie die eben genannten bekannt, die Teil des eigenen Weges sein könnten ...

12. Möglichkeiten der Begegnung

Bei Liebe und Eigenständigkeit geht es letztlich um die Form der Begegnung mit anderen Menschen und um die eigenen Gefühle und Verhaltensweisen in diesen Begegnungen. Daher könnte es hilfreich sein, sich diese Begegnungen einmal genauer anzuschauen.

12. a) drei Formen der Begegnung

Begegnungen lassen sich zunächst einmal am einfachsten durch die an ihr beteiligten Chakren beschreiben (siehe Kapitel 4).

Die drei oberen Chakren ermöglichen den geistigen Austausch, das Verständnis füreinander, die gegenseitige Anregung und die Kooperation und führen daher zu einer geistigen Bindung, d.h. zu einer Freundschaft.
Die drei unteren Chakren ermöglichen die Berührung, die Nähe, das gemeinsame Tun und den Sex und führen daher zu einer körperlichen Bindung, d.h. zu einer Lebensgemeinschaft.
Das Herzchakra ermöglicht den inneren Kontakt zu einem anderen und führt daher zu einer auf dem Anteilnehmen an der Individualität des anderen beruhenden Bindung, d.h. zu Liebe.

Die drei häufigsten Formen der Begegnung sind die Familie, die Freundschaft und die Zusammenarbeit.
Die Familie beruht im Kern auf der Geburt gemeinsamer Kinder. Es ist natürlich für das Gedeihen der Familie förderlich, wenn auch Absprachen möglich sind (die drei oberen Chakren) und die Begegnung von Liebe getragen wird (Herzchakra).
Bei der Zusammenarbeit, d.h. vor allem im Berufsleben, das bei den meisten Menschen ungefähr die Hälfte der wachen Zeit in Anspruch nimmt, sieht es ähnlich aus. Es geht um Tun, also um die drei unteren Chakren – das ist bei einem Fliesenleger natürlich ausgeprägter als bei einem Buchhalter. Aber auch die drei oberen Chakren werden benötigt, um die eigene Arbeit mit der von anderen zu koordinieren – das ist bei dem Buchhalter ausgeprägter als bei dem Fliesenleger. Die sechs äußeren Chakren werden somit im Berufsleben gebraucht, während das Herzchakra nur eine untergeordnete Rolle spielt.
Das Einbeziehen des Herzchakras in das Berufsleben fördert allerdings die Effektivität der Arbeit in hohem Maße. Ein Unternehmer, der nicht „mit dem Herzen" bei der Sache ist, wird sein Unternehmen nicht leiten können. Es ist mittlerweile auch

allgemein bekannt, daß ein Arbeiter oder Angestellter, der sich mit seinem Unternehmen identifiziert, weitaus produktiver ist als jemand, der nur „einen Job erledigt".

Sowohl bei der Familie als auch bei der beruflichen Arbeit wird das Zusammensein jedoch durch die drei unteren Chakren geerdet und in eine äußere Form gebracht – in der Familie durch den Sex und die Kinder, und im Berufsleben durch die Herstellung eines Produktes oder einer Dienstleistung.

In Freundschaften liegt der Schwerpunkt meistens auf dem geistigen Austausch, auf dem miteinander-Reden, aber auch auf gemeinsamen Tätigkeiten wie Joggen, Kegeln, Wandern, Skatspielen, Musizieren usw. Das Herzchakra ist nicht unbedingt beteiligt (man liebt nicht jeden Menschen in seinem Kegelclub), aber an langfristigen Freundschaften wird in der Regel auch das Herzchakra beteiligt sein – man hat eine Bindung an genau diesen konkreten Menschen.

12. b) „erweiterte Möglichkeiten" der Begegnung

Diese drei Hauptformen der Begegnung, also Familie, Arbeitsleben und Freundschaft, lassen sich durch spirituelle Aspekte noch erweitern. Auch diese spirituellen Aspekte lassen sich den drei Chakrengruppen zuordnen.

die drei unteren Chakren

Die drei unteren Chakren haben als „strahlenden Zustand" die Lust. Man kann diese Lust alleine erreichen, aber sie zu zweit zu erreichen ist doch wesentlich erfüllender.

Dieses Erlebnis ist nicht nur in der Sexualität möglich, sondern auch in Bezug auf das Erwecken der Kundalini. Beim Sex fließt die eigene Lebenskraft vor allem im Wurzelchakra; bei der Erweckung der Kundalini fließt sie in allen sieben Chakren, was auch zu einem entsprechend intensiveren Erlebnis führt. Das gemeinsame Erwecken der Kundalini wird vor allem im Tantra-Yoga angestrebt, aber es kann auch spontan ohne großen Anlaß wie z.B. bei einer Umarmung auftreten.

Dieses gemeinsame Erlebnis der Kundalini, diese „Ekstase der Lust" kann die Begegnung von zwei Menschen um eine sehr wichtige Möglichkeit erweitern, da die Intensität dieses Erlebnisses sehr groß ist.

Auch das gemeinsame Handeln kann deutlich effektiver sein als das alleine-Handeln, da man dabei die verschiedene Neigungen und Fähigkeiten der Beteiligten zu etwas Größerem kombinieren kann.

die drei oberen Chakren

Die drei oberen Chakren haben als „strahlenden Zustand" die Freude. Man kann diese Freude alleine erreichen – durch Meditationen, durch das Spielen eines Instrumentes, durch eine Erkenntnis usw. Man kann sie jedoch auch zu zweit erreichen – während eines Gespräches, während man sich in die Augen schaut, beim gemeinsamen Musizieren usw.

Diese gemeinsame „Ekstase der Freude" kann eine so hohe Intensität erlangen, daß man nur noch gemeinsam lachen oder tanzen kann.

Eine andere Form der Begegnung durch die drei oberen Chakren ist die Telepathie, die allerdings keineswegs auf den Kontakt mit Menschen beschränkt ist, die man besonders gerne hat, sondern die genauso neutral ist wie das physische Sehen.

Allerdings fügt das Erlebnis der Telepathie den Möglichkeiten der Begegnung einen wichtigen Aspekt hinzu: Zwei Menschen können sich nicht nur durch ihre „normalen" Sinneswahrnehmungen und durch ihre Körper begegnen, sondern auch unbewußt oder halbbewußt durch die Telepathie. Das zeigt, daß es sehr wahrscheinlich auch eine Vielzahl von Kontakten zwischen Menschen gibt, die unbewußt ablaufen, also die auf der Telepathie beruhen, aber eben nicht bewußt sind – auf diese Weise finden auch die Menschen zueinander, die dann eine Rolle als „Stellvertreter" in dem Beziehungs-Mandala des anderen übernehmen.

Noch einen Schritt weiter geht die Möglichkeit, mit dem eigenen Bewußtsein in den Körper eines anderen Menschen zu wechseln. Anfangs kann man dies noch als „Einfühlungsvermögen" bezeichnen, aber wenn man diesen Wechsel übt, kann man erkennen, in welchen Zustand sich die Organe und Chakren des anderen befinden und man kann sogar einzelne Gedanken und Erinnerungen und Gefühle erkennen.

Diese Möglichkeit kann man auch als eine komplexe oder besonders klar ausgerichtete Form der Telepathie auffassen.

Diese Art der Telepathie bietet die Möglichkeit, einen anderen Menschen auf sehr direkte Weise kennenzulernen und dadurch deutlich besser zu verstehen. Dies ist vor allem in Therapien sehr hilfreich, aber es kann auch in Beziehungen angewendet werden.

das Herzchakra

Das Herzchakra hat als „strahlenden Zustand" das Glück. Auch diesen Zustand kann man alleine z.B. durch eine Herzmeditation erreichen, aber auch gemeinsam durch die Liebe zueinander.

Das Erwachen des Herzchakras kann man als Liebe zu sich selber, als Erfülltsein von Wärme, als Fließen, als vollkommene Richtigkeit der augenblicklichen Situation und als ein „Erwachen" erleben, das sich vom normalen Wachsein genauso unterscheidet wie sich ein Traum vom Wachen unterscheidet.

Dieses „Erwachen", also die „Herz-Ekstase", kann man auch zu zweit erleben. Dabei werden meistens auch die drei oberen oder die drei unteren Chakren miteinbezogen, d.h. es kommt zu einer spontanen „Ekstase der Freude" oder zu einem spontanen Erwachen der Kundalini.

Ein anderer Aspekt des Herzchakras in Beziehungen ist das Gefühl bei der ersten Begegnung, sich schon lange zu kennen. Bei diesem Erlebnis ist es zunächst einmal schwer zu unterscheiden, ob das an einem Miteinander-Schwingen liegt, also an dem Charakter der beiden Menschen, oder ob man sich evtl. bereits aus einem früheren Leben kennt.

Dieses Erlebnis führt zu einer intensiven Verbundenheit, aber es bedeutet nicht notwendigerweise, daß die Begegnung einfach sein oder einen langem Bestand haben muß.

12. c) die Beständigkeit der Begegnungen

Naheliegenderweise möchte man, daß schöne Dinge ewig weiterbestehen. In Begegnungen mit anderen Menschen ist jedoch das „Ich" des einen Menschen und das „Ich" des anderen Menschen das eigentlich Reale und Stabile – und nicht das „Wir", das erst durch die beiden Menschen geschaffen wird und sich aus ihrem Willen, ihren Gefühlen, ihren Entschlüssen und ihren Taten ergibt.

Letztlich sind es die Taten, die den Weg eines Menschen in seinem Leben zeichnen. Wenn es Dinge gibt, die man zusammen mit einem anderen Menschen besser, leichter, effektiver und freudevoller machen kann als wenn man sie alleine durchführen würde, wird man sich zusammentun und daher eine Begegnung haben. Die drei unteren Chakren, d.h. die Taten erden die Begegnung – nur das Herz oder nur die drei oberen Chakren reichen nicht.

Dieser Zusammenhang ist in dem Buch „Gespräche mit Gott" sehr elegant formuliert worden: „Schaue, wohin Du gehen willst, und frage dann, wer mitkommt."

Goethe hat dasselbe etwas anders ausgedrückt: „Am Anfang war die Tat."

In einer Begegnung gibt es nichts, was diese Begegnung zwangsweise stabil und zu einem festen Bestandteil des eigenen Lebens macht – es bleiben immer zwei eigenständige Menschen, die Beschlüsse fassen und damit ihren Lebensweg gestalten, zu dem der andere dazugehören kann oder eben auch nicht. Das schließt aber natürlich nicht aus, daß zwei Menschen ein Leben lang füreinander eine Bereicherung sind und sie deshalb ihr Leben lang zusammenbleiben und sich aneinander erfreuen.

12. d)   Liebe, Eigenständigkeit, Sex und Gemeinschaft

Zu dem ursprünglichen Thema dieses Buches „Liebe und Eigenständigkeit" sind im Laufe der bisherigen Betrachtungen zwei weitere wichtige Einflüsse hinzugekommen: Sex und Gemeinschaft. Es lohnt sich, einmal zu betrachten, in welcher Weise diese beiden Dinge Einfluß auf das Verhältnis zwischen Liebe und Eigenständigkeit haben.

„Liebe und Eigenständigkeit" sollte nach den bisherigen Betrachtungen eigentlich „Eigenständigkeit und Liebe" heißen, da die Eigenständigkeit ein Aspekt der Seele im Herzchakra und ihrer Selbstliebe ist, und die Liebe zu anderen Menschen hingegen ein Wunsch im Sonnengeflecht und im Halschakra. Die Eigenständigkeit steht im Zentrum; die Liebe zu anderen Menschen gehört zum Strahlen dieses Zentrums.

Der Einfluß der drei unteren Chakren läßt sich recht einfach beschreiben: Die drei unteren Chakren und insbesondere Sex und Kinder lassen die größte Bindung entstehen. Die drei unteren Chakren sind die Taten, die das Leben ganz konkret gestalten. Sex, Kampf und Arbeit erden und gestalten das eigene Leben.

Es bleibt somit die Frage, wie die Gemeinschaft auf diese drei Dinge (Liebe, Eigenständigkeit und Sex) wirkt.

Die Gemeinschaft ist für den Erwachsenen dasselbe was die Mutter für das kleine Kind ist: ein Rückhalt. Wenn man Teil einer Gemeinschaft ist, ist es einfacher, eigenständig zu sein, weil man dann nicht nur an einen einzigen geliebten Menschen gebunden ist, sondern in einem Kreis von Freunden, Freundinnen, Verwandten und Wahlverwandten Geborgenheit findet.

Wenn man Teil einer Gemeinschaft ist, können die Vorgänge in der Beziehung keinen so großen Druck ausüben wie bei einem Menschen, dessen Kontakte zu anderen Menschen sich weitgehend auf seine Beziehung beschränken.

Es gibt noch ein Element, daß allgemein den Verlauf eines Lebens und spezielle auch den Verlauf einer Beziehung prägt: das Genießen. Man folgt dem, was man Genießen kann; man erkennt die Wahrheit daran, daß man sie von Herzen genießen kann; man weiß, daß man seine eigene Wahrheit lebt, wenn man sein Leben genießen kann …

Das bedeutet, daß das Genießen der Maßstab ist, mit dem man durch das eigene Leben navigieren kann – und auch durch die eigenen Gefühle und Zustände, zu denen auch die Eigenständigkeit, die Liebe, der Sex und der Rückhalt in einer Gemeinschaft zählen.

12. e)   Die zwölfte Skizzierung des heilen Zustandes

Eigenständigkeit

Die Eigenständigkeit ist das Ruhen in sich selber, die Bewußtheit über die eigene Identität in der eigenen Seele im Herzchakra. Durch die Eigenständigkeit ist man selber der rote Faden im eigenen Leben, der eigene Lebensmittelpunkt.

Um das zu erreichen, muß man die Selbstliebe von der Liebe zu einem anderen Menschen unterscheiden können. Die Selbstliebe ist immer gleich, da sie der Zusammenhalt aller Teile der eigenen Psyche, des eigenen Körpers ist – auch in diesem Bereich können Störungen auftreten, aber grundsätzlich ist diese Selbstliebe immer vorhanden – sie ist das Wesen der Seele. Die Liebe zu einem anderen Menschen ist ein Gefühl, sie ist im Außen und nicht im Innen, sie bezieht sich auf etwas Wandelbares und nicht auf etwas Konstantes, sie ist ein Gefühl, ein Erkennen von etwas im Außen, der Wunsch nach etwas im Außen. Selbstliebe ist Identität, und Liebe zu einem anderen Menschen ist Selbstausdruck.

Daher liegt auch die Heimat im eigenen Herzen und nicht in der Begegnung mit einem anderen Menschen.

Eine Beziehung ist immer etwas Zusätzliches zu dem eigenen Lebensfaden und sie ist nicht fest mit dem eigenen Lebensfaden verbunden – daher kann die Beziehung mit einem anderen Menschen eine Wahlheimat im Außen sein und sie kann auch ein Leben lang dauern, aber sie kann nie zu der Heimat im Innen werden, die ein ganzes Leben lang gleich bleibt.

Es ist angenehm, als eigenständiger Mensch einen anderen Menschen zu treffen, der ebenso eigenständig ist.

Liebe

Das Ich, die eigene Mitte, die Seele ist der Schöpfer – die Liebe zu einem anderen Menschen ist ein Teil der Schöpfung dieses Schöpfers. Der andere, geliebte Mensch kommt zu dem eigenen roten Faden hinzu, aber man bleibt selber derselbe und ist auch alleine vollständig.

Die Liebe zu einem anderen Menschen ist die Wahrnehmung einer Resonanz zu diesem Menschen – was man daraus machen kann, ist eine ganz andere Frage, denn die Ereignisse in der Liebe hängen immer von zwei Menschen ab …

Man sollte in der Liebe die Eigenständigkeit wahren: Es erspart viele Probleme, wenn man den anderen nicht braucht, sondern nur die Vorliebe hat, ihn im eigenen Leben zu haben.

Die Liebe an sich ist schon eine Bereicherung des Lebens – eine gegenseitige Liebe ist ein noch größeres Glück.

Sex

Sex, Arbeit und Kampf erden das, was man will: Die eigenen Taten formen den eigenen Lebensfaden.

Man kann alleine handeln, aber zu zweit ist das meiste effektiver. Man kann auch alleine Sex haben, aber auch das ist zu zweit erfüllender. Und man kann alleine seine Kundalini erwecken, doch auch dies kann zu zweit sehr bereichernd sein.

Gemeinschaft

Der Rückhalt einer Gemeinschaft macht das Leben einfacher – und auch die Eigenständigkeit und somit auch die Liebe.

Die Geborgenheit des Kindes bei der Mutter weitet sich beim Erwachsenen zu der Geborgenheit in einer Gemeinschaft und schließlich zu einer Geborgenheit bei Mutter Erde oder bei dem Leben als ganzem. Die Mutter und die Gemeinschaft und Mutter Erde und das Leben sind Teil der eigenen inneren Mutter, in der man immer ruhen kann, in der man immer eine Heimat hat.

Wenn ein einzelner, geliebter Mensch an die Stelle der eigenen Mutter und der inneren Mutter tritt, wird man von diesem Menschen abhängig und verliert seine Eigenständigkeit – das kann zu großen Schwierigkeiten führen.

<u>Genießen</u>

Das, was man von Herzen genießen kann, ist ein Teil des eigenen Weges, entspringt aus dem eigenen Herzen, ist ein Teil der Richtigkeit und der Wahrheit.

Wenn man selber das ausdrückt, was man wirklich ist, kann man das Leben genießen – und wenn zwei Menschen ihre Wahrheit ausdrücken, können sie auch ihr Beisammensein genießen.

12. f) Heilungsansätze

Sind Sie eigenständig?
Ja? Tanzen Sie einfach, was Sie sind ...
Nein? Dann gehen Sie in die Stille bis Sie sich selber sehen, ihr Bewußtsein, ohne jeden Inhalt ... einfach sich selber – dort können Sie die Wurzel der Eigenständigkeit finden ...

Können Sie lieben?
Ja? Strahlen Sie einfach so wie es in Ihnen entsteht ...
Nein? Dann atmen Sie in Ihr Herzchakra und lassen Sie das Licht und die Wärme ihres Herzchakras bis in Ihr Sonnengeflecht und in Ihr Halschakra strahlen und spüren Sie, wie sich diese beiden Chakren fühlen, was sie sagen möchten, was sie tun möchten ...

Haben Sie Sex?
Ja? Genießen sie ihn einfach ...
Nein? Dann atmen Sie in ihr Wurzelchakra und spüren Sie nach, wie es sich fühlt und was es sagt und machen Sie ihm eine Freude, indem Sie dem einen oder anderen Vorschlag, den es macht, folgen ...

Gehören Sie zu einer Gemeinschaft?
Ja? Reden und kuscheln und lachen Sie, wie es gerade paßt ...
Nein? Dann atmen Sie in Ihr Scheitelchakra und spüren nach, wie es sich fühlt und was es sagen will und schauen Sie, welchen Wunsch Sie ihm und sich erfüllen können ...

Können Sie genießen?

Ja? Dann möchte ich Sie nicht weiter mit Worten stören ...

Nein? Dann spüren Sie in sich hinein, was Sie gerade jetzt in diesem Augenblick am liebsten tun würden und tun Sie es ... oder wenn das im Augenblick nicht möglich ist, laden Sie die Erfüllung dieses Wunsches ein und tun Sie etwas anderes, was gerade möglich ist ... egal wie klein oder groß das sein mag, was Sie sich an Gutem tun ...

13. Traumreisen zu dem vollkommenen Mensch

In vielen Mythologien gibt es ein erstes Menschenpaar, von dem alle anderen Menschen abstammen. Oft ist dieses Menschenpaar zumindestens anfangs vollkommen, auch wenn es später den einen oder anderen Irrtum oder Fehler begeht. Daher wäre es durchaus interessant zu hören, was dieses erste Menschenpaar zu dem Thema „Liebe und Eigenständigkeit" sagen mag.

Das heute bekannteste erste Menschenpaar ist sicherlich Adam und Eva aus der Bibel. Bei den Germanen gibt es ein ähnliches Menschenpaar, das Ask und Embla heißt. Dasselbe Paar trägt bei den Indern und Persern den Namen Yama und Yima – bei ihnen ist der erste Mensch zugleich auch der erste König bzw. der Totenkönig.

Die chinesische Variante des ersten Paares ist schon recht abstrakt geworden: Yin und Yang.

Ein wenig anderes steht es mit dem „vollkommenen Menschen", der erst am Ende einer langen Entwicklung entsteht. Er ist am deutlichsten in der jüdischen Mystik als „Adam Kadmon" zu finden.

Man sollte aber aus dieser Betrachtung über den „vollkommenen Menschen" keinen Streß ableiten, weil man mit einiger Wahrscheinlichkeit eben noch nicht vollkommen ist. Diese Betrachtung ist einfach der Versuch zu erkennen, ob es Strukturen, Dynamiken und ähnliches gibt, durch deren Kenntnis und Anwendung das eigene Leben etwas genußvoller werden kann …

13. a) Adam und Eva

„Adam und Eva – ich würde gerne mit euch sprechen."

…

Adam: „Dann komm' zu uns."
Ich: „Hm … wo seid ihr?"
Adam: „Im Paradies."
„Gut – ich wünsch' mich einfach zu euch."

…

Hm – ich sehe die beiden … sie stehen da nackt … sie sind ein gutes Stück kleiner als ich … hm, das ist aber ein komischer realistischer Aspekt – also, früher waren die Menschen ja deutlich kleiner als heute, das sieht man ja schon an den Ritterrüstungen aus dem Mittelalter … hm … ich sehe Blumen und Obstbäume … irgendwo hier muß Wasser sein, ich seh' aber keins …

139

Ich: „Hm ... soll'n wir uns vielleicht setzen? Dann sind wir ähnlich groß. "
„O.k. "
Sie setzen sich hin; ich setz' mich auch ... also im Schneidersitz auf die Erde ...
Ich: „Ich versuche zu verstehen, wie Liebe und Eigenständigkeit zusammenhängen. "
Adam: „Und da fragst Du uns? "
Ich: „Hm ... ja ... "
Ich glaube, er spielt auf die Erlangung des eigenen Willens von Adam und Eva an, wegen dem sie (angeblich) aus dem Paradies vertrieben worden sind – also wegen Ungehorsam, der ja die Umdeutung der Eigenständigkeit der Untergebenen aus der Sicht eines Herrschers ist.
Ich: „Ich mein', ihr seid die ersten Menschen – zumindestens so, ich sag' mal, in den christlichen Mythen ... und da kennt ihr vielleicht noch den heilen Zustand. "
Adam: „Ja ... der heile Zustand ist der eines Kindes: Es tut, was es will, und es ist völlig geborgen bei seinen Eltern. "
Ich: „Hm ... und als Erwachsener? "
Adam: „Kann man das beibehalten ... "

...

Ich: „Hm ... meinst Du diesen Kinderzustand? Alos – wenn man noch nicht in der Pubertät ist und noch keinen Partner sucht? "
Adam: „Genau. Da kommt in der Pubertät ein Wunsch dazu und der ist sehr stark, der ist mit der Sexualität verbunden und mit der Suche nach Geborgenheit und nach einer eigenen Familie ... und das ist alles so heftig – da kann man da schon mal rausfallen (aus dem Kinderzustand), aber wenn man sich das bewahrt, dann ist es gut. "
Ich: „Hm ... klingt ganz einfach ... also, von der angestrebten Vorgehensweise, aber nicht unbedingt auch von der konkreten Durchführung ... ... Hm, möchtest Du auch etwas dazu sagen, Eva? "

...

Ich spüre ihre Gedanken ... ich soll zu ihr kommen ... hm ... ich sehe ... Hab' ich Kleidung an? Ich bin mir überhaupt nicht sicher ... also, die beiden sind jedenfalls nackt ... Ja, ich geh' zu ihr ... sie legt meine linke Hand auf ihre rechte Brust ... nimmt meine rechte Hand und legt sie sich um die Hüfte ... und sie lächelt so'n bißchen spitzbübisch ... ich guck ein bißchen unsicher zu Adam, aber der sitzt nur da und schaut und schmunzelt ... ich glaube, der amüsiert sich über mich ... daß ich so'n bißchen steif bin ... hm ... ...
Ich zu Eva: „Was willst Du mir zeigen? "
Sie lächelt einfach – ich glaub' ich soll aufhören zu denken und einfach genießen ... ich muß leise vor mich hin lachen ... das Genießen ist eigentlich auch viel einfacher ... ich merke, wie ich Anstrengung loslasse ... ich lehne mich nicht an sie wie ein Kind an seine Mutter ... aber ... ich genieße, daß sie da ist ... also ich bin einfach

auch da und spüre ... spüre ihren Körper ... hm ... und Adam schmunzelt immer noch ... der ist überhaupt garnicht eifersüchtig oder irgendwie so was ... der sieht Eva und Eva tut, was sie tun will – darüber freut der sich ... und über mich schmunzelt er, ja, ich glaube, weil ich nicht so gut einfach tun kann, was ich will ... hm ... ich gebe Eva einen Kuß auf die Wange ...

Ein tiefer Seufzer von mir ...

... ...

... ...

... ...

Ich habe irgendwie den Wunsch, daß Adam näher bei uns sitzt. Ich sag' ihm das und er meint: „Na gut, wenn Du möchtest, dann komm' ich gern."

...

Die beiden sitzen jetzt nah nebeneinander und ich habe das Bedürfnis, mich mit dem Rücken auf den Boden zu legen ...

Noch ein Seufzer ...

Adam: „Jeder kann genau das tun, was er will ..."

...

Ich: „Sagt mal, sehe ich das ganze Thema eigentlich viel zu kompliziert und das hat eigentlich eine total einfache Lösung?"

Jetzt schmunzeln beide ...

Ich: „Hm ... einfach in jedem Augenblick tun, was sich gut anfühlt?"

... ...

... ...

... ...

Ich höre sie nicht sprechen, aber ich höre von den beiden innerlich so etwas wie: „Das, was Du gesehen hast und erlebt hast mit uns, das muß noch reifen in Dir."

... ...

„Hm ... da bin ich ja wirklich gespannt ... ..."

Ich umarme Eva und ich umarme Adam ... das ist beides total herzlich und liebevoll – auch von den beiden ... die sind beide völlig eigenständig ... und sie sind beisammen ... und sie sind offen für die Begegnung mit mir ... hm ...

„Danke, Eva! Und Danke, Adam!"

Sie lächeln ...

Ich kehre zurück.

„Ho!"

13. b)   Ask und Embla

„Ask und Embla?"

„Ja?"

„Ich würde gerne von euch wissen, ob ihr mir etwas über Liebe und Eigenständigkeit erzählen könnt."

Beide: „Hm, was willst Du denn da wissen?"

Ich: „Ja, letztlich eigentlich wie man eine Beziehung führen kann ... ja, auf eine Weise, die nicht unnötig Leid erschafft. ... Ja, so könnt' man's sagen – es gäb' auch noch viele andere Möglichkeiten, das auszudrücken ..."

...

Beide: „Komm' her."

Embla steht links, Ask rechts, ich stell' mich zwischen sie – wir schauen in dieselbe Richtung ... Embla nimmt meine rechte Hand, Ask meine linke ... das fühlt sich ähnlich an wie eben mit Adam und Eva ... Hm, deren Namen fangen beide mit „A" und „E" an ... ... Die beiden konzentrieren sich auf etwas ... ich sehe wie ... ja Kinder und Enkel und Urenkel und immer mehr Menschen ... die alle die Nachkommen von Ask und Embla sind ... ... hm ... ...

Ask: „Da gehörst Du dazu. ... Du bist einer von denen. ... Du bist einer unserer Nachkommen. ... Und ihr alle seid eine große Sippe."

Ich: „Hm ... ich hab' mich noch nie wirklich als Nachkomme von euch oder von Adam und Eva betrachtet ..."

Ask: „Ist auch nicht so wichtig, wenn Du spüren kannst, daß ihr eine große Sippe seid ..."

Hm ... ich merke, das ändert was in mir ... da entsteht das Gefühl, daß ich dazugehöre ... und sonst hab' ich oft das Gefühl, daß ich nicht dazugehöre ... hm ... ... da kommt so'n Gefühl von Kuscheln, von Geborgensein, im Arm gehalten werden ... ... ja, 'Nestwärme' ist ein guter Ausdruck dafür ... ...

Ich: „Gibt es da noch etwas, was ihr mir zeigen wollt?"

Beide: „Die Zugehörigkeit – das ist das Wichtige."

„Danke! Danke, ihr beiden!"

Sie lächeln.

Ich kehre zurück.

„Ho!"

13. c)   Yama und Yima

„Yama und Yima?"

Yama: „Ja – was möchtest Du?"

Ich: „Ich versuche den Zusammenhang zwischen Liebe und Eigenständigkeit zu verstehen. Könnt ihr mir dazu noch etwas sagen?"

Yama: „Sei Dein eigener König."

Ich: „Hm ... das ist doch das, was in den ganzen Mysterien gelehrt wird, oder?"

Yama: „Ja – das ist auch das, was Adam und Eva Dir erzählt haben: Bewahre Dir die Eigenständigkeit, die Du irgendwann in der Kindheit erlangt hast – als Du gelernt hast, 'Ich' zu sagen statt Deinen Namen, so mit drei Jahren. Dieses Ich – bewahre Dir das. Wenn Du in die Pubertät kommst und Du es bis dahin wieder verloren hast, dann sieh' zu, daß Du es wieder bekommst. Dann bist Du Dein eigener König."

„Hm ... ... Bist Du deshalb in den persischen Mythen ein König und in den indischen Mythen der Totenkönig, d.h. der Totengott?"

„Unter anderem deshalb, aber auch wegen der Symbolik der Jenseitsreisen in den Mysterien und einfach auch, weil der König das beste Bild für das Ich, für das Zentrum, für die lenkende Mitte ist."

„Hm ... warum spricht eigentlich hauptsächlich Adam und Ask und jetzt Du, Yama? Warum sagen Eva und Embla und Yima so wenig?"

„Weil Du ein Mann bist."

„Ehm ... das heißt, wenn eine Frau zu euch käme, würden hauptsächlich Eva, Embla und Yima sprechen?"

„Ja."

„Hm ... hm ... warum?"

...

„Wir (als Männer) *sind näher an Dir* (als Mann)*."*

„Ach so – so schlicht?"

„Ja."

...

„Hm ... gibt es da noch etwas, was Du mir zu sagen hast?"

...

„Nichts, was jetzt von Bedeutung wäre."

„Kannst Du mir etwas dazu sagen, wie man dahin kommen kann, daß man eigenständig ist und liebt?"

...

„Im Grunde das, was ich schon gesagt hab' – kehre innerlich in die Zeit zurück, in der Du gelernt hast, 'Ich' zu sagen und in der Du Dich daran gefreut hast, 'Ich' sagen zu können und Dich bewußt als Dein eigenes Zentrum zu erleben. Gehe Wandern,

Schwimmen, spiele Musik, mach' irgendwas, wodurch Du ganz bei Dir bist, in Dir ruhst. Und dann bewahre Dir das. Bewahre Dir dieses 'Ich' und dann nimm' ein 'Du' dazu und dann mache daraus ein 'Wir', aber verliere dabei nicht Dein 'Ich', denn dann hätte das 'Du' kein Gegenüber mehr und das 'Wir' wäre auch nur 'ne halbe Sache ... "

„Hm ... so schlicht ist dies ganze Thema? "

„Ja ... zwischen Kindheit und Pubertät ... wenn Du da nicht aufpaßt, kriegst Du später ein Problem ... wenn Du Dein 'Ich' nicht mitnimmst, sondern Dich ganz auf das 'Du' ausrichtest – Du mußt im 'Ich' bleiben, sonst hat Dein 'Du' kein Gegenüber, sonst fehlt dem 'Du' Du selber als das 'Du' von diesem 'Du'. Verstehst Du? "

Ich muß lachen ...

„Magst Du Wortspiele? "

„Ach, das hat sich zufällig ergeben ... "

...

„Hm ... ja, gut ... das ist so derartig schlicht ... Danke, Yama und Yima! "

„Bitteschön. "

Ich kehre zurück.

„Ho! "

13. d) Yin und Yang

„Yin und Yang? "

Yang: „Ja? "

Ich: „Ich wüßte gerne, ob ihr eigentlich auch mal die beiden Urmenschen gewesen seid. Eure Namen klingen ja dem 'Yama und Yima' sehr ähnlich ... und Yama ist ja derselbe wie Adam, auch von der Wortwurzel her, und der ägyptische Atum und der germanische Ymir stammen auch aus demselben Ursprung – ist 'Yang' derselbe Urriese, derselbe Urmensch? Und 'Yin' die Frau dazu – so wie 'Yima'? "

Yang: „Das gibt da eine gemeinsame Wurzel, ja. Aber die Bedeutung hat sich bei den Chinesen sehr stark zu den beiden Urgegensätzen hin verschoben, die in den meisten anderen Kulturen, die Du genannt hast, Erde und Wasser sind oder bei den Germanen Feuer und Eis – sie sind einst Diesseits und Jenseits gewesen. "

„Hm ... könnt ihr mir etwas zur Liebe und Eigenständigkeit sagen? "

„Was vermutest Du denn, was wir Dir sagen werden? "

„Tja, wenn Du so fragst ... vielleicht daß ich bei diesem Thema mit einem ständigen Wandel rechnen sollte? Denn Yin und Yang werden ja im 'I Ging', also im 'Buch der Wandlungen' beschrieben ... "

„Ja ... in Dir Beständigkeit und im Außen Wandel ... und aus der Beständigkeit mit diesem Wandel umgehen, ihn erleben, ihn gestalten und genießen ... und bereit sein für jeden neuen Wandel ... "

„Hm ... alles ziemlich im Fluß, nicht wahr?"

„Ja, so ist das Leben – das Leben ist ein Fluß."

„Hm ... das stimmt ja mit dem, was ich mir selber überlegt hab' und was die zehn Planeten mir gesagt haben, überein. ... Gibt es da noch etwas, was ihr mir dazusagen möchtet?"

„Das ist der Teil, den wir dazutun wollen."

„Danke!"

„Bitteschön."

Ich kehre zurück.

„Ho!"

13. e)   Adam Kadmon

„Adam Kadmon?"

...

Ein Seufzer von mir ...

...

Ich: „Hallo? ... Adam Kadmon? ... Hörst Du mich?"

...

Adam Kadmon: „Du glaubst ja garnicht, daß es mich gibt ... "

Ich: „Hm ... ... ja, stimmt ... mit den ganzen Göttern, da weiß ich ungefähr, was ich davon halten kann – bei Dir weiß ich das nicht ... "

Adam Kadmon: „Und Du rufst mich trotzdem?"

„Naja ... halt ausprobieren ... Du hast Dich ja auch gemeldet ... "

„Du möchtest etwas über Liebe und Eigenständigkeit wissen?"

„Ja ... "

„Das, was Du Dir vorhin überlegt hast und was Du in dem nächsten Abschnitt über die Skizzierung des heilen Zustandes noch schreiben willst – das ist schon ganz treffend. Die Geborgenheit des Säuglings, die entwickelt sich weiter zu der Geborgenheit in der Gemeinschaft bei den Pubertierenden. Und das Ich, der Wille, die Eigenständigkeit des Kindes – das ist die Wurzel auch der Eigenständigkeit des Pubertierenden. In jeder Phase entwickelt der Mensch eine neue Qualität hinzu und dadurch verwandeln sich alle bisherigen Qualitäten, die er schon entwickelt hat."

...

„Hm ... ... und Du? Bist Du das Bild ... ja, der heilen Entwicklung?"

„Man könnte es so nennen. Man könnte es auch den Erleuchteten nennen oder den

Buddha oder ... wie auch immer ... "

„Hm ... gibt es da noch etwas, was Du dazu sagen könntest? "

...

„Glaubt an euch selber. "

„Ehm ... klingt nach phallische Phase ... "

„Ist es auch ... "

„Und auf welcher Ebene? "

„In der Pubertät – in der genitalen Phase. Der Glaube an sich selber in der Puber-tät entsteht aus dem alles-auf-sich-selber-Beziehen des Kindes. So entsteht die Eigen-ständigkeit. ... ... Glaubt an euch selber, auch wenn alle anderen anderer Meinung sind. Hört ihnen zu und schaut euch an, was sie sagen, und wenn ihr merkt, ihr habt euch geirrt oder irgendetwas übersehen, dann korrigiert das – aber verliert nicht den Glauben an euch selber. "

...

„Hm ... sonst geht das Strahlen verloren, nicht wahr? "

„Ja. "

„Hm ... in der Mystik wird Adam Kadmon eigentlich ziemlich stark mit Gott und dem kabbalistischen Lebensbaum in Verbindung gebracht. "

...

„Ja, der Lebensbaum ist eine Zeichnung des Weges zu Gott. Und Gott ist die Ein-heit – wenn man in der ruht, dann ist man heil. "

„Hm ... ist das das, was man als ganz alter Mensch in der letzten der sieben Lebensphasen im Idealfall erkennt? "

„Ja – und wenn's ein bißchen vorher passiert, daß man das erkennt, ist das durch-aus hilfreich. "

„Hm ... ... gibt es etwas, was Du mir raten würdest, was ich tun sollte, um wei-terzukommen? "

„Du persönlich? "

„Ja. "

...

„Sei Dir treu und fürchte nichts, was passiert, wenn Du tust, was Dir gerade richtig erscheint. "

...

„Hm ... noch etwas? "

...

„Fürchte nicht das Alleinsein – denn das führt zum Alleinsein. "

„Und wenn ich es nicht fürchte? "

„Dann kann sich das entfalten, was richtig ist – Furcht ist ein Hindernis für die Entfaltung dessen, was richtig ist. "

„O.k. – das kann ich verstehen. ... Gibt es noch etwas Allgemeines, was Du sagen

magst?"

... ...

„Nein ... forsche weiter ... das ist schon gut so ..."
„Danke, Adam Kadmon!"
„Bitteschön."
Ich kehre zurück.
„Ho!"

13. f)   Die dreizehnte Skizzierung des heilen Zustandes

Diese fünf Traumreisen fügen den bisherigen Betrachtungen vor allem einen biographischen Aspekt hinzu: In jeder der sieben Phasen der menschlichen Entwicklung erwirbt sich der Mensch eine neue Eigenschaft. Diese neue Eigenschaft verwandelt zugleich alle bisher erworbenen Eigenschaften. Das bedeutet, daß sich Fehlentwicklungen in einer Phase (z.B. in der 2. Phase nicht das Streiten erlernen) durch alle folgenden Phasen hindurchziehen und ihre vollständige Entfaltung verhindern.

Es liegt nahe, sich diese Vielzahl an Entwicklungschritten einmal genauer anzusehen.

Man kann diese Entwicklung auch graphisch darstellen. In dieser Graphik stehen links die sieben Entwicklungsphasen im Leben eines Menschen und oben die sieben Ebenen der Psyche, die dadurch entstehen.

Entwicklungs-Graphik							
Lebensphase	*Ebene der Psyche*						
	orale Ebene	*anale Ebene*	*phallische Ebene*	*genitale Ebene*	*adulte Ebene*	*tutorale Ebene*	*geronte Ebene*
geronte Phase							
tutorale Phase							
adulte Phase							
genitale Phase							
phallische Phase							
anale Phase							
orale Phase							

147

1. orale Phase

<u>Orale Ebene:</u>   In der oralen Phase entwickelt der Säugling das Grundgefühl der Geborgenheit bei der Mutter, das Urvertrauen, das allumfassende „Ja".

Entwicklungs-Graphik: Säugling							
Lebensphase	Ebene der Psyche						
	orale Ebene	anale Ebene	phallische Ebene	genitale Ebene	adulte Ebene	tutorale Ebene	geronte Ebene
geronte Phase							
tutorale Phase							
adulte Phase							
genitale Phase							
phallische Phase							
anale Phase							
orale Phase	„Ja" (Mutter)						

2. anale Phase

<u>Anale Ebene:</u>   In der analen Phase entwickelt das Kleinkind die Fähigkeit, „Nein!" zu sagen, sich abzugrenzen, Widerstand zu leisten, nach der richtigen Ordnung zu suchen und zu streiten.

<u>Orale Ebene:</u>   Aus der Geborgenheit der oralen Phase wird hier das Unterscheiden zwischen dem, was man genießen kann und was man nicht genießen kann. Man sucht die angenehmen Lebensumstände auf und behauptet sich gegen andere. Aus der Geborgenheit wird hier das Bevorzugen des Besseren innerhalb der Familie, auf die man sich verlassen kann.

Entwicklungs-Graphik: Kleinkind							
Lebensphase	*Ebene der Psyche*						
	orale Ebene	*anale Ebene*	*phallische Ebene*	*genitale Ebene*	*adulte Ebene*	*tutorale Ebene*	*geronte Ebene*
geronte Phase							
tutorale Phase							
adulte Phase							
genitale Phase							
phallische Phase							
anale Phase	Bevorzugen (Familie)	„Nein!" (Streiten)					
orale Phase	„Ja" (Mutter)						

3. phallische Phase

Phallische Ebene: In der phallischen Phase entsteht aus dem „Ja" der oralen Phase und aus dem „Nein!" der analen Phase das „Ich!!!" der genitalen Phase. Das Kind erlebt sich als Mittelpunkt seiner Welt, die es aktiv und mit starkem Willen gestaltet.

Orale Ebene: Aus der Geborgenheit bei der Mutter (Säugling) ist in der analen Phase die Geborgenheit in der Familie (Kleinkind) geworden. Nun in der phallischen Phase (Kind) verwandelt sich dieses Urvertrauen in eine Geborgenheit in der Sippe, wobei mit „Sippe" hier der nähere Umkreis des Kindes gemeint ist und Freunde, Freundinnen, Mitschüler usw. mit einschließt. Das Kind gestaltet sich seine eigene vertraute und sichere Umgebung nun selber: der Freundeskreis.

Anale Ebene: Aus dem in der analen Phase erworbenen „Nein!" wird nun unter dem Einfluß des „Ich!!!" die Fähigkeit, den eigenen Standpunkt zu vertreten und durchzusetzen.

Entwicklungs-Graphik: Kind							
Lebensphase	*Ebene der Psyche*						
	orale Ebene	*anale Ebene*	*phallische Ebene*	*genitale Ebene*	*adulte Ebene*	*tutorale Ebene*	*geronte Ebene*
geronte Phase							
tutorale Phase							
adulte Phase							
genitale Phase							
phallische Phase	Selbstgestaltung (Freundeskreis)	Standpunkt durchsetzen	„Ich!!!" (Willen)				
anale Phase	Bevorzugen (Familie)	„Nein!" (Streiten)					
orale Phase	„Ja" (Mutter)						

4. genitale Phase

Der Übergang von der Kindheit zur Pubertät ist der Zeitpunkt, an der (wenn alles gut verlaufen ist), sowohl die Liebe zu anderen Menschen und insbesondere zu einem Beziehungspartner sowie die Eigenständigkeit in einer Beziehung entstehen.

Genitale Ebene: Das neue Element in dieser Phase ist die Suche nach einem „Du?" und das Erwachen der Sexualität. Damit geht eine Neuorientierung von den Eltern zu dem Beziehungspartner einher und das Gründen einer neuen Gemeinschaft mit dem Partner im Zentrum. Durch die Sexualität wird zudem eine neue Form der Bindung erlebt.

Orale Ebene: In der Pubertät des Jugendlichen wandelt sich der Freundeskreis des Kindes zu „Beziehung und Freundeskreis". Dies ist in diesem Alter die Gemeinschaft, auf deren Wichtigkeit die Götter in mehren der Traumreisen hingewiesen haben. Sie ist letztlich aus der Geborgenheit bei der eigenen Mutter heraus entstanden und ist daher der älteste Teil der Psyche.

Anale Ebene: Aus der Durchsetzung des eigenen Standpunktes innerhalb der Herkunftsfamilie und innerhalb des Freundeskreis wird nun die Selbstbehauptung und die Klarheit innerhalb der Beziehung. In diesem neuen Rahmen wird das Handeln aus der eigenen Kraft heraus, das Erhalten der Klarheit und das Ziehen von Grenzen sehr viel anspruchsvoller, weil man ein direktes Gegenüber hat und nicht mehr die Familie oder den Freundeskreis als ganzes – die Auseinandersetzungen werden sehr viel persönlicher. Daher wird es auch schwieriger, sowohl die eigenen Grenzen zu wahren als auch die Grenzen des anderen zu achten.

Phallische Ebene: Neben das eigene „Ich" tritt nun das „Ich" des anderen. Das ist zum einen bereichernd und zum anderen schwierig. Da die Jugendlichen in dieser Phase zudem noch einen von ihren Eltern unabhängigen Standpunkt und ihre eigene Gemeinschaft entwickeln, gibt es des öfteren Krisen. Hier wird das erste Mal Kooperation in einer sehr nahen, individuellen Begegnung geübt.

Entwicklungs-Graphik: Jugendlicher							
Lebensphase	Ebene der Psyche						
	orale Ebene	anale Ebene	phalli-sche Ebene	genitale Ebene	adulte Ebene	tutorale Ebene	geronte Ebene
geronte Phase							
tutorale Phase							
adulte Phase							
genitale Phase	Beziehung und Freundeskreis	Ausein-ander-setzung mit dem „Du"	erste Kooperation	„Du?" (Beziehungs-partner, Sex)			
phallische Phase	Selbstge-staltung (Freundes-kreis)	Stand-punkt durch-setzen	„Ich!!!" (Willen)				
anale Phase	Bevorzu-gen (Familie)	„Nein!" (Strei-ten)					
orale Phase	„Ja" (Mutter)						

5. adulte Phase

<u>Adulte Ebene:</u> Diese Phase beginnt spätesten mit der Geburt des ersten Kindes. Aus dem „Ich!!!" und dem „Du?" wird dann ein „Wir." Es werden feste Formen und Verläßlichkeit gebraucht – die neue Familie kann nur gedeihen, wenn sie auf Vertrauen und Verantwortung gegründet ist.

<u>Orale Ebene:</u> Aus der Gemeinschaft „Beziehung und Freundeskreis" der vorigen Phase des Jugendlichen wird nun die Gemeinschaft „Familie und Freundeskreis", in der man sehr viel stärker selber dafür sorgt, daß es die Geborgenheit gibt, die man selber und die anderen Familienmitglieder brauchen.

<u>Anale Ebene:</u> Die Kraft und die Klarheit müssen nun eine neue Ebene erreichen, da man als Vater oder Mutter das gesamte Familiensystem schützen und alle Bedürfnisse wahrnehmen und weitgehend erfüllen muß. Der Egoismus der analen Ebene muß sich hier zu einem Familien-Egoismus weiten, der zwar immer noch auf dem persönlichen Egoismus beruht, aber ein deutlich weiter gefaßtes Ziel als nur das eigene Wohlergehen anstrebt.

<u>Phallische Ebene:</u> Die ersten Ansätze zur Kooperation zwischen dem „Ich" und dem „Du" in der genitalen Phase werden nun in der Familie weiter ausgebaut – es muß schließlich ein ganzes System aus drei bis sechs oder mehr Menschen koordiniert werden – was keine leichte Aufgabe ist und eigentlich eine Management-Ausbildung erfordert ...

<u>Genitale Ebene:</u> Die Beziehung zwischen „Ich" und „Du" ist zu der Beziehung zwischen Vater und Mutter geworden, was die beiden in eine völlig andere Situation und vor völlig neue Aufgaben stellt – sie sind nicht mehr primär aufeinander bezogen, sondern zu einem sehr großen Teil auf die Kinder. Trotzdem darf die „Zeit zu zweit" nicht ganz verlorengehen, da sonst eine große Gefahr besteht, daß sich einer der beiden eine neuen Beziehungspartner neben der Ehe sucht.

Entwicklungs-Graphik: Erwachsener							
Lebensphase	**Ebene der Psyche**						
	orale Ebene	*anale Ebene*	*phallische Ebene*	*genitale Ebene*	*adulte Ebene*	*tutorale Ebene*	*geronte Ebene*
geronte Phase							
tutorale Phase							
adulte Phase	Familie und Freundeskreis	Ordnung der Familie	Familien-Koordination	Familien-Beziehungs-geflecht	„Wir." Vertrauen und Verantwortung		
genitale Phase	Beziehung und Freundeskreis	Auseinandersetzung mit dem „Du"	erste Kooperation	„Du?" (Beziehungspartner, Sex)			
phallische Phase	Selbstgestaltung (Freundeskreis)	Standpunkt durchsetzen	„Ich!!!" (Willen)				
anale Phase	Bevorzugen (Familie)	„Nein!" (Streiten)					
orale Phase	„Ja" (Mutter)						

6. tutorale Phase

<u>Tutorale Ebene:</u> Nachdem die Kinder aus dem Haus sind, können die Eltern nun vermehrt ihren Hobbys nachgehen, Reisen unternehmen, lehren usw.

<u>Orale Ebene:</u> Die Rückhalt-gebende Gemeinschaft weitet sich nun noch einmal auf einen Verein, auf die Kirchengemeinde, eine Partei, eine erweiterten Freundeskreis – hier gibt es viele Möglichkeiten.

<u>Anale Ebene:</u> Statt nach der richtigen, sinnvollen und effektiven familiären Ordnung wird nun nach derartigen Strukturen in der ganzen Gesellschaft gesucht.

153

Phallische Ebene: Entsprechend dem erweiterten Kontakt-Horizont wird nun auch nach dem Erkennen der Individualität von vielen Menschen und ihrer Koordination gestrebt.

Genitale Ebene: Man erlebt sich nun auch mit Nicht-Familienmitgliedern eng verbunden und strebt nach dem Wohlergehen einer großen Gruppe von Menschen.

Adulte Ebene: Die Empfindung von Vertrauen und Verantwortung in der Familie wird ebenfalls auf die größere soziale Gruppe ausgeweitet – eine „große Familie".

Entwicklungs-Graphik: alter Mensch							
Lebensphase	*Ebene der Psyche*						
	orale Ebene	*anale Ebene*	*phalli-sche Ebene*	*genitale Ebene*	*adulte Ebene*	*tutorale Ebene*	*geronte Ebene*
geronte Phase							
tutorale Phase	erweiterte Gemein-schaft	Gesell-schafts-Ordnung	Gesell-schafts-Koordi-nation	größeres soziales Bezie-hungs-geflecht	„große Familie"	„Ande-res ..." Neues erleben, Lehren	
adulte Phase	Familie und Freun-deskreis	Ordnung der Familie	Familien-Koordi-nation	Familien-Bezie-hungs-geflecht	„Wir." Vertrau-en und Verant-wortung		
genitale Phase	Beziehung und Freun-deskreis	Ausein-ander-setzung mit dem „Du"	erste Koopera-tion	„Du?" (Bezie-hungs-partner, Sex)			
phallische Phase	Selbstge-staltung (Freundes-kreis)	Stand-punkt durch-setzen	„Ich!!!" (Willen)				
anale Phase	Bevorzu-gen (Familie)	„Nein!" (Strei-ten)					
orale Phase	„Ja" (Mutter)						

7. geronte Phase

Geronte Ebene: In dieser Phase weitet sich der Blick aufs Ganze und bezieht spätestens jetzt auch spirituelle, magische und religiöse Aspekte mit ein. Dadurch kann Weisheit entstehen – der Betreffende wird dann zu einem Ratgeber für viele Menschen.

Orale Ebene: Der Weise ruht in Gott und der Welt … das Ganze ist seine Gemeinschaft geworden.

Anale Ebene: Der Weise betrachtet die Ordnung der Welt und hält sich an ihre Gesetze und wird von ihnen getragen und erreicht dadurch mühelos seine Ziele.

Phallische Ebene: Der Weise strebt nach der Ordnung in der Welt und hilft daher, alle Dinge miteinander zu koordinieren – Meditation, Familien, Umweltschutz, Abrüstung, Religions-Frieden usw.

Genitale Ebene: Der Weise kann zu jedem Wesen und jedem Ding, das ihm begegnet, eine persönliche Beziehung aufbauen und es sehen, wie es ist.

Adulte Ebene: Der Weise erlebt die ganze Welt als seine Familie und erhält sie und wird von ihr unterstützt.

Tutorale Ebene: Der Weise lehrt nicht mehr Wissen, sondern Weisheit …

Lebensphase	Ebene der Psyche						
	orale Ebene	anale Ebene	phalli-sche Ebene	genitale Ebene	adulte Ebene	tutorale Ebene	geronte Ebene
geronte Phase	Ruhen im Ganzen	Ordnung der Welt	Welt-Koordi-nation	allem begeg-nen	Welt als Familie	Weisheit lehren	„Alles" weiser Ratgeber
tutorale Phase	erweiterte Gemein-schaft	Gesell-schafts-Ordnung	Gesell-schafts-Koordi-nation	größeres soziales Bezie-hungs-geflecht	„große Familie"	„Ande-res ..." Neues erleben, Lehren	
adulte Phase	Familie und Freun-deskreis	Ordnung der Familie	Familien-Koordi-nation	Familien-Bezie-hungs-geflecht	„Wir." Vertrau-en und Verant-wortung		
genitale Phase	Beziehung und Freun-deskreis	Ausein-ander-setzung mit dem „Du"	erste Koopera-tion	„Du?" (Bezie-hungs-partner, Sex)			
phallische Phase	Selbstge-staltung (Freundes-kreis)	Stand-punkt durch-setzen	„Ich!!!" (Willen)				
anale Phase	Bevorzu-gen (Familie)	„Nein!" (Strei-ten)					
orale Phase	„Ja" (Mutter)						

Entwicklungs-Graphik: Greis

Zusammenfassung

In jeder der sieben Entwicklungsphasen des Menschen wird eine neue Fähigkeit entwickelt, die zudem jede der Fähigkeiten aus den vorigen Phasen weiterentwickelt.

Auf diese Wiese entstehen in der genitalen Phase, d.h. in der Pubertät, in der die Liebe zu einem anderen Menschen (Beziehungspartner) das erste Mal auftaucht,

> - die Liebe zu einem anderen Menschen in der genitalen Phase (Jugendlicher);
> - die Eigenständigkeit aus dem „Ich", das in der phallischen Phase (Kind) erworben wird; und
> - die Gemeinschaft aus der Geborgenheit des Säuglings bei der Mutter.

Die Liebe (aus der genitalen Phase) und die Eigenständigkeit (aus der phallischen Phase) sind das Thema der Betrachtung in diesem Buch – durch die Traumreisen zu den Göttern ist zu diesen beiden noch die Gemeinschaft (aus der oralen Phase) hinzugekommen.

Man muß diese drei Dinge aber offensichtlich noch durch etwas viertes ergänzen: die Fähigkeit, sich abgrenzen zu können, in seiner Kraft bleiben zu können, Klarheit schaffen zu können und diese drei Dinge zum konstruktiven Streiten verwenden zu können (aus der analen Phase). Erst diese Vierheit ist rund – sie sind die vier Eigenschaften/Fähigkeiten, die in der genitalen Phase, also währen der Pubertät entwickelt werden und gemeinsam den Rahmen bilden, innerhalb dessen man das Thema „Liebe und Eigenständigkeit" sinnvollerweise betrachten sollte.

Gleichzeitig mit dem „Nein!" wird in der analen Phase auch das Gehen und der gezieltere Einsatz der Hände zur Gestaltung der eigenen Umwelt erlernt. Das bedeutet, daß auch das eigenständige Handeln in der analen Phase entsteht. Daraus ergibt sich dann in der Pubertät, daß das Handeln den eigenen Lebensweg prägt und sich dem die Liebe als neues Element hinzufügt – und nicht umgekehrt.

Diese Vierheit umfaßt in der Reihenfolge ihrer Entstehung

> - die <u>Gemeinschaft</u> (aus dem „Ja" der oralen Phase),
> - das <u>Streitenkönnen</u> (aus dem „Nein!" der analen Phase),
> - die <u>Eigenständigkeit</u> (aus dem „Ich!!!" der phallischen Phase), und
> - die <u>Liebe</u> (durch das nun in der genitalen Phase entwickelte „Du?").

Die „Streitkultur" ist in den bisherigen Betrachtungen in diesem Buch zu dem Thema „Liebe und Eigenständigkeit" offenbar übersehen worden.

Die Betrachtungen zu der Entstehung dieser Fähigkeiten in den sieben Lebensphasen zeigt auch, in welcher Reihenfolge die vier Fähigkeiten, die in der Pubertät vorhanden sind, entstanden sind und daher auch aufeinander aufbauen: 1. Gemeinschaft, 2. Streitkultur, 3. Eigenständigkeit und 4. Liebe.

Diese Folge ist auch ein Lageplan für die Heilung von möglichen Entwicklungsstörungen, da dieser Lageplan zeigt, welche Fähigkeit das Fundament einer anderen Fähigkeit ist und daher zuerst geheilt werden muß:

- Säugling: Das Fundament ist die Gemeinschaft;
- Kleinkind: die Streitkultur kann nicht ohne das Getragenwerden von einer Gemeinschaft erlernt werden;
- Kind: die Eigenständigkeit braucht die Streitkultur (und indirekt auch die Geborgenheit in einer Gemeinschaft) als Grundlage;
- Jugendlicher: die Liebe braucht die Eigenständigkeit (und indirekt die Gemeinschaft und die Streitkultur) als Grundlage.
- Erwachsener: die Verantwortung beim Gründen einer eigenen Familie braucht die Liebe (und indirekt die Gemeinschaft, die Streitkultur und die Eigenständigkeit) als Grundlage;
- älterer Mensch: das Lehren braucht die Verantwortung (und indirekt die Gemeinschaft, die Streitkultur, die Eigenständigkeit und die Liebe) als Grundlage;
- Greis: die Weisheit braucht das Lehren (und indirekt die Gemeinschaft, die Streitkultur, die Eigenständigkeit, die Liebe und die Verantwortung) als Grundlage.

Die Entwicklung eines Menschen ist im Folgenden noch einmal kurz mit je einem Wort zu den jeweiligen Eigenschaften/Fähigkeiten zusammengefaßt, wobei die Eigenständigkeit und die Liebe zu einem anderen Menschen sowie deren Vorläufer und deren Weiterentwicklungen jeweils unterstrichen sind.

„1." ist jeweils die aus der oralen Phase stammende Fähigkeit, „2." die aus der analen Phase stammende Fähigkeit, „3." die aus der phallischen Phase stammende Fähigkeit usw.

orale Phase: 1. Geborgenheit
anale Phase: 1. Herkunftsfamilie und 2. Abgrenzung
phallische Phase: 1. Herkunftsfamilie, 2. Selbstbehauptung und 3. Selbstzentrierung
genitale Phase: 1. Gemeinschaft, 2. Streitfähigkeit, 3. Eigenständigkeit und 4. Liebe
adulte Phase: 1. Familie, 2. Familienordnung, 3. Kooperation, 4. Liebe und 5. Verantwortung
tutorale Phase: 1. Gemeinschaft, 2. Gesellschaftsordnung, 3. Koordination, 4. Menschenliebe, 5. Verantwortung und 6. Lehren
geronte Phase: 1. Gottvertrauen, 2. Weltordnung, 3. Koordination, 4. Weltliebe, 5. Verantwortung, 6. Lehren und 7. Weisheit

13. g)   Heilungsansätze

Suchen Sie in sich nach der Geborgenheit – bei ihrer Mutter, in ihrer Herkunftsfamilie, in Ihrem Freundeskreis, bei Ihrem Beziehungspartner, in Ihrer Familie ...

Wenn Sie Brüche in dieser fünfstufigen Entwicklung bis hin zum Erwachsenen finden, dann ist es förderlich, sich diese Brüche genauer anzuschauen und „die da oben" um Hilfe zu bitten – um die Einsichten, die man braucht, um die Hilfe, die förderlich wäre, um die Begegnungen, die einen weiterbringen ...

Suchen Sie in sich nach Ihrer Kraft – im Streit mit Ihren Geschwistern, in der Selbstbehauptung im Freundeskreis, in der Auseinandersetzung mit Ihrem Beziehungspartner, in Ihrer Familie ...

Wenn Sie Brüche in dieser vierstufigen Entwicklung bis hin zum Erwachsenen finden, dann ist es förderlich, sich diese Brüche genauer anzuschauen und „die da oben" um Hilfe zu bitten – um die Einsichten die man braucht, um die Hilfe, die förderlich wäre, um die Begegnungen, die einen weiterbringen ...

Suchen Sie in sich nach Ihrer Mitte – in der Entdeckung des 'Ich', in der Begegnung mit dem 'Du', in Ihrer Familie ...

Wenn Sie Brüche in dieser dreistufigen Entwicklung bis hin zum Erwachsenen finden, dann ist es förderlich, sich diese Brüche genauer anzuschauen und „die da oben" um Hilfe zu bitten – um die Einsichten die man braucht, um die Hilfe, die förderlich wäre, um die Begegnungen, die einen weiterbringen ...

Suchen Sie nach nach dem 'Du' – in Ihrer Beziehung, in Ihrer Familie ...

Wenn Sie Brüche in dieser zweistufigen Entwicklung bis hin zum Erwachsenen finden, dann ist es förderlich, sich diese Brüche genauer anzuschauen und „die da oben" um Hilfe zu bitten – um die Einsichten die man braucht, um die Hilfe, die förderlich wäre, um die Begegnungen, die einen weiterbringen ...

Suchen Sie nach dem Wohlergehen Ihrer Familie ...

Wenn Sie Brüche in dieser Phase des Erwachsenen finden, dann ist es förderlich, sich diese Brüche genauer anzuschauen und „die da oben" um Hilfe zu bitten – um die Einsichten die man braucht, um die Hilfe, die förderlich wäre, um die Begegnungen, die einen weiterbringen ...

14. Liebe, Wandel und Eigenständigkeit

Der Wandel ist ein Element, das so gut wie untrennbar mit der Liebe verbunden ist und daher auch deren Verhältnis zur Eigenständigkeit mitbestimmt.

14. a) Liebe, Wandel und Eigenständigkeit

Grundlegend sind alle Dinge in der Welt im Fluß und im Wandel – daher ist es wichtig, auch den Wandel in Bezug auf das Thema „Liebe und Eigenständigkeit" zu betrachten.

Dafür genügt zunächst einmal die Betrachtung der ersten vier Entwicklungsphasen, da an deren Ende im Idealfall die Liebe und die Eigenständigkeit in einem lebensförderndem Verhältnis zueinander stehen.

oraler Bereich

Aus den bisherigen Betrachtungen ergibt sich zunächst einmal die Wichtigkeit einer Gemeinschaft, durch die der Einzelne getragen wird – das ist in der heutigen Gesellschaft oft etwas, woran es fehlt …

Aus der Geborgenheit bei der Mutter wird nacheinander die Geborgenheit in der Familie, im Freundeskreis, in der Partnerschaft, in der selbstgegründeten Familie, in einer größeren Gemeinschaft und schließlich in der Welt als Ganzes.

Die Geborgenheit ist in dieser Entwicklung einem ständigen Wandel unterworfen, aber sie ist immer vorhanden und die Menschen der jeweils vorigen Form kommen teilweise mit in die neu entstehenden Formen. Es gibt also im Idealfall in dem Wandel auch eine Kontinuität.

Der Wandel ist kein Bruch, sondern eine Weiterentwicklung. Da diese Entwicklung aus einer inneren Logik und Dynamik heraus geschieht und den Betreffenden auch bereichert (z.B. durch Partnerschaften in der Pubertät), ist dieser Wandel auch kein Verlust, sondern eine Metamorphose hin zu einer größeren Fülle – das Alte löst sich teilweise auf, damit etwas Neues entstehen kann.

Störungen in diesem Wandel kann man daran erkennen, daß der Betreffende entweder zum Asketen („emotionaler Selbstversorger") oder zum Süchtigen („Gierschlund") wird.

Der Wandel hat jedoch im Idealfall, d.h. wenn keine größeren Störungen auftreten, nicht den Charakter eines Zusammenbruchs, sondern den Charakter der Verwandlung einer Raupe in einen Schmetterling.

Wenn man diesem Wandel vertraut, kann man so wie eine gute Freundin von mir sagen: „Ich freue mich auf das, was kommt."

analer Bereich

In diesem Bereich erkennt man, was man für das Spannendste, Aufregendste, Bereicherndste, Lustvollste, Freudevollsten, Glückvollste usw. hält – und geht dann in der betreffenden Richtung weiter.

Man sagt „Ja" zu dieser Richtung und „Nein" zu den anderen Richtungen. In diese Richtung lenkt man seine Kraft, in diese Richtung geht man, um in dieser Richtung weiterzukommen tut man etwas. Und der Lebensfaden wird durch das gesponnen, was man tut. Das, was man tut (und nicht, wen man liebt), entscheidet wiederum darüber, zu wem man Kontakt hat.

Die Grundlage für das gesamte Verhalten ist die Geborgenheit – dies gilt für alle sieben Lebensphasen. Diese Grundlage gibt das Vertrauen, das tun zu können, was man will, also zwischen den vorhandenen Möglichkeiten wählen zu können – ohne irgendeinen Verlust befürchten zu müssen. Das bedeutet, daß die Wahlfreiheit aus der Geborgenheit entsteht – die anale Ebene der Psyche braucht die orale Ebene als Fundament und Rückhalt.

Wenn dieses Geborgenheits-Fundament vorhanden ist, sind die Entscheidungen und daher auch die Taten beweglich – der Wandel ist dann keine Bedrohung, sondern nur eine Veränderung der Wahlmöglichkeiten. Durch das Urvertrauen erscheinen diese veränderten Wahlmöglichkeiten als neuer Geschmack, als eine Bereicherung, als interessante Wendung – und nicht als Verlust ...

Das Handeln (anale Ebene) orientiert sich an den eigenen Bedürfnissen (orale Ebene) und ist seinerseits wiederum die Grundlage für die Eigenständigkeit (phallische Ebene).

Der Wandel ist aus dieser Sicht ein Aspekt des Wachstums, eine Herausforderung, eine neue Möglichkeit, eine Erweiterung des Horizonts ... und die eigene Haltung in diesem Wandel der Möglichkeiten ist kein erschrockenes, erstarrtes, angstvolles Innehalten, sondern ein freudevoller Tanz.

Störungen in dem Umgang mit dem Wandel in diesem Bereich kann man daran erkennen, daß der Betreffende entweder zum Täter („alles kontrollieren wollen") oder zum Opfer („resigniertes Niedersinken") wird.

Der Wandel hat jedoch im Idealfall, d.h. wenn keine größeren Störungen auftreten, nicht den Charakter einer Bedrohung, sondern lediglich den Charakter der Ankunft in einer neuen Umgebung.

Wenn man diesem Wandel vertraut, kann man ihn wie eine Reise durch die Welt erleben.

phallischer Bereich

In der phallischen Phase wird das „Ich" entdeckt. Die Kombination von „Ich" und „Wandel" ergibt die fortschreitende Selbsterkenntnis und Selbstentfaltung – getragen vom Urvertrauen aus der orale Phase und von der Entdeckerfreude aus der analen Phase.

Der Wandel ist also keine Bedrohung des „Ich", sondern eine Bereicherung des „Ich" – die Möglichkeit zu wachsen. Dabei bleibt die Seele als „Same" des Ichs immer diegleiche, aber der „Baum der Psyche", der aus diesem Samen heraus wächst, wird immer größer und bekommt neue Wurzeln, Äste, Blätter, Blüten und Früchte.

Störungen in diesem Wachstums-Wandel kann man daran erkennen, daß der Betreffende entweder zu einem Star mit Größenwahn oder zu einem Fan mit Minderwertigkeitskomplex wird.

Der Wandel hat jedoch im Idealfall, d.h. wenn keine größeren Störungen auftreten, nicht den Charakter eines Verlustes oder einer Zerstörung, sondern den Charakter einer Entfaltung – wie das Wachstum eines Baumes.

Wenn man diesem Wandel vertraut, kann man auch in Anlehnung an Descartes freudevoll sagen: „Ich wachse, also bin ich."

genitaler Bereich

Zu Beginn der genitalen Phase verfügt der Jugendliche (wenn in seiner Entwicklung alles gutgegangen ist), über die Geborgenheit aus der oralen Phase, über die Handlungsfähigkeit und Streitkultur aus der analen Phase und über die Eigenständigkeit aus der phallischen Phase. Diese drei älteren Schichten der Psyche sind das Fundament für die nun neu entstehende Schicht der Psyche und sie bilden auch den roten Faden, um den herum sich diese neue Schicht bildet.

In der Mitte des Lebensfadens ist die Geborgenheit, darum herum hat sich die Handlungsfähigkeit gebildet, darum herum die Eigenständigkeit und nun kommt als neue Schicht die Liebe zu einem anderen Menschen hinzu. Der eigene Lebensfaden wird (in einer heilen Psyche) also durch die drei älteren Schichten der Psyche deutlich mehr bestimmt als durch die neue Schicht – allerdings enthält diese neue Schicht der Psyche, die aus dem „Du?", der Sexualität und der Liebe besteht, sehr intensive Gefühle. Daher ist es notwendig, sich bei allem, was in den Liebes-Beziehungen auch geschehen mag, sich stets

    1. die Orientierung an den eigenen Bedürfnissen und die Geborgenheit in der eigenen Gemeinschaft (orale Ebene),

    2. die eigene Handlungsfähigkeit und Streitfähigkeit (anale Ebene) und

    3. die Eigenständigkeit und das Strahlen

zu bewahren. Wenn eines dieser drei Elemente deutlich beeinträchtigt wird, fehlt das Fundament für die neue Schicht der Psyche (genitale Ebene), die dann nicht gedeihen und sich nicht entfalten und keine Quelle der Freude, der Lust und des Glücks werden kann.

Aufgrund der intensiven Gefühle in der neuen Schicht der Psyche können Krisen in den von Liebe, Sex und evtl. auch von Geborgenheit und gegenseitiger Unterstützung geprägten Beziehungen recht heftig werden.

Der Wandel gehört jedoch auch zu dieser Ebene der Psyche dazu. Er kann sehr unterschiedlich erlebt werden – manche finden eine Beziehung nach einem Monat schon langweilig, andere geraten in eine existentielle Krise, wenn sich die Freundin auch nur mal nach einem anderen Mann umdreht.

Der Wandel braucht in dieser Schicht der Psyche die Grundlage der in den drei vorhergehenden Phasen entstandenen drei Schichten der Psyche: die Geborgenheit, die Handlungsfähigkeit und die Eigenständigkeit. Wenn sie vorhanden sind, kann man souverän mit den eigenen Beziehungen umgehen und sie so beginnen, gestalten und beenden, daß sie eine Bereicherung für das eigene Leben sind.

Störungen in diesem Wandel kann man daran erkennen, daß der Betreffende in eine oder mehrere der Polarisierungen der Psyche gerät – in den Süchtigen/Täter/Star oder in den Asketen/Opfer/Fan.

Der Wandel hat jedoch im Idealfall, d.h. wenn keine größeren Störungen auftreten, nicht den Charakter eines existentiellen Verlustes, sondern den Charakter eines Neubeginns, der zu einer noch erfüllteren Beziehung führt.

Wenn man diesem Wandel vertraut, kann man so, wie es Gott in dem Buch „Gespräche mit Gott" empfiehlt, sich nach der (bereits zitierten) folgenden Leitlinie richten: „Schau, wo Du hin willst, und frag dann, wer mitkommt."

Die Grundlage einer Beziehung ist, daß man von sich selber erfüllt ist, daß man satt ist, daß man den anderen nicht braucht, aber die Begegnung mit ihm genießen kann. Das hat eine Freundin einmal treffend zusammengefaßt: „Man sollte stets als König in eine Beziehung gehen und niemals als Bettler."

14. b)   Die vierzehnte Skizzierung des heilen Zustandes

Der heile Zustand ist bereits in dem vorigen Abschnitt weitgehend dargestellt worden. Er besteht aus den intakten vier Schichten der Psyche, die sich in der Zeit bis zur Pubertät entwickelt haben.

Auf der Grundlage dieser vier intakten Schichten, also auf dem Fundament von Geborgenheit, Handlungsfähigkeit, Eigenständigkeit und Liebe, wird der Wandel nicht als Bedrohung, sondern als Veränderung, Weitung und als die Möglichkeit zu einer größeren Fülle erlebt. Die Liebe ist dann eine Form des Strahlens, die die Souveränität und Unabhängigkeit in keiner Weise beeinträchtigt, sondern lediglich ihre Erlebens- und Ausdrucksmöglichkeiten bereichert.

Man kann diese heile Haltung durch die folgenden vier Sätze beschreiben:

„Ich freue mich auf das, was kommt."
„Ich bin auf einer Reise durch mein Leben."
„Ich wachse, also bin ich."
„Schau, wo Du hin willst, und frag dann, wer mitkommt."

14. c)   Heilungsansätze

Da Sie gerade dieses Buch lesen, ist es recht wahrscheinlich, daß das Thema „Liebe und Eigenständigkeit" auch in Ihrem Leben von Bedeutung ist.

Wenn Sie möchten, können Sie Ihre möglichen Krisen im Zusammenhang mit diesem Thema betrachten und schauen, zu welchem der vier Bereiche, die bis zu Pubertät entstanden sind, diese Krisen gehören:

Verlust der Geborgenheit? Beziehungs-Sucht? Einsamkeit? Angst vor Verlassenwerden? Dann ist es die orale Ebene, auf der das Problem entstanden ist und auf der Sie die Heilung für dieses Problem finden können – Geborgenheit ...

Übervorteilt werden? Ausgenutzt werden? Mißbraucht werden? Nicht streiten könne? Dominant sein müssen? Dann ist es die anale Ebene, auf der das Problem entstanden ist und auf der Sie die Heilung für dieses Problem finden können – Streitkultur und Handlungsfähigkeit ...

Sich immer in den Schatten stellen? Für den anderen da sein? Sich stets in den Vordergrund drängen? Den anderen zum Beifallklatschen brauchen? Identitätskrisen? Dann ist es die phallische Ebene, auf der das Problem entstanden ist und auf der Sie die Heilung für dieses Problem finden können – Eigenständigkeit und Selbstliebe ...

15. „Totempfahl"-Traumreisen

Der Totempfahl und der ihm vorausgehende Vogelstab ist eines der ältesten und wichtigsten religiösen Symbole der Menschen. Diese beiden Symbole sind auf allen fünf Kontinenten zu finden – der älteste Nachweis stammt aus den Höhlenbildern der späten Altsteinzeit.

Der Stamm des Totempfahls ist der physische Leib eines Menschen – der Vogel, der oben auf diesem Stab oder Stamm sitzt, ist der Seelenvogel dieses Menschen. Dieses Symbol stellt das Nahtod-Erlebnis dar, bei der man mit seiner Seele (Astralkörper) seinen physischen Leib verläßt und dann über ihm schwebt.

Dieses Erlebnis ist sehr wahrscheinlich die Grundlage jeglicher Religion, da es zeigt, daß man mehr als nur der physische Körper ist. Die Aussage des Totempfahls ist somit „Seht, ihr seid sowohl euer Körper als auch eure Seele!"

Man kann nun den Totempfahl, also die Darstellung des Körpers und der Seele, durch die übrigen „spirituellen Bestandteile des Menschen" ergänzen – so wie es alle Völker mit ihren Totempfählen getan haben. In dem Zusammenhang mit dem Thema dieses Buches ergibt sich dann der folgende Totempfahl:

- Ganz oben ist die Einheit, die die Wurzel aller Vielheit ist, das Nirvana, Gott.

- Darunter ist der Bereich der Gottheiten, die die vielen verschiedenen Aspekte des einen Gottes sind. Von diesen Gottheiten ist diejenige abgebildet, von der die Seele des betreffenden Menschen sozusagen ein Tropfen ist – die Gottheit ist ein endloses Meer derselben Qualität.

- In der Mitte befindet sich die Seele des Menschen, also das, was sich in dem betreffenden Menschen inkarniert hat.

- Darunter ist der Lebenskraftkörper des Menschen zu finden. Er hat drei „Verbündete": Er ist mit dem Tier verbunden, das der Dynamik dieses Menschen am ähnlichsten ist und daher in seinem derzeitigen Leben sein Krafttier ist. Er ist zudem mit der Pflanze verbunden, die der Haltung dieses Menschen am ähnlichsten ist und daher in seinem derzeitigen Leben seine Kraftpflanze ist. Er ist zudem mit dem Stein verbunden, der der Struktur dieses Menschen am ähnlichsten ist und daher in seinem derzeitigen Leben sein Kraftstein ist.

- Ganz unten befindet sich der physische Leib.

Diese fünf Teile des Menschen, seine fünf Ebenen, die fünf Abschnitte seines Totempfahls sowie die drei „Verbündeten" des Menschen könnten evtl. auch etwas zu dem Verständnis des Themas „Liebe und Eigenständigkeit" beitragen.

Man könnte auch die ganzen „Ableger" des Totempfahls in den verschiedenen Kulturen wie die Sushumna in der indischen Yoga-Lehre, den Djed-Pfeiler in der ägyptischen Mythologie oder die Mittlere Säule in dem kabbalistischen Lebensbaum untersuchen, aber vermutlich ist es fruchtbarer, Traumreisen zu den fünf Aspekten des Totempfahls zu unternehmen.

Diese Traumreisen könnte man allgemein unternehmen, also z.B. zu dem „Krafttier an sich" reisen, aber wahrscheinlich ist es produktiver, zu dem eigenen Krafttier zu reisen und es zu fragen. Das bedeutet, daß dieses Kapitel deutlich subjektiver und persönlicher wird als die übrigen Kapitel dieses Buches, da ich zu meinem eigenen Krafttier, meiner eigenen Seele usw. reisen werde, aber es werden sicherlich zum einen auch einige allgemeingültige Informationen dabei sein und zum anderen inspirieren diese Traumreisen vielleicht den einen oder anderen dazu, selber solche Traumreisen zu dem eigenen Krafttier, zu der eigenen Seele usw. zu unternehmen.

Nun, es wird sich ja zeigen, ob dieser Ansatz produktiv ist oder nicht – man erlangt kein sicheres Wissen ohne Experimente …

15. a)   Körper

„Hallo mein Körper!"

„Na, Du? Was willst Du denn?"

„Hm – ich wollte Dich fragen, ob Du mir irgendwas zu Liebe und Eigenständigkeit sagen kannst."

„Also … Liebe macht Spaß … und Eigenständigkeit macht den Spaß möglich."

„Hm …"

„Und außerdem: … Ich bin … und Liebe ist ein Ereignis. … Klares Verhältnis."

„Hm … wieso ist das eigentlich so, wenn ich mit irgendwelchen Organen von mir oder anderen Leuten spreche, daß die alle so'n ausgeprägtes Temperament haben?"

„Hm, die sind halt so – die sind lebendig. Da ist das noch nicht blockiert."

„Aha … gibt's noch etwas, was Du mir da sagen kannst?"

„Ojoh … was willst Du denn wissen?"

„Ja, zum Beispiel … wie … kann ich mit dem ständigen Wandel umgehen, also … daß Leute kurze Zeit oder längere Zeit da sind und dann wieder fort?"

„Du hast Doch Dich! Wo ist da das Problem?"

„Hm … … …   naja, da hat man halt einen Kontakt, der gut tut – und das hätte ich dann gerne auch weiterhin."

„Ach, da hört nur etwas auf, wenn's irgendwo was Besseres gibt! ... Und das brauchst Du nur zulassen – das ist alles."

„Hm – Du hast einen sehr soliden Optimismus, oder?"

„Ja – nennt man 'Selbsterhaltungstrieb'."

„Öh ... wie realistisch ist das denn dann?"

„Na, sehr! Guck, ich existiere doch! Folglich ist der auch realistisch und auch meine Ansichten."

„Hm – Du hast eine sehr überzeugende Logik."

„Ja, ne'? Gut, ne'?"

„Hm ... sag' mal ... wäre ich normalerweise auch so ... hm ... peppig wie Du?"

„Naja ... wenn Du nicht mit angezogener Handbremse leben würdest – ja."

„Ehm ... wo ist die Handbremse?"

„Na, in Deinem Hals – weißt Du doch!"

(Horoskop: Saturn im 2. Haus)

„Ja ... ja, gut ... also ... Hallo Hals?"

Hals: „Ja?"

Ich: „Äh ... hast Du 'ne angezogene Handbremse?"

Hals: „Naja – Du bist halt immer so vorsichtig! ... Du hast Angst vor Scherben, Angst vor Verwandlung, Angst vor dem Ende von irgendwas ... Sei einfach mal'n bißchen forscher ..."

Ich: „Hm ..."

Hals: „Und will ruhig mal irgendwas ... Du kannst ruhig mal was wollen ..."

Ich: „Das haben mir schon einige Freunde und Freundinnen gesagt."

Hals: „Und? Hast Du's schon mal gemacht?"

Ich: „Manchmal – da kommt das so spontan."

Hals: „Und?"

Ich: „War eigentlich immer gut. Läßt sich aber, glaube ich, nicht planen ..."

Hals: „Brauchst Du ja auch nicht. Aber Du könntest schon mal wünschen – dann kann der Rest leichter kommen. Aber Dich auch nicht in den Wünschen verbeißen ... Wie war das denn, wenn Du da spontan warst?"

„Hm ... meist hab' ich's vorher geahnt ... ich hab's mir plötzlich gewünscht ... und dann war's plötzlich da ... war immer ganz einfach ..."

„Ja – so könnte Dein Leben laufen ..."

„Hm ... so klingt der Wandel eigentlich ... ja ... nach Fülle ..."

„Ist er ja auch."

„Danke, Hals!"

„Hmmm ..."

Ich: „Gibt's noch irgendein Organ, das irgendwas sagen will?"

Leber: „Ey, Kerl! Sei' mutig! Dann wird Dein Leben 'n bißchen lustiger!"

Ich: „Hm ... o.k. ... Noch jemand?"

Penis: „Ich hab' nichts zu tun ... "

Ich: „Jaja, gut! ... Und sonst? "

Das Herz macht mich auf sich aufmerksam ... da ist Frieden ... da bin Ich ... da ist meine Seele ...

Ich: „Noch jemand? ... ... Nein, sieht nicht so aus ... Ja – dann vielen Dank! "

Körper: „Joh – bitt'schön! Komm' gern mal wieder! So oft hast Du ja wirklich noch nicht mit uns gesprochen. Na, gut – mit Deinen Knien, als die vor 30 Jahren so geschmerzt haben – aber mit dem Rest? Mit dem könnt'st Du ruhig auch ab und zu mal reden! "

Ich: „Ja, gut – werd' ich machen. Danke. "

Körper: „Bitt'schön. "

15. b)   Lebenskraftkörper („Astralkörper")

„Hm ... mein Lebenskraftkörper? "

„Jaa ... mein Harry? "

„Oh – Du scheinst ja auch ein bißchen Ironie zu haben! "

„Naja – ich bin doch Dein Spiegelbild. "

„Ehm ... kannst Du mir was erzählen zur Liebe und zur Eigenständigkeit? "

„Hmmm ... ... mach Deine Vajra-Meditation ... die bringt Deine Chakren ins Gleichgewicht – das ist schon ganz gut. "

...

„ Und kannst Du mir vielleicht noch irgendwas Allgemeingültiges sagen? "

„Ja ... es ist gut, den Fluß der Lebenskraft zu betrachten ... manchmal willst Du Lebenskraft von jemandem haben, manchmal gibst Du einem anderen ganz viel Lebenskraft ... achte dadrauf ... daß Du, wenn's irgendwie möglich ist, einfach Lebenskraft von woanders (z.B. von einer Gottheit) zu jemandem rufst, wenn der welche braucht – daß Du die nicht von Dir selber nimmst. ... Aber das heißt natürlich nicht, daß in der Begegnung die Lebenskraft zwischen Dir und dem anderen nicht hin- und herfließen soll – das macht ja schließlich Freude, schafft Verbindung. "

...

„Hm ... gibt's da noch etwas zu sagen? "

...

„Bewahre Dir die Eigenständigkeit Deines Lebenskraftkörpers. Du kannst ruhig Bindungen haben – zu Deinen Eltern, Geschwistern, zu Deiner Freundin, zu Deinen Kindern ... aber achte drauf, daß da keine Abhängigkeit entsteht ... laß diese Verbindung nicht zu einer Nabelschnur werden, auf die Du angewiesen bist oder auf die der andere angewiesen ist ... laß diese Verbindung, diese Silberschnur einfach nur eine

Verbindung sein ... "

"Hm ... "

"Aber keine Abhängigkeit. ... Manchmal schafft ihr zu zweit eine Lebenskrafthülle um euch beide oder eine Verbindung zwischen euch, die so stark ist, daß ihr das Gefühl habt, ohne diese Hülle nicht leben zu können. Ihr nehmt den anderen mit darein – der wird wie ein Teil von eurer Hülle ... und wenn der dann geht, geratet ihr in Verzweiflung, dann habt ihr das Gefühl zu sterben ...

Das heißt jetzt natürlich wieder nicht, daß ihr euren Lebenskraftkörper von allem anderem isolieren sollt – das wäre ja auch ein Extrem ... aber laßt nicht zu, daß ihr euren Lebenskraftkörper nicht mehr von dem des anderen unterscheiden könnt. (Das ist nur bei der Lebenskraft-Nabelschnur zwischen Mutter und Säugling sinnvoll.)

Nehmt euch auch zwischendurch mal Zeiten, in denen ihr ganz für euch seid, in der ihr alles auf euch ausrichtet, in der die Verbindung zu dem anderen vorübergehend abgeschaltet ist ... indem ihr meditiert oder im Wald spazierengeht oder irgendetwas macht, bei dem ihr ganz mit euch seid ... "

"Hm ... das klingt, als ob das etwas wäre, bei dem jeder für sich selber erforschen muß, wie das bei ihm ist. "

"Ja, so ist das schon ... "

"Ja – und diese Lebenskraft-Schnüre zwischen zwei Menschen, die setzen meistens am Sonnengeflecht an, nicht wahr? "

"Ja. Es gibt Ausnahmen, aber die sind sehr selten. "

"O.k. ... Und wie ist das mit solchen kollektiven Sachen wie intensiver Propaganda? "

"Ja, die setzen kollektiv am Dritten Auge an – die versuchen Menschen eine bestimmte Meinung und eine bestimmte Ansicht einzuimpfen. Das ist etwas anderes als beim Sonnengeflecht – beim Sonnengeflecht geht es einfach um die Wünsche und um den Lebenskraftfluß. "

"O.k. ... Das war jetzt ja ziemlich viel ... "

"Kampfsportarten oder Tanz sind auch etwas, was Dir helfen kann, Deinen Lebenskraftkörper souverän zu halten, denn beim Tanzen oder Kämpfen bist Du autonom. "

"Hm ... ja, danke ... dieser Aspekt war ja bisher noch garnicht dabei ... Ja, Dankeschön! "

"Bitteschön! "

15. c)   Krafttier

"Hallo Wölfin! "
"Hallo ... "

169

„Kannst Du mir etwas zu Liebe und Eigenständigkeit sagen?"

„Da geht es ganz viel um Instinkte, da habt ihr ganz viele Programme in eurer Psyche – und die sind häufig mit Ängsten und Süchten und so etwas verbunden ... und das entwickelt eine hohe Eigendynamik ... "

„Hm ... ja, das ist einleuchtend ... Kannst Du mir etwas sagen, worauf man da allgemein achten sollte?"

...

„Naja, es ist gut, wenn ihr euer Krafttier kennt – und wenn ihr es ab und zu besucht und schaut, wie's ihm geht ... als Du mich kennengelernt hast, war ich völlig abgemagert ... "

„Ja, ich erinnere mich ... als Du heil geworden bist, ist Dein graues Fell strahlend weiß geworden ... "

„Ja ... "

„Und hast Du gerade einen Wunsch? Etwas, was Dir gut tun würde?"

„Rausgeh'n in'n Wald – Joggen ... mit dem Fahrrad über die Felder fahren ... am Bach sitzen ... solche Dinge ... Kuscheln natürlich auch – aber die anderen Dinge sind erst mal wichtiger ... "

„Ja ... Danke ... "

„Dann bis bald?"

„Ja, gerne! ... Und meld' Dich ruhig bei mir, wenn Du etwas willst. "

„O.k., mach' ich. "

„Bis dann!"

„Bis dann!"

„Ciao!"

15. d)   der „Schamanen-Helfer"

Wenn man intensiver mit der Verbindung des Menschen zu seiner Seele zu tun hat, also die Tätigkeit eines Schamanen, Priesters, Therapeuten o.ä. übernommen hat, gesellt sich in der Regel ein Großraubtier zu einem – das hat in früheren Zeiten die magische Kraft des Schamanen symbolisiert und tut das auch noch heute.

„Löwe?"

... ...

„Willst Du mich auch fragen?"

„Ja, würde ich gerne. "

„Hm ... ...“

„Was kannst Du mir denn zu dem Thema sagen?"

...

„Bewahr' Dir Deine Souveränität."

...

„Kannst Du mir dabei helfen?"

„Nun, ihr kriegt das Großraubtier als Begleiter, wenn ihr auf irgendeine Weise die Verbindung zu eurer Seele hergestellt habt und anfangt, auch anderen dabei zu helfen, diese Verbindung zu finden. Die Großraubtiere sind sozusagen die Schamanen-Begleiter, die Priester-Begleiter, die Therapeuten-Helfer ..."

„Das heißt ... wenn ich Dich einfach ab und zu rufe und Dich in mir spüre, dann ist das schon sehr sinnvoll und hilfreich?"

„Das ist es. Das gibt Dir Souveränität – und das solltest Du mal wieder deutlich öfter machen."

„Hm ... ... sag, Du hattest doch damals diese Verletzung am Hinterbein ... und ich habe ab und zu diese Beschwerden in der rechten Achillessehne – ist da'n Zusammenhang?"

„Mangel an Eigenständigkeit."

„Oh! So hab' ich das ja noch garnicht gesehen ... und mein Mond im elften Haus – elftes Haus ist Wade, da sitzen diese Schmerzen ja auch manchmal ..."

„Ja, es geht um Geborgenheit, daß Du zu einer Gemeinschaft gehörst – und unabhängig bleibst."

...

„Kannst Du mir helfen, da hinzukommen?"

„Wenn Du mich so explizit bittest, kann ich das, ja."

„Ja – dann hilf mir bitte, die Dinge da in der Wade und in der Achillessehne aufzulösen, die ... ja ... mich da noch behindern, die zu dieser Verletzung geführt haben."

„O.k., mach' ich."

„Danke, Löwe!"

„Ja – bitte!"

„Ciao!"

15. e) Kraftpflanze

„Hallo Thuja!"

„Hallo? ... Das ist schon Jahre her, daß Du mal bei mir warst!"

„Hm ... wär's gut gewesen, wenn ich das mal früher gemacht hätte?"

„Ja."

„Und ... was möchtest Du sagen oder tun?"

„Es wäre gut, wenn Du Dir ab und zu vorstellst, ein Thuja zu sein. Das gibt Dir

Deine Stabilität wieder.“

„Hm ... ist das dieselbe Wirkung wie die Vajra-Meditation oder die 'Übung der Mittleren Säule' aus der Kabbala?“

„Ähnlich ... das ist ein bißchen organischer ... und ein bißchen persönlicher ...“

„Ist das von daher auch effektiver?“

„Mmm ... sagen wir mal 'anders' ... 'effektiver' kann man dazu eigentlich nicht sagen ...“

„Ja, gut, dann werde ich das mal ab und zu machen. ... Kannst Du mir etwas zu Liebe und Eigenständigkeit sagen?“

„Naja, die Kraftpflanze ist die Haltung – und Eigenständigkeit ist eine Haltung im Leben ... also besucht eure Pflanze, damit ihr etwas über eure Form der Eigenständigkeit lernt.“

„Ahaaa ... und von meinem Krafttier kann ich etwas über die Form meines Verlangens lernen?“

„Ja, denn Dein Tier ist Deine Dynamik.“

„Was magst Du mir denn über meine Eigenständigkeit sagen?“

„Du bist sehr beständig, ausdauernd, zäh ... meistens eher langsam, aber gründlich ... Du bist (als Thuja) *immergrün: Du läßt Dich durch Deine Umwelt nicht allzusehr beeinflussen ... Du tust halt die Dinge so, wie Du sie tun willst ... Du bist halt so, wie ein Thuja ist ...“*

„Hm ... ja, das ist meine Form der Eigenständigkeit, die hat was sehr Beständiges, ja ... ... hm ... Gibt es da noch etwas, was Du mir sagen möchtest?“

„Nein, das war das Wichtige.“

15. f)   Kraftstein

„Bergkristall?“

„Ach! Kommst Du auch zu mir? Find' ich aber nett! Hast Du mich überhaupt schon mal besucht?“

„Hm ... doch, ich glaube schon ...“

„Du weißt viel über mich, aber Du redest zu selten mit mir.“

„Hm ... was möchtest Du mir denn sagen?“

„Na, vieles weißt Du ja: die langsame Art, in der ich entstehe; die gründliche Art, in der ich alles verbinde; die Klarheit, die ich anstrebe ...“

„Hm ... und jetzt, wo ich mal bei Dir bin – was möchtest Du mir da sagen?“

Ein Seufzer der Entspannung von mir ...

... ...

Ich spüre die Wünsche des Bergkristalls.

Ich: „Du möchtest, daß ich diese Schweigen-Meditation, diese Stille-Meditation mehr mache?"

„Würde Dir gut tun, ja."

... ...

„Weil ich dann mich selber ohne irgendwelche Gedanken, Gefühle, Bilder und so wahrnehme?"

„Ja, Du wirst Dir Deiner selber gewahr."

(Diese innere Stille ist eine Entsprechung zu der Klarheit und Durchsichtigkeit des Bergkristalls.)

... ...

... ...

... ...

„Ja, jetzt war ich gerad ein diesem Zustand ... ... Kannst Du mir etwas Spezielleres zu Liebe und Eigenständigkeit sagen?"

„Ich bin die Struktur, die Du da suchst; Du versuchst, völlig rückhaltlos aufrichtig zu sein. (Das entspricht wieder der Durchsichtigkeit des Bergkristalls.) ... Das ist auch gut so – das ist Deine Art, die Dinge zu tun."

„Hm ... und weiter?"

(Der Bergkristall ist auch in seinem Sprechen bedächtig und langsam ...)

„Das ist nicht die Art, die alle Menschen haben."

„Ja – das hab' ich wohl schon bemerkt, ja."

...

„Aber bleib Dir in den Begegnungen mit den Menschen treu dadrin!"

...

„Ja. ... ... Klarheit und Beständigkeit, ja ... Gibt es noch etwas?"

„Aktuell nicht. ... Schaut euch euren Kraftstein an, wenn ihr verstehen wollt, welche Formen ihr in euren Beziehungen erschaffen wollt. ... Bei Dir ist es ja ganz offensichtlich, daß Du Dich genauso zeigen willst, wie Du bist ... daß Du den anderen genau so sehen willst, wie er ist ... und daß Du aus dieser Offenheit heraus mit dem anderen zusammensein willst."

„Ja, das kann ich so sagen, ja."

...

„Und diese Klarheit gibt Dir auch eine große Toleranz."

„Ja – ich will garnicht, daß der andere anders ist als er ist. ... Was bei anderen in Bezug auf mich manchmal anders ist, ja. ... Danke, Bergkristall!"

„Bitt'schön!"

173

15. g)   Seele

„Hallo meine Seele!"
„Hallo."
...

„Gibt es etwas, was Du mir zu Liebe und Eigenständigkeit sagen möchtest?"
„Das meiste hast Du ja schon in dem Kapitel über das Beziehungs-Mandala beschrieben. ... Verlier mich nicht aus den Augen, wenn Du eine Beziehung hast. ... Nichts ist Dir näher als Deine Mitte – und ich bin Deine Mitte."
...

„Ja ... so ist das. ... Und so sollte ich wohl auch leben."
„Ja, dann wird es einfacher für Dich."
...

„Möchtest Du noch etwas sagen?"
...

„Nein, nicht jetzt."
„Danke!"
„Bitte."

15. h)   Schutzgottheit

„Osiris?"
„Ja?"
„Möchtest Du mir etwas sagen – über die Liebe und die Eigenständigkeit?"
...

„Nun – Deine Seele ist ein Kind von mir. Ich bin der Gott, der jedes Jahr stirbt und neugeboren wird. Der Wandel ist in Deinem Leben ein prägendes Element. ... Ich bin auch der nährende Gott, der Korngott ... ich bin auch die Erde ... ich bin der Totengott ... daher bin ich auch der, der das Totenreich kennt ... und somit auch die Seelen ... deshalb bist Du eine Art Seelenführer geworden ..."
„Hm ... an den Aspekt des Nährens habe ich bislang noch garnicht so sehr gedacht ... ... Der Wandel erhält das Leben, nicht wahr?"
„Ja ... Aussaat, Keimen, Wachsen, Ernte, Lagern des Saatgutes, wieder Aussäen – das erhält das Leben ..."
„Das heißt, der Wandel ist nicht nur ein notwendiges Übel, mit dem man klarkommen muß – der Wandel ist die Grundlage des Lebens ..."
„Ja."
...

„Hm ... und wenn ich dem Wandel von ganzem Herzen zustimme ..."

„Ja, dann sind die Veränderungen in der Liebe kein Problem mehr ... und dann wird auch die Eigenständigkeit ganz einfach ... denn es ist ja keine Gefahr mehr da, etwas zu verlieren, was Du behalten willst."

„Hm ... das ist jetzt ... eine Antwort von einer ziemlich hohen Ebene aus ..."

„Ja ... ... Schaut, daß ihr herausfindet, wo eure Seele herkommt, zu welcher Gottheit sie gehört – das ist hilfreich ... die Dynamik dieser Gottheit, die Mythen dieser Gottheit helfen euch, euch selber zu verstehen ..."

„Danke, Osiris."

„Bitte."

15. i) Gott

„Gott ... magst Du mir auch etwas sagen?"

...

„Du bist gesegnet ... wie ihr alle."

...

„Hm ... fühlt sich gut an ... aber was heißt das?"

...

„Euer Ekstase-Bewußtein entsteht aus eurem Wachbewußtsein heraus;
das Wachbewußtsein entsteht aus dem Traumbewußtsein heraus;
das Traumbewußtsein entsteht aus dem Tiefschlaf heraus – das Tiefschlafbewußt-
sein, das ist das Seelen-Bewußtsein;
und das Seelenbewußtsein entsteht aus dem Gottheitenbewußtsein heraus;
und das Gottheitenbewußtsein entsteht aus mir.

...

Ich bin die Einheit hinter der Vielheit. Ich bin das gesamte Bewußtsein in allen Dingen.

...

Und Ich bin Ich. ... Ich tue das, was gut für mich ist. ... Und das ist auch für alle meine Teile gut. ...
Das ist das, was das heißt: 'Du bist gesegnet.'"

...

„Das heißt, ich kann Dir vertrauen, dem Leben vertrauen, mir selber vertrauen ..."
„Ja ... genau ... das heißt das."

...

„Danke."
„Bitte. ... Und frag' ruhig mich ab und zu, wenn es um Dich selber geht – und nicht

175

nur, wenn Du anderen hilfst. "

...

„Hm ... ja, gut ... Danke! ... Ho!"

15. j) Die sechzehnte Skizzierung des heilen Zustandes

Die Haupterkenntnis aus diesem Kapitel ist, daß sich Selbsterkenntnis lohnt ... und die ist naturgemäß sehr individuell ... Es muß sich also jeder selber auf den Weg machen, um sich selber zu verstehen und da heraus dann sinnvoller als bisher handeln zu können.

Zu der allgemeingültigen Skizzierung des heilen Zustandes finden sich in diesem Kapitel vor allem einige Bestätigungen der Ergebnisse aus den bisherigen Betrachtungen:

- Vertrauen ist die wichtigste Grundlage (orale Phase).
- Die Eigenständigkeit ist die Grundlage der Liebe (phallische Phase).
- Man sollte darauf achten, daß man seine Lebenskraft nicht zu anderen fließen läßt, da dies zu Erschöpfung führt. Und man sollte darauf achten, daß man anderen nicht deren Lebenskraft absaugt, weil man dadurch andere schwächt und selber Teile von deren Charakter übernimmt – ich habe auf diese Weise einmal von einem Alkoholiker ein heftiges Verlangen nach Bier übernommen, obwohl ich keinen Alkohol mag (orale Phase).

Es gibt auch zwei neue Punkte:

- Die Kenntnis der Schutzgottheit ermöglicht eine einfache Beschreibung der eigenen Grunddynamik, da diese mit den Mythen dieser Gottheit übereinstimmt.
- Die Instinkte (reflexhafte Verhaltensweisen) sind ein oft nur teilweise bewußter Teil der Psyche und somit auch des Lebenskraftkörpers, der nur in eingeschränktem Maße bewußt gesteuert werden kann. Diese Instinkte sind im Wesentlichen durchaus sinnvoll, aber ihre Verbindung mit Ängsten, Süchten und ähnlichem kann die eigene Handlungsfähigkeit deutlich beeinträchtigen.

Daraus ergibt sich, daß für die Entstehung des heilen Zustandes zum einen die Selbsterkenntnis, zu der u.a. die Kenntnis der eigenen Schutzgottheit gehört, sehr hilfreich ist, und daß zum anderen die Auflösung der Ängste und Süchte, die sich gerne mit den Instinkten verbinden, ein wesentlicher Punkt ist.

15. k) Heilungsansätze

Der Heilungsansatz, der sich aus diesem Kapitel ergibt, ist von seinem Wesen her sehr einfach und von der Durchführung leider nicht ganz so einfach und stand bereits über dem Tor des Orakels von Delphi: „Erkenne Dich selbst."

Über diesem Tor stand noch ein zweiter Spruch, der eines der wichtigsten Heilmittel ist: „Nichts im Übermaß." Das kann man u.a. auch auf die Polarisierungen in der Psyche beziehen, die durch die Ängste und Süchte entstehen: Süchtiger und Asket, Täter und Opfer sowie Star und Fan sind Extreme und tun Dinge im Übermaß.

Wenn Sie heil werden wollen, könnten Sie einmal eine Weile lang versuchen, jeden Tag diese beiden Richtlinien aus dem Orakel von Delphi zu befolgen.

Das führt zur Eigenständigkeit ...

16.   Die spirituellen Aspekte der Liebe

Einige spirituelle, magische und religiöse Aspekte des Strebens nach einer Harmonie zwischen Liebe und Eigenständigkeit sind schon kurz betrachtet worden: die Telepathie, die Kundalini, der Lebenskraftkörper, das Horoskop …

Es gibt jedoch noch einige weitere Themen, deren Untersuchung noch etwas zusätzliche Klarheit in dieses Thema bringen könnte.

16. a)   Partner-Horoskope

So wie man den Charakter eines Menschen mithilfe seines Horoskopes beschreiben kann, kann man auch den Charakter einer Begegnung zwischen zwei Menschen mithilfe der Kombination der Horoskope der beiden betreffenden Menschen beschreiben.

Das Prinzip ist dabei sehr einfach: Man vergleicht, welcher Planet des einen welche Aspekte zu den Planeten des anderen hat. Wenn z.B. beide ihre Merkur an derselben Stelle stehen haben („Konjunktion"), können sie einfach miteinander reden und verstehen einander mühelos. Gibt es hingegen ein Quadrat zwischen dem Merkur des einen und dem des anderen, kommt es ständig zu Mißverständnissen und möglicherweise auch zu Streit.

Die Schilderung des Verhältnisses zwischen zwei Menschen, die man auf diese Weise erlangen kann, ist sehr detailliert und kann gelegentlich ganz hilfreich sein.

Nun ist zwar alles, was ein Mensch ist und tut, vollständig durch sein Horoskop geprägt, aber das Horoskop ist nicht der einzige Einfluß. So hat z.B. jeder durch Bewußtheit die Möglichkeit, den Charakter einer Begegnung, die er von ihrem (astrologisch geprägten) Stil her nicht verändern kann, auf ein höheres Niveau zu bringen – was einen großen Unterschied machen kann.

Bei einem Merkur-Merkur-Quadrat kann man sich z.B. ständig mißverstehen und streiten und einander dauernd im Wege stehen, aber man kann auch innehalten und sich gemeinsam darum bemühen, den Standpunkt und den Blickwinkel des Verstandes des anderen zu begreifen. Daraus ergibt sich dann die Möglichkeit zu einem „intellektuellen Waffenstillstand", der wiederum ermöglicht, auch den Standpunkt des anderen in die eigenen Überlegungen miteinzubeziehen und zu prüfen, welcher Blickwinkel in der Situation, um die es gerade geht, als der kreativere und effektivere erscheint.

Auf diese Weise kann eine produktive Zusammenarbeit möglich werden, die dem, was dadurch entsteht, die Weite und Freiheit des Quadrates gibt, die die eigentlichen Eigenschaften dieses astrologischen Aspektes sind.

Das Partner-Horoskop löst keine Beziehungsprobleme, aber es kann unter Umständen dabei helfen, den anderen und das eigene Verhältnis zu ihm besser zu verstehen und dadurch neue Verhaltensmöglichkeiten sichtbar zu machen.

16. b)   umfassende Selbstliebe

Die Selbstliebe ist oftmals ein eher diffuses Konzept. Wenn die Selbstliebe auch tatsächlich gefühlt und nicht nur gedacht wird, ist das schon mal ein deutlicher Fortschritt.

Die Betrachtungen aus dem letzten Kapitel ermöglichen ein etwas differenzierteres Vorgehen beim Entwickeln der Selbstliebe. Die folgenden Fragen setzen natürlich voraus, daß man die betreffenden Teile von sich selber bereits kennt.

- Liebe ich meinen Körper?
- Liebe ich alle meine Organe?
- Liebe ich mein Aussehen?

- Liebe ich meine Lebenskraft?
- Welche Gefühle sind in meinen Chakren? Selbstliebe?
- Liebe ich mein Krafttier?
- Liebe ich meine Kraftpflanze?
- Liebe ich meinen Kraftstein?
- Liebe ich mein Großraubtier, den Schamanen-Begleiter?

- Liebe ich meine Seele?

- Liebe ich meine Schutzgottheit?

- Liebe ich Gott?

Diese Fragen sind natürlich nur ein Anfang – sie ermöglichen, das eigene Verhältnis zu sich selber differenzierter und genauer zu erfassen. Welche Gefühle, Konzepte, Bilder und Einstellungen findet man als Antwort auf diese Fragen? Woher stammen sie? Brauchen sie Heilung?

16. c)   die Verbündeten

Wenn man schon Erinnerungen an frühere Leben gefunden hat, kann man feststellen, daß man in jedem Leben ein anderes Krafttier, eine andere Kraftpflanze und einen anderen Kraftstein hat. Dies liegt daran, daß sich diese drei erst bei der Zeugung an den eigenen Lebenskraftkörper anlagern – jeweils die drei, die dem Wesen und der Absicht der sich inkarnierenden Seele für das bevorstehende Leben am ähnlichsten sind. Da die Seele in jedem Leben eine andere Dynamik (Tier), eine andere Haltung (Pflanze) und eine andere Struktur (Stein) wählen kann, können auch die drei Verbündeten in jedem Leben andere sein.

Das Verhältnis zu diesen dreien ist also anderes als das Verhältnis zu dem eigenen Lebenskraftkörper oder zu der eigenen Seele, die sozusagen direkt auf dem Verbindungsweg zwischen dem eigenen Körper und Gott liegen und daher ein Teil der „religiösen Nabelschnur" sind, die u.a. durch den Totempfahl dargestellt wird.

Die drei Verbündeten sind hingegen Begleiter für ein Leben, was jedoch ausreicht, um sie für das derzeitige Leben in die Selbstliebe mitaufzunehmen – zumal sie ja Aspekte des eigenen Charakters widerspiegeln …

16. d)   die Clane

Alle Menschen mit Wölfen als Krafttier bilden den Wolfs-Clan, alle Menschen mit einer Eiche als Kraftpflanze bilden den Eichen-Clan, alle Menschen mit einem Granit als Kraftstein bilden den Granit-Clan, alle Menschen mit Shiva als Schutzgottheit bilden den Shiva-Clan usw.

Dadurch, daß man niemals der einzige ist, der ein bestimmte Krafttier, eine Kraftpflanze, einen Kraftstein oder eine Schutzgottheit hat, gibt es „spirituelle Verwandtschaften" zwischen den Menschen. Das bedeutet nicht, daß diese Menschen besonders gut miteinander auskommen (die Art der Begegnung wird eher durch das Partner-Horoskop beschrieben), aber es bedeutet, daß sie das Verhalten der anderen verstehen und sich mit ihnen „verwandt" fühlen. Diese Form der Verwandtschaft kann man am besten verstehen, wenn man einmal als „Wolf" mit mehreren anderen „Wölfen" an einem Tisch gesessen hat.

Es ist sinnvoll, in Begegnungen die Übereinstimmung in dem eigenen Verhalten, die z.B. auf dem gleichen Krafttier oder auf derselben Schutzgottheit beruht, nicht als „karmische Bindung" aufzufassen oder sie gar für Liebe zu halten – denn sonst kann eine ziemlich große Verwirrung und Verstrickung entstehen …

16. e) die Zwillingsseele

Ein beliebtes Konzept ist die „Zwillingsseele". Darunter wird im allgemeinen eine Seele verstanden, die zusammen mit der eigenen Seele erschaffen worden ist und sozusagen deren andere Hälfte darstellt. Aus dieser Vorstellung ergibt sich, daß man nur mit seiner „anderen Hälfte" wirklich glücklich werden kann.

Dieses Konzept reduziert in den meisten Fällen die Flexiblilität, die Verantwortung, die Klarheit und noch so einiges anderes in der Begegnung, in der der eine den anderen für seine Zwillingsseele hält, ganz beträchtlich.

Zunächst einmal gibt es keinen Hinweis darauf, daß es eine solche Zwillingsseele tatsächlich gibt. Sehr wahrscheinlich beruht diese Vorstellung darauf, daß man in sich selber seinen inneren Mann und seine innere Frau finden kann, also das heile Selbstbild und das heile Suchbild (siehe das Kapitel über das Beziehungs-Mandala). Es liegt nahe, dieses innere Suchbild mit einem ihm ähnlichen Mann bzw. mit einer ihm ähnlichen Frau zu verwechseln.

Ich selber habe einmal eine Frau getroffen, die von ihrem Verhalten und von ihrem Aussehen her meiner inneren Frau bis auf zwei Details genau gleicht. Es war nicht einfach, mein inneres Bild und die Begegnung mit dieser Frau wirklich klar zu trennen … aber es war notwendig.

Es gibt noch eine zweite mögliche Ursache für die Entstehung der Vorstellung einer Zwillingsseele: Wenn man seiner Seele begegnet, kommt es vor, daß diese, wenn sie als Mann erscheint, von zwei Frauen begleitet wird, und wenn sie als Frau erscheint, von zwei Männern begleitet wird. Diese beiden Begleiter erscheinen vor allem in Krisensituationen (ohne die Seele selber) und helfen einem meist im Traum, im Halbschlaf oder in der Meditation durch Rat, aber auch durch Taten, indem sie z.B. etwas an den Chakren verändern oder einem ein anderes Reaktionsmuster zeigen.

Da diese beiden Seelenbegleiter jedoch ziemlich unbekannt sind und die innere Frau und der innere Mann deutlich leichter zugänglich sind, wird die Vorstellung der Zwillingsseele hauptsächlich auf den inneren Mann und die innere Frau zurückgehen.

16. f) Reinkarnation

Im Rahmen dieses Buches lassen sich die Argumente, die für die Reinkarnation sprechen, nicht näher betrachten – das würde zu viel Raum einnehmen und ich habe dieses Thema bereits in meinem Buch „Reinkarnation" ausführlich dargestellt.

Der für das Thema „Liebe und Eigenständigkeit" wichtige Aspekt der Reinkarnation ist die Vorstellung, daß man Menschen schon aus einem früheren Leben her kennen kann. Das kann durchaus sein, aber das bedeutet nicht, daß man „zusammengehört". So wie man im Leben die unterschiedlichsten Verhältnisse zu anderen Menschen haben kann, so können auch die Verhältnisse, die man in einem früheren Leben zu einem anderen gehabt hat, sehr verschieden sein.

Wenn man sich „wiedertrifft", kann man davon ausgehen, daß sich die Seelen der beiden betreffenden Menschen verabredet haben – aber wozu?

Zunächst einmal kann man einfach das Leben fließen lassen und dem eigenen roten Faden folgen und schauen, was sich zwischen einem selber und dem „alten Bekannten" entwickelt. Wenn die Wahrnehmung stimmt, daß man den anderen schon aus einem früheren Leben kennt, werden sich sehr wahrscheinlich intensive Gefühle einstellen oder sich ein markantes Verhältnis bilden. Das kann Liebe sein, aber auch Freundschaft oder z.B. auch die Aufgabe, den anderen solange zu peinigen, bis dieser anfängt, seine verdrängte Wut zu befreien, um sich selber zu schützen. Es gibt viele verschiedene mögliche Gründe für zwei Seelen, um sich für ein Treffen in ihren nächsten Inkarnationen zu verabreden …

Die Tatsache, daß man jemanden schon aus einem früheren Leben kennt, bedeutet auch keineswegs, daß man sein Leben lang zusammenbleibt – wer weiß, vielleicht haben sich die beiden Seelen auch nur verabredet, damit der eine dem anderen in einer Krisensituation einen einzigen Satz sagt, der einen Knoten lösen kann?

Es ist immer sinnvoll, sich vor übereilten Schlußfolgerungen zu hüten, aber bei dem Thema 'Beziehung und Reinkarnation' ist diese Vorsicht ganz besonders wichtig – sonst kann man nur allzuleicht in leidvolle Fixierungen und zu einem Verlust der Eigenständigkeit gelangen …

Das alles bedeutet nicht, daß es das Wiedertreffen eines „alten Bekannten" unwichtig wäre – das ist es ganz sicher nicht. Doch man sollte damit vorsichtig umgehen und besonders umsichtig sein.

Man kann die Verabredung zweier Seelen miteinander, wenn man möchte, als 'Freundschaft' zwischen ihnen auffassen – wobei unklar bleibt, ob die beiden Seelen selber ihr Verhältnis tatsächlich als 'Freundschaft' bezeichnen würden. Aus der Sicht der beiden betroffenen Menschen ist dies jedoch in manchen Fällen eine sinnvolle Umschreibung. Diese 'Freundschaft' zwischen den beiden Seelen kann man als Liebe zu dem betreffenden anderen Menschen erleben.

Diese 'Seelen-Freundschaft' ist unabhängig von dem, was die beiden Menschen in ihrem Leben konkret miteinander teilen. Und vermutlich kann eine Seele viele verschiedene derartige Freundschaften haben. Daher ist das Erkennen dieser 'Seelen-Freundschaft' zwar wahr und daher (innerhalb eines Lebens oder mehrerer aufeinanderfolgender Leben) auch unvergänglich (weil sich die Seelen nicht so schnell verändern), aber sie erschafft keinen gemeinsamen Weg, keine Gemeinschaft im Außen – und schon gar kein 'ewiges, harmonisches Zwillingsseelen-Verhältnis'.

16. g)   Die fünfzehnte Skizzierung des heilen Zustandes

Der heile Zustand umfaßt unter anderem auch die Fähigkeit, evtl. vorhandene Beziehungen zu anderen Menschen aus früheren Leben nicht zu idealisieren und alle unerfüllten Beziehungs-Sehnsüchte auf den betreffenden Menschen zu projizieren.

Als zweites ist es für das Erreichen bzw. für das Aufrechterhalten des heilen Zustandes auch notwendig, das eigene innere Suchbild, also den heilen inneren Mann bzw. die heile innere Frau von allen konkreten Menschen im Außen unterscheiden zu können, da es sonst fast zwangsläufig zu einer Fixierung auf den betreffenden Menschen und eine tiefgehende Abhängigkeit kommt.

16. h)   Heilungsansätze

In diesem Kapitel ist es kaum möglich, konkrete Ratschläge zu geben, da die möglichen Schwierigkeiten sehr verschieden sein können.

Wenn Sie einer der dargestellten Punkte anspricht, können Sie schauen, welche Gefühle er in Ihnen auslöst, welche Vorstellungen Sie damit assoziieren und welche Impulse sich dabei in Ihnen melden. Diese drei Dinge können Sie dann genauer betrachten und schauen, wohin Sie diese Betrachtungen führen.

Da alle in diesem Kapitel betrachteten Themen letztlich mit der Sehnsucht nach einer erfüllten Beziehung zu tun haben und zudem eine spirituelle Seite haben, wäre es durchaus passend, Gott, Mutter Erde oder zu wem auch immer Sie Vertrauen haben, darum zu bitten, Ihnen den Menschen oder die Umstände zu schicken, die Sie am schnellsten und am mühelosesten wachsen lassen. Sie können sich auch eine Beziehung wünschen, die Sie fördert und glücklich macht – die Erfüllung dieses Wunsches wird jedoch auch beinhalten, daß sie Gelegenheit haben werden, alle Ihre Ängste und Süchte und ähnliches zu heilen ...

17. Die Entsprechung zur Liebe und zur Eigenständigkeit in der Physik

Wenn man sich mit psychischen Themen befaßt, kann es hilfreich sein, wenn man schaut, ob es in den Naturwissenschaften eine Analogie zu den Dingen in der Psyche gibt, die man verstehen möchte. Dies kann hin und wieder etwas mehr Objektivität in die Betrachtung bringen und neue Aspekte zutage fördern.

17. a) Quarks und Photonen

In der Physik gibt es drei grundlegende Kräfte, von denen sich alle anderen Kräfte, die es gibt, ableiten: die Gravitation ("Schwerkraft"), die elektromagnetische Kraft und die Farbkraft ("Kernkraft", "starke Wechselwirkung").
Sie unterscheiden sich in einem wesentlichen Punkt:

Die Gravitation ist einpolar, d.h. es gibt von ihrer "Ladung" nur eine einzige Erscheinungsform – deshalb haben alle Dinge ein Gewicht.

Die elektromagnetische Kraft ist zweipolar, d.h. von ihrer Ladung gibt es zwei Erscheinungsformen: "+" und "-".

Die starke Wechselwirkung ist dreipolar, d.h. von ihrer Ladung gibt es drei Erscheinungsformen: "gelb", "rot" und "blau" – wegen diesem Gleichnis wird sie auch "Farbkraft" genannt.

Aus dieser unterschiedlichen Polarität ergeben sich weitere Merkmale dieser drei Kräfte:

Um einen neutralen Zustand zu erreichen, ist bei der Gravitation nichts Besonderes notwendig – sie ist immer gleich und hat nur eine Erscheinungsform. Sie ist niemals neutral, d.h. unwirksam, da sie auf alles, was Masse oder Energie hat, also auf alles, was es in unserer Welt gibt, wirkt. Es gibt keine Möglichkeit irgendein Ding "Gravitations-neutral" zu machen – die Gravitation wirkt selbst auf Photonen, d.h. auf Licht.

Bei der elektromagnetischen Kraft braucht man eine gleiche Menge von "+" und "-", um einen elektrisch und magnetisch neutralen Zustand ("0") zu erreichen.

Bei der Farbkraft braucht man eine gleiche Menge von „gelb", „rot" und „blau", um einen neutralen Zustand („weiß") zu erreichen.

Diese drei Grundkräfte entstehen im Weltall in der Reihenfolge ihrer Polarität:

Als erstes entstand die Gravitation, da sie nur das Vorhandensein von Energiequanten als Mindest-Voraussetzung hat.

Als zweites entstand die elektromagnetische Kraft, da sie nur das Vorhandensein von leichten Elementarteilchen („Leptonen") als Mindest-Voraussetzung hat.

Als drittes entstand die Farbkraft, da sie das Vorhandensein von schweren Elementarteilchen („Quarks") als Mindest-Voraussetzung hat.

Man kann nun schauen, ob diese drei Grundkräfte eine Entsprechung in der Psyche haben und ob auch in der Psyche diese Entstehungsreihenfolge zu finden ist.

Die immer und überall wirkende Gravitation erinnert an Mutter Erde, die jedes Wesen auf ihr durch die Gravitation in ihren Armen hält und nicht ins Weltall hinausfallen läßt. Sie sorgt in gleicher Weise für alle ihre „Kinder".
Dies ist zwar ein recht poetisches Bild, aber es ist eine zutreffende Beschreibung des Urvertrauens und der Geborgenheit.
Die Gravitation wäre, wenn diese Analogie so zutrifft, ein passendes Gleichnis für die Wirkung einer heilen oralen Phase auf einen Menschen – er vertraut dem Leben. Man gehört immer dazu – und fällt nie aus der Erd-Gemeinschaft heraus.

Der Charakter der elektromagnetischen Kraft wird durch ihren Gegensatz geprägt, der Anziehung und Abstoßung bewirkt – das „Ja" und das „Nein", das das Kind in seiner analen Phase erlernt.
Die elektromagnetische Kraft ist sehr viel stärker als die Gravitation – das entspricht den deutlich erhöhten Möglichkeiten der Einflußnahme des Kleinkindes auf seine Umwelt, nachdem es Laufen und das gezielte Anfassen und präzise Hantieren mit Gegenständen erlernt hat.
Bis hierher wäre auch die Analogie zu der Reihenfolge der Entstehung der drei Urkräfte gewahrt: Zuerst entsteht die einpolare Gravitation und die ihr entsprechende Geborgenheit in der orale Phase; danach entsteht die zwei-polare elektromagnetische Kraft und die ihr entsprechende Unterscheidung,

185

Streitkultur und vergrößerte Handlungsfähigkeit in der analen Phase.

Alle Teilchen mit einer elektrischen Ladung unterliegen auch der Gravitation.

Auch dies ist eine Analogie zu den Phasen der Biographie: die Psyche in der analen Phase (= elektromagnetische Kraft) enthält in sich die orale Phase (= Gravitation).

Man kann nun aufgrund der Betrachtungen der beiden anderen Kräfte bei der Farbkraft eine Analogie zu der Eigenständigkeit der phallischen Phase erwarten, die sich auch finden läßt.

Es gibt im ganzen Weltall nichts, was nicht der Gravitation unterliegt – diese Kraft verbindet daher alle Dinge miteinander.

Die elektromagnetische Kraft wirkt nur zwischen Dingen, die eine elektrische Ladung haben, die also „einen Standpunkt haben und ihn auch vertreten" – und sie kann zur Anziehung („Ja") und zur Abstoßung („Nein") führen. Elektrische Ladungen gibt es in der Welt stets einzeln, d.h. nichts kann zugleich „+" und „-" sein – der elektrische „Standpunkt" einer Sache ist stets eindeutig.

Bei der Farbkraft gibt es ein interessantes Phänomen, das sich von den beiden anderen Kräften deutlich unterscheidet. In einem Proton und in einem Neutron sind jeweils drei Quarks enthalten, die die Farben „gelb", „rot" und „blau" haben.

Wenn man aus einem Proton oder aus einem Neutron z.B. das gelbe Quark herausreißen will, muß man sehr viel Energie aufwenden, die dabei in dieses Teilchen fließt und dabei zu Masse wird („$E = m \cdot c^2$"). Diese Energie muß so groß werden, daß sich aus ihr drei neue Quarks bilden können – erst dann kann man das eine Quark aus dem Proton herausreißen. De facto heißt das, daß es keine einzelnen Quarks in unserer Welt gibt – alle Quarks sind Teile einer Dreiergruppe. Der Zusammenhalt zwischen den Quarks ist so groß, daß sie durch nichts in der Welt voneinander getrennt werden können – und wenn der Druck von außen zu groß wird, „schlucken" sie die Energie dieses Drucks und verwandeln sie in eine zweite Gruppe von drei Quarks.

Gibt es ein besseres Bild für die Eigenständigkeit, die sich durch nichts in der Welt von ihrem eigenen Wesen abbringen läßt?

Die Farbkraft entspricht somit der Selbstliebe, die man sich in der phallischen Phase, also in der dritten Phase der Biographie erwirbt.

Auch die Quarks unterliegen der Gravitation und sie haben auch eine elektrische Ladung – entweder +2/3 oder -1/3. Die Quarks in einem Proton haben die Ladungen „+2/3" + „+2/3" + „-1/3" = „+1". In einem Neutron befinden sich die folgenden Ladungen: „+2/3" + „-1/3" + „+2/3" = „0".

Auch dies ist eine Analogie zu den Phasen der Biographie: die Psyche in der phallischen Phase (= Farbkraft) enthält in sich die anale Phase (= elektromagnetische Kraft) und die orale Phase (= Gravitation).

Es ist auch interessant, daß die elektromagnetische Kraft deutlich stärker ist als die Gravitation: Die elektromagnetische Kraft kann daher die Gravitation „integrieren" – und die anale Phase kann die orale Phase „integrieren". In derselben Weise ist auch die Farbkraft deutlich stärker als die elektromagnetische Kraft und kann sie daher „integrieren" – so wie die phallische Phase die anale Phase integriert. Bei der Neuentstehung einer Kraft bzw. einer Phase wird alles bisherige in das nun Neuentstehende mit eingebaut und dient als deren Grundlage.

Durch diese Betrachtung ergibt sich eine anschauliche Analogie zu den drei ersten Entwicklungsphasen des Menschen und der Fähigkeiten, die er sich dabei erwirbt:

Gravitation = Geborgenheit im Leben = orale Phase

elektromagnetische Kraft = Vorlieben, Abneigungen und daher auch einen Standpunkt haben und ihn verteidigen = anale Phase

Farbkraft = unbeirrbare Eigenständigkeit = phallische Phase

Die drei Grundlagen der heilen Psyche sind deutlich erkennbar: die Geborgenheit (oral), der Standpunkt (anal) und die Eigenständigkeit (phallisch).

Aus diesem Gleichnis ergibt sich als neues Element die Intensität, die Absolutheit, mit der diese drei Kräfte wirken:

Die Erde läßt niemals jemanden ins Weltall hinaus fallen,
der eigene Standpunkt ist immer eindeutig,
und die Eigenständigkeit kann durch nichts zerstört werden.

Das klingt, als ob das Leben es so vorgesehen hätte, daß jeder über diese drei Eigenschaften verfügt und als ob wir nur lernen müßten, diese drei Eigenschaften in uns und in unserem Leben zuzulassen.

Für das Thema dieses Buches wäre es jedoch hilfreich, herauszufinden, ob auch die Liebe eine Analogie in diesem Physik-Gleichnis hat und wo sie in ihm zu finden ist.

Um das zu ergründen, muß man sich die Entwicklung im Weltall noch etwas genauer anzuschauen.

Die zeitliche Entwicklung des Weltalls entspricht auch der fortschreitenden Komplexität von der Raumzeit ganz am Anfang hin zu den komplexen Dingen wie z.B. zu

Ihrem Körper, der jetzt gerade dieses Buch liest.

1. Phase: Energiequanten => Gravitation

2. Phase: leichte Elementarteilchen z.T. mit elektrischer Ladung (z.B. Elektronen) => Gravitation und elektromagnetische Kraft

3. Phase: schwere Elementarteilchen (z.B. Protonen und Neutronen) aus Quarks mit Farbladung => Gravitation, elektromagnetische Kraft und Farbkraft

4. Phase: Atome mit Kern und Elektronenhüllen (die sich zu Molekülen zusammensetzen und diese wiederum z.B. zu Zellen und diese dann zu lebenden Körpern) => die dabei wirkende Kraft ist die elektromagnetische Kraft

5. Phase: Gegenstände (Steine, Menschen, Sterne usw.) => die dabei wirkende Kraft ist die Gravitation, die sie zusammenzieht bzw. sie auf der Oberfläche eines Planeten hält

Es gibt also noch zwei weitere Entwicklungsschritte, die nicht auf einer weiteren, neuen Grundkraft beruhen, sondern auf einer der bereits vorhandenen Kräfte. Dabei zeigt sich eine interessante Symmetrie, die sich in ähnlicher Weise auch bei den Chakren findet:

1. Phase: neue Kraft: Gravitation

2. Phase: neue Kraft: elektromagnetische Kraft

3. Phase: neue Kraft: Farbkraft

4. Phase: wirkende Kraft: elektromagnetische Kraft

5. Phase: wirkende Kraft: Gravitation

Wenn die 4. Phase in der physikalischen Entwicklung mit der 4. Phase in der Biographie übereinstimmt, sollten in beiden Phasen dieselben Phänomene zu beobachten sein – was auch der Fall ist.

Die elektromagnetische Kraft ist eine starke Anziehung zwischen zwei gegensätzlichen Polen, was ja für die in der Pubertät erwachende Sexualität und Liebe eine durchaus zutreffende Beschreibung ist. Durch diese Anziehung werden in der Physik die Atome, Moleküle und Zellen gebildet und in der Biographie die Partnerschaften.

Es zeigt sich hier auch deutlich, daß die Selbstliebe und die Liebe zu einem anderen

Menschen zwar mit fast demselben Wort beschrieben werden, daß es sich aber, wie bereits in den früheren Kapiteln vermutet wurde, um zwei grundlegend verschiedene Dinge handelt: Die Selbstliebe ist eine Entsprechung zu der Farbkraft, deren Zusammenhalt unzerstörbar ist, während die Liebe zu einem anderen Menschen eine Entsprechung zu der elektromagnetischen Kraft ist, die voller Dynamik ist und einen ständigen Wandel bewirkt. Offensichtlich werden im Empfinden und im Wortschatz von uns Menschen diese beiden Formen der Anziehung und Bindung nicht ausreichend unterschieden … mit der fatalen Folge der Verwechslung der Liebe mit der Selbstliebe, die zu Fixierungen auf einen anderen Menschen führen kann.

Es ist auch bemerkenswert, daß es in der biographischen Entwicklung nur zu den drei ersten Phasen eine mögliche Polarisierung gibt und daß diese Polarisierungen dann in alle weiteren Phasen mitgenommen werden, aber dort keine neuen Polarisierungen erschaffen werden: Süchtiger und Asket in der oralen Phase, Täter und Opfer in der analen Phase sowie Star und Fan in der phallischen Phase.

Dies ist ein Phänomen, das zunächst einmal recht verwunderlich ist – warum hören die Menschen auf, in den folgenden vier Phasen (genital, adult, tutoral, geront) weitere Formen der Polarisierung ihrer Psyche zu entwickeln?

Die Übereinstimmung mit der physikalischen Entwicklung besteht darin, daß nur in den drei ersten Phasen neue Kräfte entstehen und in allen folgenden Phasen diese drei Kräfte auf eine neue Weise angewandt werden – die elektromagnetische Kraft z.B. zur Bildung einer Elektronenhülle.

Offenbar wird in den drei ersten Phasen die Grundlage für die gesamte weitere Entwicklung gelegt, die nur eine Ausdifferenzierung der drei ersten Phasen ist. Dies zeigt sich auch in dem Charakter der drei ersten biographischen Phasen: das „Ja" der oralen Phase führt zusammen mit dem „Nein!" der analen Phase zur Entwicklung des „Ich!!!" in der phallischen Phase. Damit ist der Mensch an sich fertig.

In der genitalen Phase wendet sich der Jugendliche den anderen zu („Du?") und gründet dann in der adulten Phase eine Familie („Wir.") – das ist eine Anwendung der vorher erlernten Fähigkeiten auf neue Umstände: „Ich!!" + „Du?" = „Wir."

In derselben Weise und Dynamik geht die Entwicklung dann weiter: In der tutoralen Phase wendet sich der ältere Erwachsene anderen Menschen und neuen Möglichkeiten („Anderes …") zu und wird schließlich zu einem Weisen, der alle Dinge sieht („Alles"): „Wir." + „Anderes …" = „Alles"

Der Abschluß der Neuentstehung von Kräften in der dritten (phallischen) Phase zeigt noch etwas anderes: Die elektromagnetische Kraft ist deutlich stärker als die Gravitation und die Farbkraft ist deutlich stärker als die elektromagnetische Kraft – was in der psychischen Analogie bedeutet, daß der innere Zusammenhalt, also die Eigenständigkeit (als Analogie zur Farbkraft) die stärkste aller psychischen Kräfte ist.

Doch nun zurück zu der Betrachtung der Analogie zwischen den biographischen Phasen und den physikalischen Phasen:

Die 5. Phase ist in physikalischer Hinsicht sozusagen unser gewohnter Alltag, in dem man sich bewegt und einer Vielzahl von Dingen begegnet und mit ihnen umgeht.

Man könnte vermuten, daß sie der 5. Phase in der Biographie entspricht, aber dafür scheint es keine klaren Hinweise zu geben. Es würde sich dann auch die Frage stellen, was die physische Entsprechung zu der 6. Phase und zu der 7. Phase ist. Vermutlich ist es dazu notwendig, die 5. physikalische Phase genauer zu untersuchen und zu schauen, ob sie sich noch differenzieren läßt.

Eine kleine Übersicht mit ersten Entwürfen zu einer weiteren Differenzierung kann hier schon Klarheit schaffen:

Analogie der Phasen in Physik und Biographie				
Phase	*Physik*		*Biographie*	
	Einheiten	*Kraft*	*Qualität*	*Kraft*
1. Phase	Energiequanten	Gravitation	Geborgenheit	Zusammenhalt
2. Phase	Elektronen u.ä.	el.-magn. Kraft	Standpunkt	Polarität
3. Phase	Quarks	Farbkraft	Eigenständigkeit	Zentrierung
4. Phase	Atome	el.-magn. Kraft	Liebe	Polarität
5. Phase	Moleküle	el.-magn. Kraft	Familie	Polarität
6. Phase	Zellen	el.-magn. Kraft	Lehren	Polarität
7. Phase	Körper	Gravitation	Weisheit	Zusammenhalt

Wenn man die 4. Phase aus den vorigen Darstellungen der physikalischen Entwicklung in drei Phasen gliedert, zeigt sich die Analogie zu der biographischen Entwicklung: In der Liebe (genitale Phase), in der Familie (adulte Phase) und in größeren sozialen Gruppen (tutorale Phase) geht es um Polaritäten, Beziehungen, Austausch und Bewegung, was die Entsprechung zu der elektromagnetischen Kraft ist.

Daraus ergibt sich, daß man das, was man in den drei ersten Phasen gelernt hat, und das, wozu man in diesen drei ersten Phasen geworden ist, in den darauf folgenden drei Phasen auf unterschiedliche Weisen auslebt: in der Beziehung, in der Familie und in größeren Gemeinschaften.

Diese Analogie zeigt, daß es für das Ergründen des Zusammenhanges zwischen Liebe und Eigenständigkeit im Allgemeinen genügt, sich die Entwicklung bis hin zu der Pubertät anzuschauen, da die beiden nächsten Phasen (Familie, größere Gemeinschaften) lediglich das weiter ausbauen, was in der Pubertät als Grundstein gelegt worden ist.

Nun gibt es noch einen letztem Vergleich in diesem Kapitel.

Die drei Grundkräfte lassen sich durch ihre Polarität beschreiben: die einpolare Gravitation, die zweipolare elektromagnetische Kraft und die dreipolare Farbkraft. Diese Polaritäten lassen sich auch graphisch darstellen: die einpolare Kraft wäre dann ein Punkt, die zweipolare Kraft ein Strich zwischen zwei Punkten und die dreipolare Kraft ein Dreieck zwischen drei Punkten.

Das erinnert sehr an die astrologischen Aspekte:

> Bei der Konjunktion (0° Abstand) stehen zwei Planeten an derselbe Stelle und bilden sozusagen einen gemeinsamen Punkt. Der Charakter der Konjunktion ist der ständige Zusammenhalt und das gemeinsame Auftreten – was gut zu dem Wesen der Gravitation und der Geborgenheit paßt.

> Bei der Opposition (180° Abstand) stehen sich zwei Planeten gegenüber. Der Charakter der Opposition ist der Ergänzungs-Gegensatz – was gut zu dem Wesen der elektromagnetischen Kraft („+" und „+-") und zu dem eigenen Standpunkt („ja" und „nein" sagen können) paßt.

> Beim Trigon (120° Abstand) stehen zwei Planeten in dem Abstand zueinander, der dem Verhältnis von zwei Ecken in einem gleichseitigen Dreieck entspricht. Der Charakter des Trigons ist die feste Freundschaft – was gut zu dem Wesen der Farbkraft und zu der Eigenständigkeit paßt.

Astrologie, Physik und Biographie					
Astrologie		**Physik**		**Biographie**	
Form	*Qualität*	*Form*	*Qualität*	*Form*	*Qualität*
0° Abstand	„Ehe"	einpolar: Punkt	Verbundenheit	Einheit	Geborgenheit (orale)
190° Abstand	Ergänzungs-Gegensatz	zweipolar: Linie	Spannungs-Dynamik	Gegensatz	Standpunkt (anal)
120° Abstand	„feste Freundschaft"	dreipolar: Dreieck	innerer Zusammenhalt	innerer Zusammenhalt	Selbstliebe (phallisch)

Das Auftreten derselben drei Grundqualitäten in diesen drei recht unterschiedlichen Bereichen läßt vermuten, daß es sich bei ihnen um eine grundlegende Struktur in unserer Welt handelt.

Auch die übrigen vier astrologischen Aspekte lassen sich in diese Graphik einfügen, wobei die Analogie bei diesen Aspekten teilweise nicht mehr ganz so deutlich erkennbar ist. Die folgende Tabelle ist entsprechend den biographischen Phasen geordnet.

Astrologie, Physik und Biographie					
Astrologie		*Physik*		*Biographie*	
Form	*Qualität*	*Form*	*Qualität*	*Form*	*Qualität*
0° Abstand: Konjunktion	„Ehe"	einpolar: Punkt	Verbundenheit	Einheit	Geborgenheit (orale P.)
190° Abstand: Opposition	Ergänzungs-Gegensatz	zweipolar: Linie	Spannungs-Dynamik	Gegensatz	Standpunkt (anale P.)
120° Abstand: Trigon	„feste Freundschaft"	dreipolar: Dreieck	innerer Zusammenhalt	innerer Zusammenhalt	Selbstliebe (phallische P.)
60° Abstand: Sextil	Gruppenbildung	zweipolar (Atome)	Spannungs-Dynamik	Gegensatz-Ergänzung	Liebe (genitale P.)
90° Abstand: Quadrat	Verschiedenes koordinieren	zweipolar (Moleküle)	Spannungs-Dynamik	Gegensatz-Ergänzung	Verantwortung (adulte P.)
150° Abstand: Quincunx	Wandel	zweipolar (Zellen)	Spannungs-Dynamik	Gegensatz-Ergänzung	Lehren (tutorale P.)
30° Abstand: Halbsextil	alles bejahen	einpolar (Dinge)	Verbundenheit	Einheit	Weisheit (geronte P.)

Interessanterweise gibt es in der Mythologie einige Entsprechungen zu den drei Quarks in einem Proton bzw. Neutron. Diese Bilder bestehen alle aus einem System von drei gleichen Teilen, die niemals getrennt werden können.

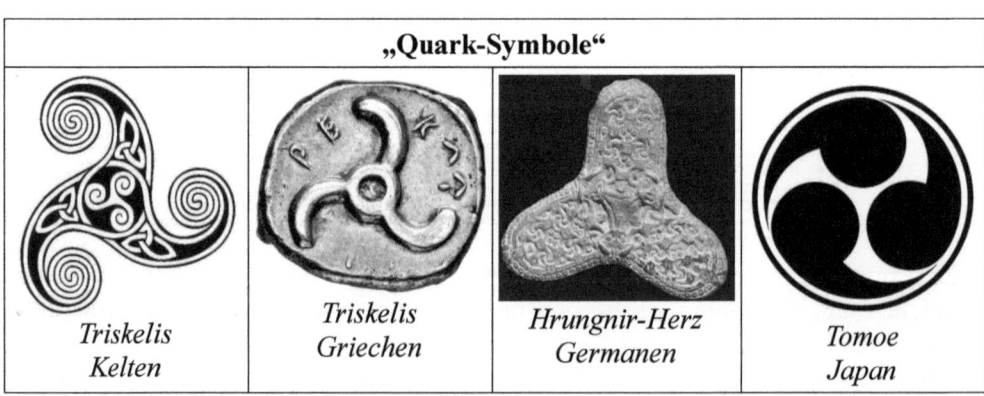

„Quark-Symbole"

Triskelis Kelten — *Triskelis Griechen* — *Hrungnir-Herz Germanen* — *Tomoe Japan*

Diese mythologischen Symbole stellen die Sonne, das Herz und die Seele dar, die alle Bilder für das Herzchakra sind, in dem sich die Selbstliebe befindet, die der Farbkraft entspricht, die die drei Quarks in einem Proton bzw. Neutron zusammenhält.

Diese Symbole sind das Triskelis bei den Kelten (Sonne) und bei den Griechen (Sonne), das Hrungnir-Herz bei den Germanen (Herz, Sonne, Seele), der „dreifache Knoten" bei den tibetischen Buddhisten (Zentrum des Herzchakras) und das Tomoe bei den Japanern (Sonne).

17. b)   Die siebzehnte Skizzierung des heilen Zustandes

In diesem Kapitel wird vor allem die Wichtigkeit der Unterscheidung zwischen der Selbstliebe und der Liebe zu einem anderen Menschen deutlich, die in der physikalischen Analogie und auch in astrologischer Hinsicht zwei völlig verschiedene Kräfte sind.

Aus dem Charakter dieser beiden Kräfte in der Physik ergibt sich eine interessante Schlußfolgerung über den Charakter der Selbstliebe und der Liebe zu einem anderen Menschen sowie über den Unterschied dieser beiden Kräfte:

> Die Selbstliebe als Analogie zu der Farbkraft ist ein innerer Zusammenhalt und eine unangreifbare Eigenständigkeit. Sie ist die stärkste Kraft.

> Die Liebe zu einem anderen Menschen als Analogie zu der elektromagnetischen Kraft ist hingegen Polarität, Dynamik, Bewegung und Rhythmus. Sie ist die zweitstärkste Kraft.

Offenbar sollte man diese beiden Kräfte auseinanderhalten und klar unterscheiden – Polarität, Bewegung, Dynamik und Rhythmus statt Zusammenhalt im eigenen Inneren ist nicht unbedingt wünschenswert … und sich selber als einem anderen Menschen untrennbar verbunden zu erleben ist auch keine besonders gute Grundlage für eine Beziehung.

Die Analogie zwischen der elektromagnetischen Kraft und der Liebe zu einem anderen Menschen erklärt auch ein Phänomen, über das zumindestens ich schon seit langem gerätselt habe: Nach meiner eigenen Erfahrung und auch meinen Beobachtungen bei anderen zufolge sind Menschen, die forsch und fordernd oder sogar provokativ und aggressiv sind, für das andere Geschlecht weitaus attraktiver als Menschen, die harmonisch, einfühlsam, zurückhaltend und ähnliches sind.

Oder anders gesagt: Drei überaktive untere Chakren sind immer noch deutlich interessanter und erotischer als drei überaktive obere Chakren.

Meinen Beobachtungen zufolge ist sowohl bei Männern als auch bei Frauen das Aussehen zwar nicht ganz bedeutungslos, aber die eigene Ausstrahlung ist weitaus wichtiger für den eigenen Erfolg bei dem anderen Geschlecht.

Offensichtlich sucht man in einer Partnerschaft primär die Spannung und das erotische Prickeln – und nicht so sehr das Einfühlungsvermögen und die Behutsamkeit. Beziehungen scheinen an ihrem Fundament daher eher die Suche nach einem Abenteuer (Dynamik der elektromagnetischen Kraft) als die Suche nach einer Erweiterung der eigenen Identität (Dynamik der Farbkraft) zu sein.

Die beständigeren Eigenschaften werden erst bei der Gründung einer Familie bedeutsamer. Aber auch da ist das Weiterbestehen der Beziehung gefährdet, wenn es keine Spannung mehr gibt und Alltagstrott und Gewohnheit das Feuer in der Begegnung erlöschen lassen. Dann suchen sich viele einen neuen Partner oder Zweitpartner, mit dem es wieder „prickelt".

Es gibt noch einen interessanten Aspekt in dieser physikalisch-psychischen Analogie: Das Proton, das aus drei Quarks besteht, die durch die Farbkraft zusammengehalten werden, hat eine elektrische Ladung, d.h. die Quarks sind nicht nur durch die Farbkraft aktiv und erschaffen durch sie den inneren Zusammenhalt (in der psychischen Analogie die Eigenständigkeit), sondern sie haben auch eine elektromagnetische Dynamik. In der psychischen Analogie kann man diese elektromagnetische Ladung des Protons am besten als die Absicht der Seele für ihre derzeitige Inkarnation auffassen – diese Ladung bleibt immer gleich und sie geht vom Zentrum (den Protonen im Atomkern) aus.

Der Farbkraft im Atomkern (Proton) entspricht die Selbstgewißheit eines Menschen – und die elektromagnetische Ladung des Atomkerns (Proton) entspricht dem Strahlen und der Ausstrahlung eines Menschen.

Die elektrische Ladung des Atomkerns (der Protonen im Atomkern) prägt alle Ereignisse rings um den Atomkern herum – in der psychischen Analogie also alle Ereignisse rings um die Seele. Durch die elektrische Ladung des Atomkerns kann eine Elektronenhülle entstehen – durch die Absicht der Seele entsteht die Psyche.

Der Atomkern mit den Protonen und Neutronen in ihm entspricht offenbar der Seele – und die Elektronenhülle um diesen Atomkern herum entspricht der Psyche. Ohne die elektrische Ladung der Protonen hätten die Atome keine Elektronenhülle und ohne Elektronenhüllen gäbe es keine Moleküle und daher auch keine Zellen und keine Lebewesen. Entsprechend gäbe es ohne eine Absicht der Seele keine Inkarnation der Seele und somit auch keine Psyche und keine Begegnungen zwischen Menschen – und auch keine Liebe zu einem anderen Menschen.

Die Farbkraft und die elektromagnetische Kraft im Atomkern sind auch ein Gleichnis für die Gleichzeitigkeit des innen „in sich Ruhen" (Farbkraft) und außen aktiv und beweglich sein und lieben (elektromagnetische Kraft) – wie dies früher in diesem Buch mehrfach beschrieben worden ist. Es ist beides da, aber der innere Zusammenhalt sowohl eines Atomkerns als auch einer Seele wird durch die äußeren Bewegungen niemals gefährdet.

Die Elektronenhülle kann mal ein Elektron verlieren und dadurch zum Ion werden oder sie kann sich mit anderen Atomen zu einem Molekül zusammenschließen, aber grundlegend kann der Atomkern jederzeit die ursprüngliche Form seiner Elektronenhülle wiederherstellen. In derselben Weise kann auch die Psyche eine „Beule" bekommen oder sich mit einem anderen Menschen zu einer Beziehung zusammentun, aber auch die Seele ist in der Lage, jederzeit den ursprünglichen Zustand wieder herzustellen.

Atom und Mensch		
Qualität	*Atom*	*Mensch*
Zentrum	Atomkern (Protonen und Neutronen)	Seele
innerer Zusammenhalt (stärkste Kraft)	Farbkraft (stärkste Kraft)	Eigenständigkeit (stärkste Kraft)
Ausstrahlung (zweitstärkste Kraft)	elektrische Ladung des Atomkerns (zweitstärkste Kraft)	Absicht der Seele (zweitstärkste Kraft)
primäre Schöpfung	Elektronenhülle	Psyche
sekundäre Schöpfung	Verbindung von Atomen zu Molekülen (elektromagnetische Anziehung)	Beziehungen (Liebe zu einem anderen Menschen)
Rückhalt (drittstärkste Kraft)	Gravitation des Atoms (drittstärkste Kraft)	Geborgenheit in der Welt (drittstärkste Kraft)

Offenbar wäre es ausgesprochen förderlich, die Absicht der eigenen Seele für ihre derzeitige Inkarnation zu erkennen. Dadurch würde das Erleben des eigenen Lebens von einem „Ich muß." oder einem „Ich kann nicht." u.ä. zu einem „Ich will." werden.

Das eigene Horoskop kann dabei eine Hilfe sein, wenn man es nicht als etwas Äußeres formuliert, was die Sterne einem eingeprägt haben und womit man nun klarkommen muß, sondern das Horoskop als den direkten Ausdruck der Absicht der eigenen Seele formuliert. Allerdings beschreibt das Horoskop nur eine allgemeine (aber immerhin sehr differenzierte) Struktur und nicht die konkreten Absichten der eigenen Seele.

Genauso steht es mit den drei Verbündeten in diesem Leben, also mit dem eigenen Krafttier, der eigenen Kraftpflanze und dem eigenen Kraftstein. Sie stellen auch allgemeine Qualitäten, aber keine konkreten Absichten dar.

Wenn es so ist, daß zum einen die Eigenständigkeit die stärkste Kraft im Menschen ist und zum anderen sich die Beziehungen und daher auch die Liebe zu anderen Menschen aus der Absicht der Seele für ihre derzeitige Inkarnation ergeben, ist es für das Verständnis des konkreten Verhältnisses von Eigenständigkeit und Liebe im derzeitigen eigenen Leben offenbar das Sinnvollste, eine Traumreise zu der eigenen Seele zu unternehmen.

Die Kenntnis der Absicht der eigenen Seele für ihre derzeitige Inkarnation, also für das eigene Leben, kann es ermöglichen, die Widersprüche im eigenen Leben, das Hadern mit dem eigenen Schicksal, das Leiden an den Umständen, die Anstrengung, das Verletztwerden und viele ähnliche Dinge zu beenden.

Da die Liebe zu anderen Menschen ein Teil dessen ist, was sich aus den Absichten der eigenen Seele für ihre derzeitige Inkarnation ergibt, kann auch das Verhältnis zwischen Eigenständigkeit und Liebe in dem ganz konkreten eigenen Leben erst durch die Kenntnis der Absicht der eigenen Seele für ihre derzeitige Inkarnation wirklich deutlich werden. Man kann zwar allgemein sagen, daß die Eigenständigkeit das Zentrum ist, aus dem heraus man sein eigenes Leben tanzt, aber was das konkret bedeutet, kann erst das Gespräch mit der eigenen Seele zeigen.

Die Traumreise zu der eigenen Seele und das Gespräch mit der eigenen Seele muß natürlich jeder für sich selber durchführen und schauen, was er dabei erfährt und was das dann für ihn bedeutet.

Ich habe bereits vor gut zehn Jahren einmal zusammen mit meinem Freund Jörg eine Traumreise zu meiner Seele unternommen, um die Absicht meiner Seele für ihre derzeitige Inkarnation herauszufinden. Uns ist es dabei auch gelungen, an einen „inneren Ort" zu gelangen, an dem ich mir meine früheren Inkarnationen anschauen konnte. An diesem Ort war auch meine Seele, die bereit war, mir zu zeigen, was ihre Absicht für ihre derzeitige Inkarnation ist. Als ich sie gefragt habe, wie das aussehen wird, wenn sie mir diese Absicht zeigt, hat sie geantwortet, daß ich mein derzeitiges Leben vollständig von der Zeugung bis zu meinem Tod sehen werde.

Daraufhin habe ich erst einmal dankend abgelehnt und ihr gesagt, daß ich evtl. später noch einmal wiederkommen werde und mir dann den Rest meines Lebens anschauen werde, um zu verstehen, was ich hier will.

Zumindestens ich habe mich an dieser Stelle entschlossen, vorerst bei der Ungewißheit zu bleiben und das Leben zunächst einmal noch als ein Abenteuer anzunehmen, das ich nicht ganz verstehe ...

17. c)   Heilungsansätze

1.   Betrachtung

Spüren Sie in Ihre Selbstliebe hinein, schmecken Sie sie, lauschen Sie ihr, betrachten Sie sie, fühlen Sie sie ...

Spüren Sie in ihre Liebe hinein, schmecken Sie sie, lauschen Sie ihr, betrachten Sie sie, fühlen Sie sie ...

Vergleichen Sie beides – wie unterscheidet sich ihr Geschmack, wie unterscheidet sich ihr Klang, wie unterscheidet sich ihr Aussehen, wie unterscheidet sich ihr Gefühl zu ihnen?

Wiederholen Sie dies, bis Ihnen die Unterschiede deutlich werden.

Stellen Sie dann innerlich Ihre Selbstliebe und ihre Liebe nebeneinander und schauen Sie, was geschieht ...

Schauen Sie nun, was in Ihnen geschieht, wenn Sie sehen was zwischen Ihrer Selbstliebe und Ihrer Liebe geschieht ...

Tun Sie nun das, was Ihnen richtig erscheint ...

2.   Anrufung

Wenn Sie den Wunsch haben, die Selbstliebe deutlicher spüren zu können und in sich zu stärken, dann können Sie sie in sich selber rufen – improvisieren Sie einfach, sagen Sie das, was aus Ihrem Herzen kommt.

Bitten Sie die Selbstliebe, in Ihnen zu leuchten,
laden Sie den inneren Zusammenhalt ein, Sie zu stärken,
begrüßen Sie die Ausstrahlung Ihrer eigenen Seele in Ihrem Leben,
lassen Sie sich von der Farbkraft erfüllen,
lassen Sie sich von den drei Quarks wärmen,
spüren Sie der starken Wechselwirkung in Ihrem Herzchakra nach,
bitten Sie den dreifacher Knoten, sich Ihnen zu zeigen,
schauen Sie, ob sie das Triskelis in Ihre Mitte leuchten sehen können,
spüren Sie die Sonne in Ihrem Herzchakra

schauen Sie, wie das Hrungnir-Herzen in Ihnen strahlt,
bitten Sie das Tomoe, in Ihnen zu kreisen,
gehen in sich zu Ihrer Seele und lassen Sie sich von ihr erfüllen.

3. Meditation

Sie können auch einfach schweigen, in der Meditation in die Stille gehen ...

Was fühlen Sie? Und wer fühlt das? Schauen Sie auf die Quelle dieser Gefühle.

Was denken Sie? Und wer denkt das? Schauen Sie auf das, was in Ihnen denkt.

Welche Bilder sind in Ihnen? Und worauf befinden sich diese Bilder? Schauen Sie auf die Leinwand, auf der sich diese Bilder befinden.

Welche Musik ist in Ihnen? Und wo spielt diese Musik? Lauschen Sie auf die Stille, in der diese Musik erklingt.

Welches Leben leben Sie? Und wer lebt dieses Leben? Sammeln Sie sich in dem, der Ihr Leben lebt.

In dieser Richtung können Sie Ihre Seele finden – die Quelle, die Stille, die leere Leinwand, das Bewußtsein, sich selber ...

18.   Formen der Beziehung

Zur Eigenständigkeit in Bezug auf die Liebe gehört unter anderem auch die passende Beziehungsform. Es gibt natürlich nicht die „Eigenständigkeits-Beziehungsform", aber wenn man eigenständig ist, kann man schauen, welche Form der Beziehung die ist, die man wirklich leben möchte.

Die große Vielfalt dieses Themas läßt sich zum einen nach ihrer zeitlichen Entstehung in den Epochen der menschlichen Geschichte ordnen und zum anderen nach ihrer Struktur, also z.B. „lebenslange Einehe", „Harem" oder „Mutter-bezogene Familien".

In diesem Zusammenhang ist es auch hilfreich, einzelne Aspekte der verschiedenen Beziehungsformen wie die Formen der Bindung, die Stellung der Kinder, die Verteilung des Besitzes u.ä. mitzubetrachten.

18. a)   Altsteinzeit

Die Altsteinzeit ist in Europa, in Mesopotamien und den angrenzenden Gebieten schon vor 12.500 Jahren geendet, sodaß man zur Rekonstruktion der damaligen Beziehungen auf archäologische Funde wie die Höhlenmalereien, die Statuetten aus dieser Zeit und auf Beobachtungen bei Naturvölkern aus historischer Zeit sowie auf Plausibilitätsüberlegungen angewiesen ist.

Zunächst einmal läßt sich feststellen, daß damals die Mutter im Zentrum der Sippe gestanden hat. Dies ist zum einen aus den vielen Frauenstatuetten ersichtlich, die nahtlos in die Statuen der Muttergöttinnen der historischen Zeit übergehen, und zum anderen dadurch, daß die Mutter in der Psyche der Menschen das zentrale Bild ist.

Vermutlich wird die Orientierung in der Sippe daher matrilinear, also auf die Mutter bezogen gewesen sein, weil die Mutter im Zentrum der Psyche und des Weltbildes steht. Man wird also nicht „X, der Sohn des (Vaters) Y" gesagt haben, sondern „X, der Sohn der (Mutter) Y". Diese Form der Orientierung ist aus mehreren Kulturen bekannt.

Da es in der Altsteinzeit kaum nennenswerten Besitz gegeben hat, hat es damals auch noch keine „Reichen" und keine „Armen" gegeben, sodaß der Besitz keine Bedeutung für die Familienstrukturen gehabt hat.

Zumindest in Nord-Eurasien ist es während der Eiszeit, die zusammen mit der Altsteinzeit um 10.500 v.Chr. geendet ist, sehr kalt gewesen – was auch Auswirkungen auf die Beziehungen gehabt hat. Die Kinder hatten damals die größten Überlebenschancen, wenn sie im Frühjahr geboren wurden, sodaß sie den Sommer über wachsen und widerstandskräftiger werden und dadurch den nächsten Winter sicherer überleben konnten.

Das bedeutet, daß die Kinder neun Monate vor Frühjahrsanfang gezeugt werden mußten – es hat also ungefähr zur Sommersonnenwende ein allgemeines Zeugungsfest gegeben, sozusagen eine Brunstzeit. Reste von diesem Zeugungsfest lassen sich bei vielen Kulturen in Eurasien und in Amerika finden – in Europa z.B. das Walpurgisfest.

Diese kollektive Zeugung der Kinder bildet zusammen mit der Mutter-Orientierung einen Hintergrund, der vermuten läßt, daß die Beziehungen damals vermutlich anders ausgesehen haben werden als heute.

Nebenher kann man aus diesem Zeugungsfest und der Geburt der Kinder zu Frühlingsanfang schließen, daß die Menschen in der Altsteinzeit in Eurasien fast alle das Sternzeichen „Widder" gehabt haben ...

Die genaue Form der damaligen Beziehungen läßt sich nur ansatzweise rekonstruieren. Da die damaligen Menschen in kleinen Gruppen von ca. zehn bis zwanzig Menschen zusammengelebt haben, wird eine solche Lebens- und Jagdgemeinschaft in viel stärkerem Maße noch als die heutigen Familien eine Einheit gebildet haben. Man wird sicherlich ab und zu andere Gruppen getroffen haben und vermutlich hat es auch einmal im Jahr (vorzugsweise im Sommer) eine größere Versammlung gegeben, wie dies von vielen Naturvölkern (und auch von einigen Tierarten) bekannt ist, aber im Wesentlichen haben die Menschen damals in diesen kleinen Sippen von ein bis zwei Dutzend Menschen zusammengelebt.

Für diese Ansicht spricht auch, daß die Menschen damals nur bis ungefähr 15 oder vielleicht 20 zählen konnten. Dies liegt daran, daß das damalige Zahlensystem aus der Addition der „1", der „2", der „4" und der „8" bestanden hat, sodaß die größte Zahl, die damit bilden konnte, die „15" gewesen ist: „8+4+2+1". Es gab natürlich auch die Möglichkeit, z.B. „8+8+4" zu sagen, aber die reguläre Bildung der Zahlen endete bei „15". Wenn die damaligen Menschen des öfteren präzise Zahlen gebraucht hätten, die größer waren als „15", hätte es sicherlich zu der „1", „2", „4" und „8" auch noch die „16" gegeben. Und die genaue Anzahl der Mitglieder der Sippe ist sicherlich eine der wichtigsten Zahlen gewesen.

Auch die Lagerplätze aus der damaligen Zeit, die erhalten geblieben sind, bestehen aus drei bis vier kleinen Hütten von der Größe eines Iglus oder einer Schwitzhütte, in denen jeweils höchsten vier oder fünf Menschen Platz gehabt haben werden. Diese „Wohngemeinschaften" werden vermutlich noch einmal Untereinheiten in der Sippe gebildet haben. Die Form dieser „Untereinheiten" ist jedoch zunächst einmal unbekannt. Am wahrscheinlichsten scheint, daß in jeder Hütte eine erwachsene Frau das Zentrum gebildet hat – eben eine Mutter mit ihren Kindern, zu der dann noch der eine oder andere Mann hinzukam.

Somit ergibt sich zunächst einmal das folgende Szenario:

- Sippen von ca. 15 Menschen in 3 bis 4 kleinen Hütten;
- Untereinheiten von 4-5 Menschen, deren Zentrum eine Mutter gewesen ist, in jeder der Hütten;
- ein Zeugungsfest ungefähr an Mittsommer;
- vermutlich ein Treffen von mehreren Sippen im Sommer.

Man kann zumindestens vermuten, daß das Zeugungsfest ein Teil des Treffens mehrerer Sippen im Sommer gewesen ist.

Die genauere Form der Beziehungen ist nicht bekannt, da es mehrere generelle Möglichkeiten gibt und sich auch bei den Naturvölkern verschiedene Formen finden.

Eine extreme und daher nicht allzu wahrscheinliche Variante ist die Vereinigung des stärksten Mannes mit der stärksten Frau, die als einzige die Nachkommen zeugen und gebären. Diese Form ist nicht besonders effektiv, da es dann weniger Kinder gibt als möglich wäre. Diese Form findet sich z.B. in Wolfsrudeln – sie kann also nicht völlig uneffektiv sein, wobei eine Wölfin allerdings in der Regel auch mehrere Welpen gleichzeitig gebiert.

Es könnte sich auch der stärkste Mann mit allen Frauen vereint haben – wie dies z.B. von Hirschen bekannt ist und somit zumindest ein denkbares Modell darstellt. Dies widerspricht jedoch der Mutter-Zentrierung, da in diesem Modell der stärkste Mann die Macht über alle Frauen und die gesamte Sippe hat. Diese Form dürfte auch für eine recht große Unruhe in der Sippe gesorgt haben, da dann die meisten Männer ihren Fortpflanzungsdrang hätten unterdrücken müssen – was für eine Jagdgemeinschaft, die auf ein hohes Maß an Kooperation angewiesen ist, ziemlich ungünstig gewesen sein müßte.

Eine noch aus historischer Zeit bekannte Variante hat als Zentrum die Gemeinschaft der Frauen, also die „Mütter der Sippe". Diese wählen die Männer, mit denen sie eine Nacht verbringen wollen. Insgesamt sind die Männer gewissermaßen der „äußere Kreis" um das Zentrum der Mütter. Dieses Modell paßt gut zu dem Zeugungsfest, da es die sexuelle Vereinigung nur einmal im Jahr für vielleicht zwei Wochen bei dem Sommertreffen gegeben hat.

Die sexuelle Vereinigung müßte damals diesem Modell zufolge daher deutlich stärker als dies heute der Fall ist von der Bindung der Sippenmitglieder untereinander getrennt gewesen sein. Es hat daher vermutlich die Sippengemeinschaft mit den Müttern in ihrem Zentrum als primäre Orientierung gegeben, zu der sich einmal im Sommer die Zeugung hinzugesellte, die vermutlich im Rahmen des Treffens mehrerer Sippen stattgefunden hat. Die heute weitestgehend übliche Koppelung von Bindung/ Familie und Sexualität würde in dieser Variante so gut wie keine Rolle spielen. Man orientierte sich nicht an einem Partner, sondern an der Sippe und insbesondere an den Müttern.

Dazu paßt auch, daß sich bei diesem Sommerfest die Frauen möglicherweise nicht nur mit einem Mann vereinten, sondern mit mehreren – so wie das auch bei den historisch überlieferten Beispielen für diese soziale Organisationsform üblich ist. Aus der Unkenntnis über den Vater ergibt sich zwangsweise, daß die Kinder die „Söhne und Töchter ihrer Mütter" waren, aber nicht die „Söhne und Töchter ihrer Väter". Diese Form der Verwandtschafts-Orientierung ist aus so gut wie allen alten Kulturen bekannt. Diese „matrilineare Orientierung" bestätigt noch einmal, daß die Mütter die Mitte der Sippe waren und es vermutlich keine feste Paarbindung im heutigen Sinne gegeben hat.

Durch die Unwissenheit darüber, welche Kinder von welchem Mann stammen, sind die Kinder zum einen die „Kinder einer bestimmten Frau" gewesen und haben zum anderen unter dem Schutz aller Männer der Sippe gestanden, die die Kinder sozusagen als die „kollektiven Nachkommen der Sippe" angesehen haben werden. Auch dieser Aspekt ist noch aus historischer Zeit von Stämmen mit einer solchen sozialen Organisationsform bekannt.

Dieser Schutz aller Kinder der Sippe durch alle Männer der Sippe wird durchaus effektiv gewesen sein – alle fühlen sich für alle verantwortlich. Daß alle Frauen der Sippe zusammen mit allen Männern der Sippe bei dem Zeugungsfest ein „Paar für eine Nacht" bilden konnten, wird ebenfalls einen sehr großen Zusammenhalt innerhalb der Sippe erschaffen haben.

In der damaligen Zeit ist die Muttergöttin das wichtigste religiöse Bild gewesen. Wie die Malereien und Gravuren aus der späten Altsteinzeit zeigen, wurde sie als zweifache Göttin aufgefaßt, die eng mit der Kuh assoziiert worden ist und ein Füllhorn in ihrer Hand hält. Sie war fruchtbar wie eine Kuh und gab reichlich Milch wie eine Kuh.

Die Ankunft der Seele im Jenseits stellte man sich wie die Ankunft im Diesseits vor: Die Toten wurden von der Jenseits-Mutter im Jenseits wiedergeboren und dann wiedergestillt – dem ging bei den Männern noch eine Wiederzeugung voraus. Die zwei Seiten der Muttergöttin sind die „Diesseits-Mutter" und die „Jenseits-Mutter".

Das zentrale Bild der Mutter ist also auch mit dem Jenseits, der Wiedergeburt und allgemein mit der Seele assoziiert worden.

Die Existenz der Seele ist durch die damals sicherlich recht häufigen Nahtod-Erlebnisse, bei denen man vorübergehend seinen Körper verläßt und ihn unter sich liegen sieht, gut bekannt gewesen.

Die Altsteinzeit entspricht der oralen Phase des Säuglings: als Teil des Ganzen leben.

18. b) Jungsteinzeit

In der Jungsteinzeit wurden durch den Ackerbau und die Viehzucht größere Gemeinschaften möglich, die unter anderem auch in der Lage waren, steinerne Tempel wie in Göbekli Tepe am oberen Euphrat zu errichten. Diese Gemeinschaften waren nun weitgehend seßhaft – im Gegensatz zu den vorwiegend nomadisch lebenden Jägern der Altsteinzeit.

Die Mütter werden weiterhin das Zentrum der Sippe gebildet haben. Als neues Element kam damals jedoch der Besitz an Äckern und Viehherden und Häusern hinzu. Wahrscheinlich werden sie zunächst einmal den Müttern gehört haben, da die Vererbung des Besitzes von der Mutter zur Tochter selbst noch im frühen Königtum ab 3250 v.Chr. üblich gewesen ist.

Durch die festen Häuser gab es einen besseren Schutz vor der Kälte im Winter, sodaß das Zeugungsfest zu Mittsommer nun keine Überlebensnotwendigkeit für die Neugeborenen mehr war – zudem war auch die Eiszeit geendet. Es ist allerdings als Fest bis in das Königtum hinein bestehen geblieben – und z.B. im Karneval findet man noch heute Überreste dieses Festes.

Diese Unabhängigkeit der Zeugung von der Jahreszeit ermöglichte eine neue Rolle der Sexualität im Leben der Menschen in Eurasien (in Afrika hat es keine Eiszeit und daher auch kein solches Zeugungsfest gegeben). Vermutlich haben sich zu dieser Zeit auch persönlichere Beziehungen zwischen Männern und Frauen, also Beziehungen im heutigen Sinne gebildet.

Die Wohnhütten sind in den ersten beiden Jahrtausenden der Jungsteinzeit weiterhin eher klein gewesen, aber dann nach und nach etwas größer geworden. Spätestens ab 7000 v.Chr. hat es dann auch Dörfer gegeben, die aus 50 und mehr kleinen Häusern bestanden haben, die alle aneinander gebaut gewesen sind und in deren Inneres man vor allem durch Luken in den Dächern gelangte.

Diese Dörfer werden zu neuen sozialen Strukturen geführt haben. Wahrscheinlich wird es einen allmählichen Übergang von der Orientierung an den Müttern zu einer Orientierung an dem „Leiter der Arbeiten" gegeben haben, an den allmählich auch die Verfügungsgewalt über die Äcker, das Vieh und die Häuser übertragen worden sein wird. Dieser „Leiter der Arbeiten" ist der Vorgänger der späteren Fürsten im Königtum.

Möglicherweise ist die stärkere Bildung von Paaren durch diese wachsenden Macht zumindestens einiger Männer in der Sippe entstanden, die sich sozusagen den Sex mit bestimmten Frauen sichern wollten – und auch die Gewißheit, daß bestimmten Kinder von ihnen und nicht von anderen Männern gezeugt worden sind.

Das Inzest-Verbot stammt vermutlich aus der mittleren bis späteren Jungsteinzeit, als die Gemeinschaften immer größer wurden und sich zunehmend einzelne Familien gebildet haben. Das Inzest-Verbot kann zwei Ursachen gehabt haben: zum einen den

Schutz der sexuellen Beziehung zwischen Vater und Mutter, der sonst durch die Töchter und Söhne gefährdet werden könnte (die Ursache wäre dann der Egoismus der Eltern); und zum anderen die Vermeidung der Isolation einzelner Familien innerhalb der Dorfverbandes durch die angestrebte Verbindung der einzelnen Familien miteinander (also der Schutz des Dorffriedens).

In gewissem Sinne ist das Inzest-Verbot auch der Nachfolger des Zeugungsfestes bei dem Sippen-Treffen zu Mittsommer, durch das sichergestellt wurde, daß sich die Gene einer größeren Population vermischt haben – es ist allerdings sehr unwahrscheinlich, daß dies der Grund für das Zeugungsfest und das Inzest-Verbot gewesen ist, denn woher sollten die damaligen Menschen etwas über den Vorteil der möglichst großen Vermischung der Gene gewußt haben?

Aus dem Zeugungsfest und den Wiedergeburts-Vorstellungen sind mehrere religiöse Motive entstanden.

Die Symbolik des Zeugungsfestes wurde auf den Ackerbau und die Viehzucht übertragen, wodurch das Ritual der „heiligen Hochzeit" entstanden ist, durch das magisch durch die sexuelle Vereinigung auch die Zeugung des Viehs und das Gedeihen des Getreides abgesichert werden sollte. Dieses Ritual ist bis in das frühe Königtum hinein erhalten geblieben.

Bereits in der frühen Jungsteinzeit ist die Kundalini-Schlange mehrfach dargestellt worden – an dem Hinterkopf einer Männerstatue, an Totempfählen, auf Tempelsäulen u.ä. Da das Erwecken der Kundalini eng mit dem Erlernen der Astralreise verwandt ist (ca. 3/4 der Übungen sind dieselben), ist das Erwachen der Kundalini mit der Seele (Astralkörper), den Nahtod-Erlebnissen und der Wiedergeburtssymbolik assoziiert worden.

Dadurch ist das Tantra-Yoga, also die rituelle Verwendung der sexuellen Vereinigung für magische und religiöse Zwecke entstanden. Am bekanntesten davon ist heute vermutlich das Tantra-Yoga, aber am weitesten verbreitet ist die sexuelle Vereinigung in den damaligen Tempeln als Teil des Kultes gewesen, die in der heutigen Literatur irreführenderweise meistens „Tempelprostitution" genannt wird. Dabei lebten junge Frauen für eine Weile in einem Tempel und vereinten sich mit den Männern, die dort an dem Kult teilnahmen. Diese Form der Religionsausübung hat sich in manchen Tempeln wie z.B. in Alexandria im Nildelta bis ins Römische Reich hinein gehalten.

Diese sexuelle Vereinigung mit religiös-magischen Zielen zeigt, wie eng die Sexualität mit dem Gedeihen der Gemeinschaft, mit der Muttergöttin, mit der Vermehrung der Viehherden, mit dem Wachstum des Getreides und generell mit dem Wohlergehen verbunden gewesen ist. Die Sexualität ist in der Altsteinzeit und zumindestens auch in dem größten Teil der Jungsteinzeit deutlich weniger als heute eine persönliche Angelegenheit gewesen, sondern war etwas, was die Gemeinschaft als Ganzes betraf und sie gedeihen lassen sollte.

Diese Stellung der Sexualität und die zentrale Bedeutung der Mutter zeigen, daß Beziehungen lange Zeit etwas deutlich anderes gewesen sind als das, was man heute darunter versteht.

Die Landwirtschaft brachte es mit sich, daß die damaligen Menschen in Zyklen zu denken begannen (Jahreszeiten). Es ist möglich, daß dies auch Auswirkungen auf die Vorstellungen über die Beziehungen gehabt hat, aber darüber ist nichts Konkretes bekannt – wenn man einmal von dem Ritual der „Heiligen Hochzeit" absieht, das das Gedeihen von Vieh und Feldern fördern sollte.

Die Jungsteinzeit entspricht der analen Phase des Kleinkindes: die Verteidigung der Äcker und Felder („Ja") gegen die Wildnis („Nein").

18. c) Königtum

Das Königtum brachte die bisher größten Änderungen in den Beziehungen mit sich. Zunächst einmal blieb die Orientierung an der Mutter noch erhalten, aber die zentrale Organisation des Reiches durch einen König ließ ein neues prägendes Vorbild entstehen: die Einmaligkeit des Königs und seinen umfassendes Einfluß.

Durch die Zentralverwaltung war die Koordination von sehr viel größeren Gebieten und sehr viel mehr Menschen möglich geworden, die zu einer effektiveren Landwirtschaft durch großräumige Bewässerungsanlagen und somit zur Vermeidung von Hungersnöten geführt hat. Zur Bewältigung der Verwaltungsaufgaben war die Erfindung eines effektiveren Zahlensystems und der Schrift notwendig geworden, ohne die keine verläßliche Buchhaltung über die Zahl der Menschen, die Getreidevorräte, die Anzahl der Rinder u.ä. möglich war.

Aus der Beschreibung der Welt durch Zyklen wurde jetzt eine Beschreibung durch einmalige Ereignisse – so wurde z.B aus den jährlichen Überschwemmungen die Sintflut.

Dieses Prinzip der „umfassenden Einmaligkeit" führte zunächst zu einer Einehe, in der Frauen und Männer eigenständig waren und in der sich beide von dem jeweils anderen trennen konnten.

Durch die Macht des Königs stieg jedoch auch die Macht seines Verwaltungsapparates und damit allgemein die Macht der Männer, sodaß die Männer schließlich den Besitz von den Frauen übernahmen und alleine über ihn verfügten. Damit endete zunächst einmal die Gleichberechtigung. In diesem Zusammenhang ist auch der Harem entstanden, also eine Gruppe von Frauen als „Besitz" des Herrschers.

Die Einmaligkeit des Königs führte auch dazu, daß es einen obersten Gott und dann schließlich nur noch einen einzigen Gott gab – der Monotheismus ist in Analogie zum Königtum entstanden.

Entsprechend wurde auch eine Weltanschauung angestrebt, die alles Existierende aus einer einzigen Ursache heraus erklärte – diese Erste Ursache in der Philosophie ist eine Analogie zu dem allmächtigen König und zu dem allmächtigen Gott.

Dieses Prinzip der „ewigen Einmaligkeit" führte in den Beziehungen schließlich zu der lebenslangen Einehe.

Das Königtum entspricht der phallischen Phase des Kindes: der König, der das allmächtige Zentrum seines Reich ist, ist wie das „Ich", das das allmächtige Zentrum der Psyche ist.

18. d) Materialismus

Als um ca. 1500 n.Chr. durch Forschungen, Erfindungen, Industrialisierungen und die allmähliche Löslösung des Weltbildes von der Religion das Zeitalter des Materialismus entstand, wurde zunächst einmal das Prinzip der Einehe beibehalten, das sich jedoch nach und nach auflöste, sodaß Scheidungen und weitere Heiraten möglich wurden.

Durch die Entstehung der Psychologie ab ca. 1880 wurde eine ganz neue Betrachtung von Beziehungen möglich, die sich nicht an den allgemeinen Strukturen der Gesellschaft orientiert, sondern von der individuellen Situation ausgeht. Dies ermöglichte im Verlauf der nächsten 100 Jahre einen zunehmend bewußteren Umgang mit Beziehungen, der schließlich in der Hippie-Zeit dazu geführt hat, daß die bisherigen Beziehungsstrukturen generell in Frage gestellt wurden.

In ungefähr derselben Zeit entstand der Feminismus, der für die Gleichberechtigung der Frauen gekämpft hat und weitgehend parallel zur Entwicklung der Psychologie verlaufen ist.

Als dritte Bewegung ist eine Wiederbelebung von alten Religionen und alten Formen des Kultes zu beobachten gewesen, die schließlich zu neuen Formen der Spiritualität geführt hat.

Eine vierte Entwicklung in demselben Zeitraum war das Entstehen des ökologischen Bewußtseins.

Schließlich ergänzt noch die Friedensbewegung diesen Wandel hin zu einem neuen Weltbild.

Der Materialismus entspricht der genitalen Phase des pubertierenden Jugendlichen: die Erprobung der eigenen Möglichkeiten.

18. e) Globalisierung

Die fünf Ansätze aus den letzten 80 Jahren des Materialismus (1880-1960) führten ab ca. 1960 zu einer generellen Umwandlung des Weltbildes zu einem globalen Bewußtsein, in dem zunehmend die beiden Prinzipien der Verantwortung für das Ganze und das Vertrauen in das Ganze das gestaltende Element wurden. Man begann die Menschheit als eine große Familie aufzufassen.

Ab der Hippie-Zeit ist die Beziehungsform der lebenslangen Einehe zunehmend infrage gestellt worden, auch wenn sie nach wie vor die vorherrschende Form ist. Diese erste Phase der Auflösung ist von vielen Experimenten, vom Ausleben der eigenen Bedürfnisse, von Fehlschlägen, Ratlosigkeit und neuen Ideen geprägt gewesen.

Mittlerweile hat sich jedoch aus den konkreten Erfahrungen und aus der Suche nach funktionieren Modellen ein Bodensatz an Erfahrungen und Weisheit und an neuen Beziehungsmodellen gebildet. Die drei wichtigsten Konzepte sind vermutlich die „Lebensabschnittspartnerschaft" (kein besonders romantischer Begriff ...), die „Patchworkfamilie" und die „offene Beziehung". Allen drei Konzepten ist gemeinsam, daß nichts ewig währt und daß alles im Fluß ist und daß daher eine Vielfalt von Beziehungen zu einem Netzwerk kombiniert werden muß, um ein neues funktionierendes Modell zu finden.

In diesem neuen Modell ist offensichtlich sehr viel mehr Eigenständigkeit, Kreativität und Koordination erforderlich als in der lebenslangen Einehe – aber es bietet auch die Möglichkeit zu einer deutlich aufrichtigeren Lebensweise, in der alle Bedürfnisse integriert und erfüllt werden.

Die Globalisierung entspricht der adulte Phase des Erwachsenen, der eine Familie gegründet hat: in Freiheit gemeinsam leben.

18. f) Grundmuster der Kombination

Die kurze Darstellung der bisherigen historischen Entwicklung in den fünf vorigen Abschnitten bietet einen groben Überblick über die bisherigen Beziehungs-Formen, die die Menschheit in größerem Stil benutzt hat.

Der wesentliche Wert dieser Betrachtung ist die Erkenntnis, daß es nicht die eine einzig richtige Beziehungs-Form gibt, sondern daß man individuell nach dem suchen sollte, was man wirklich will und womit man am glücklichsten wird.

Das bedeutet keineswegs, daß die exotischste Beziehungsform die beste ist, sondern lediglich, daß es förderlich ist, sich die verschiedenen möglichen Formen deutlich zu machen, sich die eigenen Gefühle zu ihnen anzuschauen, die Ursachen dieser Gefühle zu prüfen und evtl. zu heilen und dann zu schauen, welche Form einem an der Stelle des eigenen Lebens, an der man gerade steht, am vielversprechendsten aussieht. Es geht darum, eine eigenständige Entscheidung aus einer umfassenden Informiertheit und Freiheit heraus zu treffen.

Die möglichen Beziehungsstrukturen lassen sich nicht nur auf historische Weise betrachten, sondern auch von den in ihr beteiligten Menschen her.

Zunächst einmal ergeben sich von der Kombination her fünf verschiedene Möglichkeiten:

- ein Mann und eine Frau
- ein Mann und mehrere Frauen
- eine Frau und mehrere Männer
- mehrere Männer und mehrere Frauen
- Gruppensysteme (Sippe, Dorf, Stamm, Patchwork-Familie)

Die zweite und die dritte Möglichkeit sind nicht im Gleichgewicht, d.h. Mann und Frau haben nicht dieselben Möglichkeiten. Daher sind diese beiden Formen als allgemeines Prinzip nicht erstrebenswert. Im individuellen Fall können diese Kombinationsformen jedoch das sein, was ein bestimmtes Paar gut findet. Die Wahrscheinlichkeit ist jedoch sehr hoch, daß ein solches Arrangement instabil ist und entweder zur Einehe zurückkehrt, zu einer für beide offenen Beziehung führt oder auseinanderbricht.

In der offenen Beziehung ist ein Paar das Zentrum, also der feste Kern eines Systems von weiteren Beziehungen, die mehr oder weniger dauerhaft sind.

In einem Gruppensystem sind alle Menschen in ungefähr gleicher Weise miteinander verbunden – zumindestens gibt es keine „Kern-Paare".

Da es jedoch recht wahrscheinlich ist, daß immer wieder besonders enge emotionale Bindungen zwischen zwei Menschen entstehen (dauerhaft oder für eine gewisse Zeit), ist die „offene Beziehung" das Modell, das am vielsprechendsten ausssieht. Aus diesem Modell oder aus der Folge von Trennungen und neuen Verbindungen ergibt sich dann die Patchworkfamilie. Die Verbindungen in ihr sind in der Regel die Kinder, die aus diesen Beziehungen entstanden sind, aber auch beendete Beziehungen, die als Freundschaften weiterbestehen, können solche komplexen Bindungen entstehen lassen.

18. g) Grundmuster der Bindung

Wenn man Beziehungen von der Form der Bindung her betrachtet, kommt man zu demselben Modell.

Es gibt fünf Hauptformen der Bindung in Beziehungen:

- vollkommen freie Systeme ohne engere Bindungen
- wechselhafte, aber zeitweise stabile Systeme
- lebenslange Systeme
- offene Systeme (Kern mit Anhang)
- Inzest-Regeln und andere Ausnahmen

Die vollkommen freien Systeme ohne engere Bindungen widersprechen dem menschlichen Bedürfnis nach Sicherheit und Geborgenheit und auch den Erfordernissen der Kinder, die in solchen Systemen aufwachsen. Daher wird diese Form zwar hin und wieder vorkommen, aber eher die Ausnahme bilden. Am wahrscheinlichsten tritt sie in der Pubertät und im höheren Alter auf, also bevor eigene Kinder geboren werden und nachdem diese Kinder dann erwachsen geworden sind.

Das lebenslange System ist möglich – insbesondere die Einehe. Wenn zwei Menschen miteinander glücklich sind, gibt es keinen Grund, etwas anderes zu leben …

Die Wahrscheinlichkeit, daß drei oder mehr Menschen ein Leben lang miteinander eine „Gruppen-Beziehung" leben, ist recht unwahrscheinlich – es gibt ja schon nur sehr wenige Paare, die eine lebenslange, erfüllte Beziehung leben.

Die wechselhaften, aber zeitweise stabilen Systeme sind vermutlich die tragfähigste Form – egal, ob dies nun eine Folge von Einehen ist, eine offene Beziehung oder eine noch komplexere Konstruktion von noch mehr Beteiligten. Innerhalb dieser Möglichkeiten scheint die offene Beziehung, also die Paar-Beziehung als Kern mit „Anhang" am wahrscheinlichsten zu sein, da sie sowohl das Bedürfnis nach Geborgenheit, nach fester Bindung, einen Rahmen für die Kinder und auch genügend Freiheit bietet. Es sind natürlich auch zeitweilige enge Bindungen zwischen mehr als zwei Partnern möglich. Aber das ist natürlich nur eine Vermutung – vielleicht finden die Menschen ja auch soviel Eigenständigkeit in sich, daß dauerhafte, komplexere Beziehungsformen möglich werden.

Vermutlich wird es auch weiterhin Inzest-Regeln, Gesetze zum Schutz von Minderjährigen u.ä. geben – wobei sich diese Vorschriften je nach dem Erkenntnisstand immer wieder einmal ändern.

18. h)   Grundmuster der Stellung der Kinder

Die Stellung der Kinder ist ein wichtiger Faktor innerhalb der Dynamik einer Familie, Sippe oder sonst einer Gruppe von Menschen.

Hier gibt es vier Grundformen:

- Kinder bei der Mutter
- Kinder gehören dem Vater
- gemeinsame Kinder
- Kinder gehören der Sippe

Wenn die Kinder dem Vater gehören, d.h. wenn Kinder bei einer Trennung prinzipiell bei dem Vater bleiben, hat der Mann eine große Macht über die Frau, da kaum eine Mutter ihre Kinder verlassen wird.

Wenn die Kinder der Mutter gehören, d.h. wenn die Kinder bei einer Trennung prinzipiell bei der Mutter bleiben, hat die Frau die stärkere Stellung. Da die Bindung zwischen einer Mutter und ihren Kindern im Allgemeinen etwas stärker und beständiger ist als die Bindung zwischen einem Vater und seinen Kindern, ist diese Regelung etwas passender als die vorige – aber sie ist trotzdem alles andere als ideal.

Wenn die Kinder beiden Eltern gehören, d.h. wenn nach einer Trennung sowohl die Mutter als auch der Vater ein Recht auf das Kind haben, ergibt sich der Streit darüber, bei welchem Elternteil die Kinder leben und in welcher Weise der andere Elternteil seine Kinder sehen darf. Meines Wissens gibt es für dieses Problem noch keine brauchbare Lösung – da die Eltern sich aufgrund von Unstimmigkeiten getrennt haben, findet sich diese Unstimmigkeit sehr wahrscheinlich auch in der Art der Trennung und in dem Zustand nach der Trennung wieder. Hier ist offensichtlich viel Kreativität und guter Wille von beiden Seiten erforderlich …

Das Konzept „Kinder gehören der Sippe" ergibt nur dann einen Sinn, wenn eine intakte, lebendige Sippe vorhanden ist, als deren Teil sich alle Beteiligten erleben. Man kann solch ein Arrangement heute in manchen Patchworkfamilien finden, in denen sich die Kinder selber aussuchen, bei wem sie leben wollen und in denen sie ihre eigenen Strukturen mit anderen Kindern und Erwachsenen aufbauen.

Bei diesem Thema gibt es noch einen großen Bedarf an gutem Willen, Versuchen und Erkenntnissen, bis sich ein allgemein bekanntes und anerkanntes Verhalten gebildet haben wird, das das Wohlergehen der Kinder am effektivsten fördert. Der Ansatz „selbstbestimmte Kinder in einer Patchworkfamilien-Sippe" sieht derzeit am vielversprechendsten aus.

18. i) Grundmuster der sozialen Stellung

Auch die soziale Stellung von Männern, Frauen und Kindern spielt eine große Rolle bei der Bildung von Beziehungsstrukturen.

Die Stellung der Menschen in ihren Beziehungen hängt von mindestens acht Faktoren ab:

- Zuordnung der Kinder zu einem oder beiden Elternteilen
- Regelung des Besitzes (Haus, Geld u.a.)
- die Frau oder die Frauen sind der Besitz des Mannes
- der Mann ist der Besitz der Frau (diese Form ist unbekannt)
- Sklaven
- rechtliche Stellung
- Priester/Priesterin
- Krieger/Kriegerin

Der große Einfluß der Zuordnung der Kinder zu der Mutter, zu dem Vater oder zu beiden Elternteilen ist bereits besprochen worden.

Die Regelung der Besitzverhältnisse hat ebenfalls einen großen Einfluß auf die Beziehungsstrukturen. Wenn dem Mann alles gehört, hat er auch die Macht über die Frau und die Kinder; wenn der Frau alles gehört, hat sie zwar auch prinzipiell die Macht, aber Frauen scheinen diese Form der Macht nicht so auszunutzen wie Männer. Wenn beide etwas besitzen können, sind sie beide zumindest prinzipiell gleichberechtigt und eigenständig.

Eine Extremform ist die Auffassung, daß die Frau oder die Frauen der Besitz des Mannes sind – das christliche Ehegelöbnis, in dem die Frau verspricht, dem Mann überall hin zu folgen, ist nicht so sehr weit von diesem „Besitzen der Frau" durch den Mann entfernt …

Die umgekehrte Variante, in der die Frau einen oder mehrere Männer besitzt, ist aus keiner Kultur bekannt. Frauen mit Beziehungen zu mehreren Männern gibt es hingegen durchaus – aber eben nicht den „Besitz von Männern".

Eine Variante dieser Formen des Besitzes von Menschen ist deren Haltung als Sklaven, die oft auch sexuell ausgenutzt worden sind. Die gesetzlich legalisierte Form dieser sexuellen Ausbeutung von Sklaven ist der Harem – obwohl nicht jeder Harem eine Zwangseinrichtung sein muß.

Es gibt noch viele weitere rechtliche Regelungen, die die Strukturen innerhalb von Beziehungen mitprägen, und um die daher immer wieder einmal heftig gestritten wird: Wie werden Unterhaltszahlungen festgesetzt? Wann sind Abtreibungen erlaubt und wer bestimmt die Regelungen dafür? Wie wird die Vererbung von Besitz geregelt? Wer darf vor Gericht Anklage erheben? Wie können sich Frauen vor häuslicher Gewalt schützen? Wer hat ein Anrecht auf eine psychologische Behandlung? Wer erhält bei einer Trennung eine finanzielle Unterstützung durch den Staat? Alle Regelungen dieser Art bestimmen die Möglichkeiten, die ein Mann oder eine Frau in einer bestimmten Situation in ihrer Beziehung hat …

Ein weiterer Punkt, der jedoch nur noch am Rande mit Beziehungen zu tun hat, ist die Frage, wer Priester oder Priesterin werden darf – und ob diese Menschen dann noch eine Beziehung haben dürfen. Die Regelungen in diesem Bereich können unter Umständen zu Machtgefällen und zu heftigen inneren Konflikten, zu verdrängten Begierden und zu Mißbrauch u.ä. führen.

Ein ähnlicher Punkt ist die Frage, wer ein Krieger bzw. eine Kriegerin werden darf. Dieser Punkt hat durchaus eine Einfluß auf das Selbstverständnis vor allem der Frauen. Darf eine Frau wehrhaft sein? Darf sie sich gegen Männer durchsetzen? Darf sie stark sein? In diesem Punkt ist zwar schon vieles besser geworden, aber hier besteht noch immer Entwicklungsbedarf im Selbstverständnis der Frauen – und auch im Selbstverständnis der Männer.

18. j)   Grundmuster mit spirituellem Hintergrund

Schließlich gibt es noch den religiös-spirituell-magischen Hintergrund der Beziehungen, der ebenfalls eine größere Rolle spielen kann.

Diese Themen sind bereits in früheren Abschnitten dieses Kapitels kurz betrachtet worden: das Zeugungsfest, das Ritual der Heiligen Hochzeit, die „Tempelprostitution", Tantra-Yoga, Kundalini-Yoga und die Zulassung als Priester oder Priesterin.

Es gibt noch die Inzest-Ausnahmeregelung der Schwesterehe im Königtum, die jedoch auf mythologische Vorstellungen zurück geht: Der Sonnengott wird jedes Frühjahr von der Erdgöttin wiedergeboren. Nachdem die Göttin in den etwas späteren Mythen nicht nur den Sonnengott, sondern auch sich selber zu ihrer eigenen Verjüngung wiedergeboren hat, wurden die beiden zu Geschwistern. Das hatte zur Folge, daß die Erdgöttin und der Sonnengott bei der nächsten Wiederzeugung, die der Wiedergeburt der Sonne vorausging, Geschwister waren und somit einen Inzest begingen. Derartige Geschwisterpaare sind z.B. Poseidon und Demeter oder Freyr und Freya. Da sich die Könige als die Söhne der Sonne aufgefaßt haben, haben sie auch deren Mythen übernommen und ihre Schwestern geheiratet.

18. k)   Die achtzehnte Skizzierung des heilen Zustandes

In Bezug auf die sich seit ungefähr 50 Jahren neu entwickelnde Beziehungsmodell der „offenen Beziehung" bzw. der sich daraus ergebenden „Patchworkfamilie" läßt sich noch keine neue fertige Form beschreiben, sondern nur darstellen, was sich derzeit aus welchen Gründen entwickelt.

Das wesentliche Element ist dabei die „Gestaltungsfreiheit in Vertrauen und Verantwortung". Diese Möglichkeit sollte man nutzen und sich die Vielfalt der Möglichkeiten bewußt machen und dann wählen, was man will – und prüfen, warum man das will – Angst? Fülle? Die Meinung der anderen? Wenn man erkannt hat, was man zumindestens im Augenblick eigentlich will, weil es einem als das Erfüllendste erscheint, sollte man auch genau das anstreben.

Beim Erreichen dieses Zieles sind Mut, Kreativität, Eigenständigkeit, Gespräche mit allen Beteiligten und natürlich Liebe die wichtigsten Helfer.

18. l)   Heilungsansätze

Wonach sehnen Sie sich?
Was haben Sie bisher in Ihrem Leben vermißt?
Womit sind sie glücklich gewesen?
Was ist ihr größter Wunsch?

Welchen Schritt in diese Richtung können Sie jetzt gleich da, wo sie gerade sind, tun? Er braucht nicht groß zu sein, nur die Richtung muß stimmen – und dieser Schritt wird nur dann eine Wirkung haben und Ihr Leben verändern, wenn Sie ihn auch tatsächlich tun.

Was ist dieser Schritt? Jemandem etwas sagen? Ein Gefühl ausdrücken? Einen alten Entschluß endlich umsetzen? Etwas beenden?

Wenn Sie sich sicher sind, das die Richtung stimmt, dann tun Sie es. Sonst wird sich Ihr Leben vielleicht nicht ändern ...

Falls Sie noch nicht erleuchtet sein sollten, gibt es sehr wahrscheinlich noch eine große Fülle in Ihrem Leben zu entdecken.

19. Liebeszauber

In einem Buch über Liebe und Eigenständigkeit sollten auch die Liebeszauber nicht fehlen – schließlich ist ein Liebeszauber in den meisten Fällen eine Form der Eigenständigkeit, die zu rücksichtsloser Dominanz erhärtet ist und in der die Liebe zur Sucht zerflossen ist.

In vielen Kulturen gibt es Liebestränke. Mir sind jedoch keine realen Liebestränke bekannt. Dieses Motiv stammt aus den Mythen über die Wiederzeugung, die Wiedergeburt und das Wiederstillen der Toten durch die Muttergöttin. Dabei hat sich das Wiederstillen zu einem magischen Trank weiterentwickelt, der mit der Wiederzeugung assoziiert worden ist, sodaß daraus schließlich ein Trank geworden ist, der den, der ihn trinkt, in Liebe zu dem, der den Trank gereicht hat, entbrennen läßt.

Es gibt jedoch verschiedene Sympathiezauber, die Ähnlichkeit mit solchen Liebestränken haben. Dabei wird in der Regel ein Tropfen Blut o.ä. von dem, der den Zauber durchführt, in eine Speise oder einen Trank für den, der verzaubert werden soll, gemischt. Diese Verbindung wird dann mithilfe von Anrufungen von Göttern o.ä. aufgeladen und sozusagen magisch aktiviert.

Einmal abgesehen von den moralischen Bedenken, die man bei diesem Vorgehen durchaus haben könnte, sind auch die Ergebnisse zweifelhaft, weil man dabei etwas durchzusetzen versucht, was dem Willen eines anderen widerspricht. Dadurch entsteht ein Widerspruch und ein Konflikt in dem Verzauberten, was es ausgesprochen wahrscheinlich macht, daß die durch diesen Zauber möglicherweise bewirkte Verbindung für beide alles andere als genußvoll wird.

Dasselbe gilt auch für andere Formen der „Liebes-Magie" wie z.B. die Fernhypnose, bei der man sich darauf konzentriert, daß ein anderer eine ganz bestimmte Handlung ausführt. Auch dabei greift man massiv in den Willen des anderen ein, was wiederum recht sicher zu einem Ergebnis führen wird, das man sich nicht gewünscht hat.

Etwas konstruktiver ist es da schon, wenn man z.B. Pan um Hilfe bittet und sich von ihm wünscht, eine Frau bzw. einen Mann zu treffen, der mit einem das Bett teilen will – wirkliche Liebe wird einem jedoch auch Pan nicht senden.

Pans übliche Methode ist es, im Falle eines Mannes, der ihn um Hilfe gebeten hat, eine Frau auszuwählen und ihr intensive erotische Träume über den betreffenden Mann zu senden, die diese Frau dann auch in der Realität erleben will.

Hierbei wird zumindestens nicht in den Willen der Frau eingegriffen, sondern nur zusammengebracht, was bereits eine Neigung zum Zusammenkommen in sich trägt.

Diese Form der Magie hat jedoch den „Makel", daß die Verdrängungen, Süchte und Ängste dessen, der diese Bitte an Pan ausspricht, auch in der Begegnung deutlich zutage treten werden – dieser Pan-Zauber ist kein Heilungszauber …

Am hilfreichsten ist es, das eigene Krafttier, die eigene Seele oder eine Gottheit, mit der man sich verbunden fühlt, darum zu bitten, die Menschen und Ereignisse in das eigene Leben zu senden, die das eigene Heilwerden insbesondere in Hinsicht auf eine erfüllte Beziehung fördern.

20. Der individuelle Weg

In diesem Buch ist das Thema „Liebe und Eigenständigkeit" auf verschiedene Weisen betrachtet worden. Dabei sind durchaus einige allgemeine Strukturen deutlich geworden wie die „Landkarte der Gefühle", das Chakrensystem, das Beziehungs-Mandala, die sieben Phasen des Lebens, das historische Entwicklung und vor allem die Erkenntnis, daß die Selbstliebe ein grundlegend anderes Gefühl ist als die Liebe zu einem anderen Menschen.

Aber die Menschen sind so verschieden, daß man zwar solche generellen Landkarten zeichnen kann, die bei der Orientierung helfen und vielleicht den einen oder anderen Fehler verhindern können, aber es gibt kein Rezept, das für alle Menschen gleichermaßen heilsam wäre – dazu sind die Menschen zu verschieden.

Daher ist auch der individuelle Weg der Heilung sehr unterschiedlich – die Menschen haben verschiedene Geschichten, leben in verschiedenen Kulturen, haben verschiedene Horoskope, verschiedene Seelen mit unterschiedlichen Absichten, verschiedene Krafttiere … Daher ist es notwendig, sich seinen eigenen Weg zu suchen und auf die eigene Weise glücklich zu werden.

Ein genereller Nachteil von Büchern ist es auch, daß sie allgemein formuliert werden müssen – in einem Gespräch kann man hingegen den anderen wahrnehmen und auf seine Eigenarten eingehen.

Aber es gibt immer die Möglichkeit, sich das in das eigene Leben zu wünschen, was gerade das förderlichste ist.

In allen Regel ist dies ein wirkungsvoller erster Schritt auf dem eigenen Weg zu einem Ziel …